中國學術思想 研究輯刊

三 編
林慶彰 主編

第 25 冊

救亡與啓蒙：梁啓超之儒學研究

黃雅琦 著

花木蘭文化出版社

國家圖書館出版品預行編目資料

救亡與啓蒙：梁啓超之儒學研究／黃雅琦 著 — 初版 — 台北
縣永和市：花木蘭文化出版社，2009〔民98〕

目 6+252 面：19×26 公分

（中國學術思想研究輯刊 三編；第25冊）

ISBN：978-986-6528-95-8（精裝）

1. 梁啓超　2. 學術思想　3. 儒學　4. 現代哲學

128.2　　　　　　　　　　　　　　　　98001761

中國學術思想研究輯刊
三　編　第二五冊　　　　　　ISBN：978-986-6528-95-8

救亡與啓蒙：梁啓超之儒學研究

作　　者　黃雅琦
主　　編　林慶彰
總 編 輯　杜潔祥
出　　版　花木蘭文化出版社
發 行 所　花木蘭文化出版社
發 行 人　高小娟
聯絡地址　台北縣永和市中正路五九五號七樓之三
　　　　　電話：02-2923-1455／傳眞：02-2923-1452
網　　址　http://www.huamulan.tw 信箱 sut81518@ms59.hinet.net
印　　刷　普羅文化出版廣告事業
封面設計　劉開工作室
初　　版　2009年3月
定　　價　三編28冊（精裝）新台幣 46,000 元

救亡與啓蒙：梁啓超之儒學研究

黃雅琦　著

作者簡介

黃雅琦

高雄市人。國立高雄師範大學國文研究所文學博士,現任實踐大學高雄校區應用中文系助理教授。著有《劉師培之倫理思想研究》、《救亡與啟蒙:梁啟超與中國儒學史之建立》二書,並有〈先秦儒家的人欲觀〉、〈羅澤南其人其學〉、〈周敦頤之自然觀〉、〈梁啟超與近代儒學之境〉、〈朱熹淫詩說在詮釋學上的意義〉、〈從大學八目論陸游生命的困結〉、〈經典形成中的宋代詩經學〉等多篇學術論文發表。

提　要

　　梁啟超一生熱衷於中國學術思想的探究。本論文以「救亡與啟蒙:梁啟超之儒學研究」為題,全文共分十章。旨在藉由梁啟超對兩千年儒學發展變遷的研究,觀察做為傳統文化核心的儒學,在東西碰撞,新舊交替之際,究竟該如何進行創造性的轉化?同時也給予梁啟超一個合理、適切的歷史定位。

　　第一章:緒論。本章說明研究動機、概述前人研究成果、界定研究範圍、以及所運用的研究方法。

　　第二章:晚清民初的儒學。本章討論晚清民初的儒學發展概況,了解梁啟超所處時代的學術背景。

　　第三章:梁啟超的成學歷程。本章論述梁啟超的成學歷程,了解梁啟超不同階段不同的學術關懷。

　　第四章:梁啟超的儒學變遷論。本章論述梁啟超對於儒學發展的分期,及儒學盛衰流變的掌握。

　　第五章:梁啟超的先秦儒學論。本章論述梁啟超對於先秦儒學發展的探究。

　　第六章:梁啟超的漢唐儒學論。本章探討梁啟超於漢唐儒學的見解。

　　第七章:梁啟超的宋明儒學論。本章考察梁啟超對於宋明儒學的論述。

　　第八章:梁啟超的清代儒學論。本章論述梁啟超的清代儒學研究。

　　第九章:梁啟超的儒學研究述評。本章指出梁啟超的儒學研究,除了探究儒學的過去外,更關切儒學未來的發展。

　　第十章:結論。本章總結全文論述,並敘述全文研究的結果與心得。

救亡與啟蒙

梁啟超與中國儒學史之建立

丙戌十一月　太陽里人

目

次

第一章　緒　論

第一節　研究動機

　　學術是時代的產物，也是社會的產物。世變日殷，學術日進。近代中國遭逢著「豈特春秋所未有，抑秦漢以至元明所未有」〔註1〕之空前巨變。然而，危機亦是轉機，巨變形成運會，近代中國也正是豪傑之士風起雲湧，救亡啓蒙的革新時代。譚嗣同（1865～1898）描述晚清時局，謂「中國艱危，曾土耳其之不若，眞是古今奇變。然吾約計開闢以來，戰國與今日遙遙相映，時局雖皆極危，卻又是極盛之萌芽。」〔註2〕梁啓超（1873～1929）論述他所處的時代，則稱「今日之中國，過渡時代之中國也」。並謂「有進步則有過渡，無過渡亦無進步」。過渡時代之於一個民族，可能是「希望的湧泉」，但「所向之鵠若誤」，「所導之路若差」，過渡時代也可能是個萬劫不復的「恐怖時代」。〔註3〕

　　晚清〔註4〕是傳統的總結，現代的開端。要瞭解傳統，它是個捷徑；要認

〔註1〕　張之洞《勸學篇・序》。
〔註2〕　《譚嗣同全集》，頁128。
〔註3〕　戊戌變法失敗後，梁啓超流亡日本。第二年撰有〈過渡時代論〉一文。見《飲冰室文集》之6，頁27～32。
〔註4〕　晚清一般係指鴉片戰爭爆發至辛亥革命成功（1840～1911）。張灝在《晚清思想試論—幾個基本論點的提出與檢討》中則說：「1895年以前，仕紳階級大多數仍生活在傳統思想裡，當時大儒如朱次琦、陳澧、俞樾、黃以周等人著作中，幾乎看不見西學的蹤影」，但在甲午戰爭（1894）後，「思想上的變化不但是量的，而且是質的。」（《近代史研究所集刊》第7期，民國67年6月）故認爲甲午戰爭才是晚清眞正的交界關口。然而，西學在鴉片戰爭之後，雖

識現代，它是個起點。生存在那個「數千年未有之變局」中的有志之士，每個人都承擔了時代所賦予的苦難與責任，而他們多數也都根柢舊學、鎔鑄西學，以其鮮明的學術個性，廣開現代學術風氣之先。誠如錢宏在〈重寫近代諸子春秋〉中所言：「唯其貫通近代諸子，我們這一代學人方能於曙色熹微之中，認清中華學術的發展道路，了悟世界文化的大趨勢，從而眞正找到自己的學術位置。」〔註5〕而新會梁啓超，即是近代諸子中最具代表性的人物。錢玄同譽其爲「清末民初五十餘年，中國學術思想之革新時代，最爲卓特的英傑」；〔註6〕胡適謂其爲「震盪中國知識份子至幾十年之久的大運動」；張灝稱之爲「中國近代啓蒙運動的先驅人物」；〔註7〕陳其南推之爲「近代中國史上學貫中西的第一人」，〔註8〕梁啓超於中國近代學術史上之重要性，不言可喻。而他自己更毫不客氣地認爲，近代中國的歷史上，如果少了他必定有所不同。〔註9〕他自許爲時代的先知，並以覺後是任。當他被指責爲畔道之徒時，不惜慷慨陳詞「擧國皆我敵」，並自信「十年以前之大敵，十年後皆知音」。〔註10〕他力倡新民說，高揭史學革命、文學革命、小說革命、道德革命的旗幟，希望氣息奄奄的古老中國，能夠蛻變成爲朝氣蓬勃的少年中國。在滿清末造，烽煙四起、列強攘奪的危機中，他借鏡西學重估中國的政體，重建傳統的學術，重塑社會的風俗。在國家政體上，他倡導民權，鼓吹立憲。於社會風俗上，他引進自由、平等的價值觀，強調權利、義務均平，自立、自治的合群關係。於學術思想上，他採補其本無，淬厲其本有，「拿西洋文明來擴充我的文明，又拿我的文明去補助西洋的文明。叫他化合起來成爲一種新文明」。

然並未立即威脅到中國知識份子的文化底蘊，但此戰爭卻敲開了中國長期深鎖的大門，使得中國士人更深入思考中國學術的特質，以及究竟該如何調整以因應時代的需求。因此，本文以爲晚清之時代斷限，仍應上溯至鴉片戰爭，而下迄辛亥革命。

〔註5〕 見〈重寫近代諸子春秋〉，文見《梁啓超評傳‧序》，頁9。

〔註6〕 見錢玄同《劉申叔先生遺書‧序》江蘇：江蘇古籍出版社，頁28。

〔註7〕 見〈傳統與近代中國知識份子〉，文收氏著《幽暗意識與民主傳統》，頁176。

〔註8〕 見氏著〈傳統中國文化中的倫理思想與社會理念〉，載《中國價值觀國際研討會論文集》。

〔註9〕 梁啓超：「近三十年來的中國歷史，若把西太后、袁世凱、孫文、吳佩孚……等人，甚至于連我梁啓超沒有了去，或者把這幾個人抽出來，現代的中國人是個什麼樣子，誰也不能預料。但無論如何，和現在的狀況一定不同。」見《中國歷史研究法補編》，頁29。

〔註10〕 見〈擧國皆我敵〉，《飲冰室文集》之45，頁16。

　　梁啓超研治學術，起步甚早。光緒十三年（1887）十六歲，入學海堂，研治經學訓詁，即撰有〈漢學商兌跋〉，凡萬餘言，惜今已不傳。其後，從康有爲（1858～1927）學於廣州萬木草堂，協助康有爲校勘《新學僞經考》，分撰《孔子改制考》及《春秋董氏學》，成爲康有爲長興里十大弟子之一，〔註11〕同門呼爲子游，顯現出其長於文獻學術。又撰〈讀書分月課程〉，詳細記載他的學習內容和方法；他以爲讀經以明大義，讀史可以證經，百史皆經。中學之外，他又輯西政叢書，從中介紹西人所以立國之本末。流亡日本期間，他透過日文譯書，吸收大量西學，其間並曾前往美洲、澳大利亞等地訪問，實地接受西方文化。是以在學術觀點上，也逐漸脫離康有爲託古改制的藩籬，另闢蹊徑自成一格。梁啓超雖然引進西學、宣傳西學，但他卻從不曾全盤移植西方文化。他不同於保守學者之援孔自封，但他終其一生卻始終推慕孔子。「我有耳目，我物我格；我有心思，我理我窮」，〔註12〕在整合〔註13〕中西文化時，他清楚的掌握了中西學術的主客位置。

　　梁啓超曾自比爲「新思想界之陳涉」，說自己對思想界「破壞力的確不小，而建設則未有聞」。事實上，梁啓超在近代中國歷史上，雖或有激切之言論，觀點也經常應時、應事而更易，但無論在政治或學術立場，他一直都是個溫和的改良主義者，在不同的領域皆有啓導之功。例如譯自英文 nationality，意謂「民族性」、「民族精神」、「民族精髓」，新創於日本明治時代的「國粹」一詞，最早引進使用的就是梁啓超。他在 1901 年撰寫〈中國史敘論〉時，就已使用。這比 1905 年鄧實（1877～1951）、黃節（1873～1935）之發行《國粹學報》，言必提「國粹」要早上許多；也比 1924 年孫中山（1866～1925）在廣州高等師範學校禮堂所作的《三民主義》演講，多次提及要「恢復我一切國粹」以恢復中國民族固有地位的說法，〔註14〕要早上十多年。此外，梁啓超也很早便提倡教育當訂立宗旨，他爲國民教育訂立兩項意義：一是使全國

〔註11〕光緒十七年（1891），康有爲在廣州長興里設立萬木草堂。長興里十大弟子，分別爲：陳千秋、梁啓超、曹泰、徐勤、梁朝杰、韓文舉、王覺任、麥孟華、陳和澤、林奎。參見李雲光〈康有爲弟子姓名錄〉，《大陸雜誌》67 卷 5 期，1983 年 11 月。

〔註12〕梁啓超〈近世文明初祖二大家之學說〉，《飲冰室文集》之 13，頁 1～12。

〔註13〕所謂「整合」（integration），原是文化人類學上的專門術語。它的意思是指以固有的文化標準爲主體，對一些龐雜乖離的文化因素，加以修正協調，使之成爲比較一致的思想模式（pattern）。

〔註14〕參見孫中山《三民主義》第六講。

之民接受教育；二是訓練全國之民皆有國家思想。〔註 15〕更是國人使用「國民教育」一詞的開端。其廣開風氣，引領時代思潮可見一斑。而其由〈中國史敘論〉、《新史學》、《中國歷史研究法》、《中國歷史研究法補編》等著作，所建構的新史學；由《子墨子學說》、《墨子學案》建立的墨學研究雛形；以及由《近世之學術》、《清代學術概論》、《中國近三百年學術史》所奠定的清代學術史規模等，更證明其引領學術風騷的開拓之功，絕非如其自謙所言，於「建設則未有所聞」。中國近代學術的發展，也就是中國近代學術由傳統走向現代的歷程。梁啓超的學術思想，與時代緊密相應，其一生論學，可以視之爲中國近現代過渡時期的縮影。梁啓超是個百科全書式的學者，他以「著論求爲百世師」〔註16〕自許，以「誓起民權移舊俗，更擎哲理牖新知」〔註17〕自勵，於文學、哲學、史學、佛學、教育、曆算、目錄、版本、經濟、政治、法學、財政、新聞等不同領域，都留下了大量的著作，是吾人討論近代學術，不可能略而不論的人物。任何割裂式、細碎式的研究，都勢必不可能得窺梁啓超學術之全幅。然而，以今日學術分工精細的程度來說，也很難有人眞能博通眾學，以宏觀的視野，跨領域而全面的掌握梁啓超。是故，本論文僅以「梁啓超儒學研究」爲範圍，藉由梁啓超對儒學的研究，觀察作爲傳統文化核心的儒學，在東西碰撞、新舊交替之際，究竟該如何進行創造性的轉化？並予梁啓超一個合理、適切的歷史定位。

第二節　文獻探討

在學術分工日益精細的時代，無視於他人的研究成果，必定事半功倍。因此在進行正式論題之前，掌握現有的研究成果，將有助於吾人開展論文。

根據初步統計，目前學界對於清末民初學者的研究，以梁啓超爲研究對象者，數量甚多。〔註 18〕不過，學術研究本難以量較計，此中雖不乏「崔顥

〔註15〕梁啓超〈論教育當定宗旨〉，《飲冰室文集》之 10，頁 52～60。

〔註16〕同上。

〔註17〕梁啓超〈自勵詩〉，《飲冰室文集》之 45，頁 16

〔註18〕據侯杰、李釗〈大陸近百年梁啓超研究綜述〉(《漢學研究通訊》第 24 卷 3 期，民國 94 年 8 月)統計，大陸近百年來已出版有關梁啓超的書籍三百六十多部，單篇論文一千二百多篇。台灣方面，雖然未曾做過完全的統計，但相較於清末民初的其他學者，梁啓超顯然受到更多的關注。日本方面，京都大學狹間直樹主持了一個研究梁啓超的長期讀書班：「梁啓超研究會」，也是研究梁啓

題詩在上頭」的研究成果，但傳記式與通俗性的著作，還是佔了其中的絕大多數，而眞正針對個別論題，進行深入討論者，遠比想像中的少。清末民初的學術界，其波瀾起伏、頓挫複雜的程度，甚於任何時代，而梁啓超又是身處其中之百科全書式學者，其規模宏大，所待探討分析的問題自然也最多。更何況「文本」（Text）原是開放的，被解釋的客體雖然相同，但因解釋主體的存在情境、思想視域（Horizon），〔註19〕以及切入的角度不同，「文本」便有了萬古常新的可能與意義。所以，吾人透過研究梁啓超的過程，不僅可以梳理梁啓超思想，推究其清末民初的時代變遷，也可以讓今古思想視域融合，〔註20〕評估學術發展的趨勢。

梁啓超研究，始於其自剖。例如《戊戌政變記》中，他分析了維新變法失敗的原因，也對於自己在其中扮演的角色作了描述。〈三十自述〉裡，他概述了童年的生活，在廣州萬木草堂的心路歷程，流亡日本的困惑與奮進，勾勒了三十年生活軌跡。在《歐遊心影錄》中，檢討了自己以往的思想，對於政治充滿懊悔，決心中止政治生涯，潛心文教學術。此外，他的詩文、時評、政論等，亦不時流露出個人生命的特質與價值觀。雖然「身在此山中」，未免難識「廬山眞面目」，但是「以梁解梁」在資料的可貴性上，遠甚於其他間接資料。

梁啓超逝世後，從 1929 年到 1949 年間，除了在逝世時的大量悼念、追思文章外，其實沒有什麼研究。其中最重要的是，好友林志鈞將梁啓超的論著，編爲《飲冰室合集》，收錄近一千萬字，1932 年由中華書局出版，爲研究梁啓超提供了最基本的資料。而在梁啓超家人的協助下，趙豐田、丁文江於

超的重點，尤其對於梁啓超在日本部分的思想，做了不少梳理。

〔註19〕「視域」（Horizon）是由德國詮釋學家加達默爾（Hans-George Gadamer）所提出的概念。所謂「視域」亦即「看視區域」的意思，該區域包括從某個立足點出發所能看到的一切，但「視域」會隨著人的生活、文化型態而改變，因此不會存在某種眞正封閉的「視域」。參漢克斯・加達默爾著、洪漢鼎譯《眞理與方法》，頁 395～400。

〔註20〕加達默爾認爲「詮釋學的活動，就是在籌劃一種不同於現在視域的歷史視域。……歷史視域的籌劃活動，只是理解過程中的一個階段，而且不會使自己凝固成某種過去意識的自我異化，而是被自己現在理解視域所替代。在理解過程中產生一種眞正的視域融合。」參漢克斯・加達默爾著、洪漢鼎譯《眞理與方法》，頁 400～401。所以，按照加達默爾的論點，「理解」就已經是解釋，理解是透過「對象」的一種自我建構，理解本身創造了解釋學上的「視域」，「文本」的開放意義也就在此視域中實現。

1936 年，草成了《梁啓超年譜長編初稿》（未刊油印稿），〔註21〕近七十萬字，也成了研究梁啓超必備的參考書籍。這一個時期，關於梁啓超的研究，尤以舊交所作之悼念、記述其生平遺事一類文章居多，當然也難免夾雜個人主觀感情因素，但對於掌握梁啓超之生平，仍提供了重要的資料。

1949 年後，大陸學界對梁啓超的研究，多集中在梁啓超的政治思想與政治活動上。且受到時代氛圍，與當時學術環境的制約，很多學者運用了馬克思主義的階級觀點，將梁啓超置於進步與反動、革命與反革命、資產主義階級，或左派、右派的框架下討論，儘管學者對他的褒貶不一，但整體來說對於梁啓超的整體評價是傾向負面、保守的，研究視野不夠寬廣。而台灣方面，此時期對於梁啓超之研究，著力最深並取得相當成績者，首推張朋園。但張朋園對於梁啓超之研究，主要是從歷史的角度切入，以梁啓超作爲清末民初變局中的觀察點，輻射及維新變法、民初政治、新文化運動等議題。

八〇年代以後，隨著現代化學術視野開拓，梁啓超的研究，無論在質或在量上，都呈現相當寬廣、蓬勃的趨勢。大陸上自 1978 年以後，梁啓超原著再版，或是學者編選的梁啓超著作單行本，有如雨後春筍多不勝數。這些資料性書籍的集結出版，不只說明了學者重視梁啓超研究的基礎性工作，也反映出學者對於研究梁啓超資料的需求。2005 年，北京大學的夏曉虹，輯補了一套三冊的《飲冰室合集集外文》，蒐羅了不少《飲冰室合集》中未收的著作，增補了梁啓超研究的資料。然而，迄今爲止，仍未見眞正完整的「梁啓超全集」〔註22〕問世，這不能不說是研究梁啓超的困境，和梁啓超研究的缺憾。值得慶幸的是，目前梁啓超後人正積極催生著《梁啓超全集》，由湯志鈞、張

〔註21〕 該底本於民國 51 年，由台灣世界書局刪減後出版，名爲《梁任公先生年譜長編初稿》。1983 年復由趙豐田加以補充，上海人民出版社刊爲《梁啓超年譜長編》。

〔註22〕 梁啓超逝世後，經親友會商，由林志鈞主編遺稿，而成《飲冰室合集》（分專集、文集兩部分）。皇皇四十巨冊，卷帙繁浩，很容易讓人誤以爲是「全集」。然而，梁啓超生前曾表達，其文集編纂當經刪汰，林志鈞當年受託編輯《合集》時，雖不能起任公於九原而一一問之，但也尊重了任公的遺願，有所取捨。如《例言》即說明，殘稿中凡「確定爲未定稿或已廢棄之作『不入集』。又，早年在日本發表時事評論多捨棄」。林志鈞主要依據梁廷燦所編輯的《（乙丑）飲冰室文集》與手稿，再配以晚年學生們筆記的講義輯錄成《飲冰室合集》。但按照徐佛蘇在《記梁任公先生逸事注》的推算，梁啓超生平「著」、「述」，約在一千四百萬字左右。而林志鈞所輯之《飲冰室合集》，遺漏顯然甚多，即便加上夏曉虹輯補的《飲冰室合集集外文》，也依然並非全貌。

磊等人主編，進行編纂收錄中，預定將由天津古籍出版社發行。而李國俊的
《梁啓超著述繫年》，則是掌握梁啓超著述狀況的重要書籍。

　　除了梁啓超著述的編選外，梁啓超傳記等通俗性著作，更是汗牛充棟。
其中耿雲志、崔志海的《梁啓超》，與李喜所、元青的《梁啓超傳》是學術性
較強的傳記作品。而受學術分工日益精細化的影響，近年來之梁啓超研究，
逐步走向個別領域，或是專題化的研究，史學、思想、政治、文學、佛學、
教育、法律、經濟各領域都有具體的研究成果，尤以文學、史學、政治方面
的研究居多。而許多新興學科與應用學科，例如新聞學、貨幣學、檔案學、
方志學、心理學、翻譯學、圖書館學、兩性議題等，學者於追溯學科發展歷
史時，亦時而兼及梁啓超，這也使得梁啓超研究得以更深入立體。

　　然而，就學位論文來說，目前台灣專門以梁啓超「儒學研究」作為研究
對象者，唯有 1985 年劉紀曜《梁啓超與儒家傳統》。但是，劉紀曜偏重的是
梁啓超與傳統儒學的關聯。本論文則是考察梁啓超對二千年儒學發展的研
究，試圖從梁啓超的「儒學研究」中，探尋其「救亡啓蒙」之旨，並以梁啓
超為例，觀察知識分子的文化選擇與學術走向。雖然，近年來有些單篇論文，
以梁啓超之儒學為討論對象，但儒學源遠流長，實非單篇論文所能全面涵蓋。
是以，本文詳人所略、重人所輕，希望能對此略盡棉薄。

第三節　研究範圍

　　任何學術研究，首先面對的就是文獻資料，因此必須對資料範圍作一番
界定。梁啓超著述宏富、學兼多門，要全面研究梁啓超，勢必力有未逮，掛
一漏萬。因此，本文僅擇取梁氏之「儒學」〔註 23〕研究，作為討論範圍。惟
須特別說明的是，梁啓超之儒學研究，主要的著眼點在於考鏡源流，通古今
之變，為儒學由傳統走向現代提供可行的方向。梁啓超的儒學研究，表面上
看似一種「繼往」的工作，實際上卻是為了「開來」。〔註 24〕換言之，「返本」

〔註23〕　本論文所論之儒學係指研究先秦原始儒家孔、孟、荀，及依此發展演變的學
　　　　術，其內容兼及經學與子學。

〔註24〕　清末民初的學者，熱衷於梳理學術史，從開天闢地一直說到眼皮底下，大概
　　　　是意識到學術嬗變的契機，希望藉「辨章學術，考鏡源流」來獲得方向感。
　　　　而世之論中國現代學術史的典範，多推胡適的《中國哲學史大綱》。余英時在
　　　　《中國近代思想史上的胡適》認為：「清代三百年的考證學到了『五四』前夕
　　　　恰好碰到『革命』的關頭，而《中國哲學史大綱》提供了一整套國故整理的

只是手段，「開新」才是其目的。余英時在《明報月刊》上，曾以〈常僑居是山，不忍見耳〉爲題，引用大智度論上一則佛教故事：

> 昔有鸚鵡飛集陀山，乃山中大火，鸚鵡遙見，入水濡羽，飛而灑之。
>
> 天神曰：「爾雖有志意，何足云也？」對曰：「常僑居是山，不忍見耳！」天神嘉感，即爲滅火。

來說明自己的「中國情懷」。而綜觀梁啓超身處的巨變時代，及其筆鋒常帶感情的文字，我們有充分的理由相信，梁啓超也是抱持著如斯情懷而著書立說、宣傳奔走的。

儒學本是中國傳統文化之核心，清末民初的天崩地解，不僅國家民族面對存亡交關的時刻，即連向爲價值核心的儒學，也面臨湮滅不彰的嚴峻考驗。然而，1988 年一群諾貝爾獎得主在巴黎集會，會後發表宣言指出：「人類要生存下去，就必須回到 25 個世紀以前，去汲取孔子的智慧。」而儒風甚盛的日本、韓國，〔註25〕近年來在國際上逆勢上揚的表現，以及大陸、新加坡各地紛紛成立孔子學院，更讓人不禁納悶：究竟是「儒學」本身不合時宜？或是吾人對於「儒學」的理解有問題？梁啓超身處過渡時代，其所論範圍廣泛，觀點主張亦屢見變易，然其一生尊孔崇儒，於儒學始終抱持應有的溫情、敬意與理解。本文在材料的運用上，以梁啓超有關討論儒學的專書與單篇著述爲主，藉由原典的解析、整理，再輔以後人對於梁啓超的研究，加以參證融會。

至於本文之架構如下，全文共分十章：

第一章：緒論。本章敘說研究動機，概述前人研究成果、界定研究範圍，以及所運用的研究方法。

第二章：晚清民初的儒學。詮釋是一種立基於歷史的理解重建，詮釋者

信仰、價值和技術系統，理所當然的成爲學術史研究的新典範。」但胡適的學術史研究，並非無所依傍、憑空拔起，在他之前的梁啓超即投注大量心力爬梳學術史。雖然梁啓超的學術史研究，未免疏闊之失，但誠如梁啓超所言，啓蒙的魅力即在於，「淆亂粗糙之中，自有一種元氣淋漓之象」。

〔註25〕儒家傳統於日、韓早已民間化，民間有許多書院或是類似中國傳統私塾的鄉校，在那裡讀《四書》是相當普遍的現象。韓國不只成立了全球第一個「孔子學院」，而且有少數的學者，至今仍主張韓國是儒學的母國。杜維明在《現代精神與儒家傳統》中記載到，他第一次訪問韓國精神文化學院時，該院院長柳承國先生致詞時說：「歡迎你到儒學的母國來。」杜先生當時感到不解，請翻譯表達儒學的發展與孔子有關，但柳院長卻以箕子是洪範九疇的作者，年代較孔子更早，且後來到了東夷，堅持韓國乃是儒學的母國。詳見前揭書，頁 7～8。

對於經典所做出的詮釋，無可避免地與時代背景、學術環境息息相關。本章討論晚清、民初的儒學發展概況，提供梁啓超儒學研究的時間軸與空間軸。這將有助於掌握梁啓超學說的發生背景。

第三章：梁啓超的成學歷程。在近代中國學術界中，梁啓超是個涉獵廣博的學者。其早年因循傳統舉業舊路，繼則受業於康有為著意經世致用，流亡日本時廣涉西學，融合中西。歐遊歸國後，又致力於教育文化，董理傳統學術。本章論述梁啓超成學歷程，以朗現梁氏在清末民初儒學發展中的座標。

第四章：梁啓超的儒學變遷論。梁啓超在中國近代歷史中，於儒學史的建立不遺餘力。本章透過他對於儒學盛衰流變的掌握，各時期的不同分期、看法，探究梁啓超的儒學變遷論。

第五章：梁啓超的先秦儒學論。《說文》：「儒，柔也，術士之稱。」儒為學者通稱，凡有學識道術者皆可稱為儒。儒衍為一學術派別發軔於先秦，主要的代表人物為孔、孟、荀。本章即論述梁啓超孔學、孟學、荀學的主張。

第六章：梁啓超的漢唐儒學論。儒學經歷漢代「經典化」的過程，形成了學術上的「神聖性」。魏晉南北朝時期，隨著道家思想的興起與相互涵化，儒學發展於焉轉折。隋代、唐初，學風趨於調和，及至中唐不只解經方式有所開拓，於儒學議題亦多所開展，已然預告著新時代的來臨。本章探討梁啓超於漢唐儒學之見解。

第七章：梁啓超的宋明儒學論。宋明是儒學發展的高峰，上承隋唐調和之風，下導儒學重回學術主流。宋明儒者雖或出入佛老，但卻都能返求六經，由《中庸》、《易傳》所講的天道誠體，回歸到《論語》、《孟子》之心性論，並落實於《大學》所謂的格致。從北宋五子，到南宋朱、陸，以迄明代之陽明，希賢成德一直是宋明儒者追求的共同人生理想。本章考察梁啓超對宋明儒學之論述。

第八章：梁啓超的清代儒學論。清代是傳統學術的總結，而清代學術亦為梁啓超治學的重心。本章由通論性研究，與專題性研究，論述梁啓超的清代儒學研究。

第九章：梁啓超儒學研究述評。本章綜論梁啓超儒學研究的成果，並針對其論學「流質易變」的特性進行梳理，以期對梁啓超之儒學研究做出合理定位。

第十章：結論。總結全文論述，並敘述全文研究的結果與心得。

第四節　研究方法

　　任何學術研究都必須運用相應的操作方法。自覺地使用有效方法，不僅有助於吾人提出問題，也有助於掌握資料，爬梳究竟。本文在研究方法上，除採用文獻分析法外，亦採用詩（文）史互證法。〔註26〕蓋言爲心聲，經由詩文的鉤沉索隱、補苴罅漏，往往能透顯出人物心境、學術精神，或歷史文化背後所隱含的深層社會心理。因此本文寫作，亦留意到梁啓超所撰寫的詩文，以及其師友之間的詩文書札往返。希望能藉此對梁啓超的學術思想，有更深入的理解。

　　又，人原是一種社會存有（social being）。任何人的思維，都必然會受到歷史傳統、時代環境、個人氣質等諸多因素的影響，沒有人能置外於其所身處的歷史背景。〔註27〕因此本文在問題探討上，也留意及發生研究法，〔註28〕將梁啓超放置於清末民初那個西學奔湧、傳統崩解的時代來理解，以求掌握其存在情境與學說之間的關係。尤其是梁啓超「流質易變」的論學特性，經

〔註26〕陳寅恪早年在清華大學教授「唐詩校釋」，晚年在中山大學講授「唐代樂府」及「唐詩證史」等課程，生平箋詩證詩之作不少，以詩考史、以史證詩，發明尤多。陳寅恪實踐「詩（文）互證最好的例子便是《元白詩箋證稿》，這本書不僅是「文學的研究」，也是「歷史的研究」。書中以史證詩之例頗多，例如：他指出不知唐代長安城市在南宮在北的建置，就不能知曉白詩「回車叱馬牽向北」亦即回首望宮闕之意。至於以詩證史的例子也不少，例如：他從〈琵琶行〉結語「江州司馬青衫濕」，論述唐代官品服色問題，考定江州爲上州，司馬五品服淺緋，而白居易服青服色，是由於唐制服色不視職事而視官階。就官階來說，白居易是將仕郎，是最低階的文散官，照制服淺青色。這也解決了江州司馬何以服青衫的疑問。（參汪榮祖《史家陳寅恪傳》，頁 128～137。北京：北京大學，2005 年）而余英時《陳寅恪晚年詩文釋證》，則將詩史（文）互證法，發揮的淋漓盡致，爬幽抉微找尋詩文的言外之意、弦外之音。但是，詩文雖或有寄託、暗示，但並非每處皆有寄託，如果證據不夠充分，僅依蛛絲馬跡而來微言大義，則未免穿鑿。這是在使用詩（文）史互證法時，需要特別留意的。

〔註27〕戴師景賢於《錢穆》一書說：「任何歷史人物必係廣義的歷史事件，或者說結構之部分，故其存在之『歷史性』（historicality/Geschichtlichkeit）意義，必應自歷史整體的理解中求取。就歷史而言，凡針對特殊重要的個人，討論其何以特殊與所以重要，此項探究本身即是有關其所處時代整體意義討論之一部分。」見氏著《錢穆》，頁 233。（收入中國歷代思想家【24】）

〔註28〕「發生研究法」，是著眼於一個哲學家的思想如何一點一點的發展變化，依其觀念的發生程序作一種敘述。見勞思光《中國哲學史·序言》，頁 8。台北：三民書局，1984 年。

常困擾無數的研究者，而發生研究法，對於掌握梁啓超思想觀念的發展變化，是極為有效相應的方法。然而，學術思想、文化現象，雖然會受到政治、經濟、社會等外緣因素的影響，但影響並不等同於決定，它本身仍有其內在理路的發展。在梁啓超的著述中，充分體現了晚清儒學嬗變過程裡，漢宋合流、朱王兼採、諸子學復興、經世思潮等，儒學內在理路的演變痕跡。

學術史的研究，既屬於一種歷史的研究，也是對學術內容的研究。因此它不僅要梳理出學術內容的究竟，也必需兼及歷史脈絡的發展。無論是最直接的文獻分析法，或是深曲的詩（文）史互證法，抑或是細膩的發生研究法，都是為了幫助吾人充分掌握研究對象，但如執於任何一者，都將難免支離，拆碎了七寶樓台不成一片。是故，在運用研究方法時，仍須對於方法自身的有限性，有充分自覺的了解，才可能真正恰當的使用方法。〔註29〕

〔註29〕 使用方法的同時，已經預設了要達到的選擇目的。換言之，方法是有「選擇性」的掌握研究對象，而不可能解決一切研究對象的問題，因此方法本身是「有限」的。在運用研究方法之時，尚須自覺的「超越方法」。

第二章 晚清民初的儒學

第一節 晚清儒學

　　一代之治，即一代之學。社會的治亂興替，與學術的遞嬗發展，本有著剪不斷理還亂的繫聯。晚清學術界的風起雲湧，和先秦諸子的百家爭鳴，同樣是因「救時弊」而興。不同的是，周秦之際面對的是禮崩樂壞的時局，重建社會秩序是當時迫切的時代課題；晚清之世，遭逢的卻是內憂外患的困境，救亡圖存是其不得不然的掙扎。清代伊始，經世思潮即鼓盪澎湃，及至晚清，天崩地解的時局，更激起了知識份子世代相傳的經世情懷。然而，清初學者所面對的江山易主、異族統治，是可以憑藉「從周」、「復禮」、「徵實」、「法先王」等古已有之的經驗範式，去應對時勢安排人生的；但是晚清的千年巨變，卻遠遠非此所能解決。於是曾國藩（1811～1872）、李鴻章（1823～1901）的自強運動，康有為（1858～1927）、梁啓超（1873～1929）的維新變法，張之洞（1837～1909）的中體西用，譚嗣同（1865～1898）的沖決網羅……，一連串儒學內部的「自改革」前仆後繼。當然，侷限於傳統的框架之下，而欲藥數千年之沈痾，其結果也注定只能此起彼落。以下試從傳統儒學的嬗變，以及晚清知識分子對西學衝擊的回應，來考察晚清儒學之梗概。

一、傳統儒學的嬗變

（一）從漢宋之爭到漢宋合流

1. 漢宋之爭

　　有清一代，程朱理學高踞廟堂之上，為官方之學。但真正在社會上蔚為

風潮，成爲學術特色的，卻是訓詁考據之學，考據學風至乾嘉之世而大盛。斯時，「江南千餘里中，雖幼學鄙儒，無不知有許、鄭者」，〔註1〕而書賈爲怕蝕本，也多半「不售理學諸書」，〔註2〕漢學興而宋學衰，其情可見一斑。當時學者，競以「用漢儒之訓詁以說經，用漢儒注書之條例以治群書」，〔註3〕由訓詁以通經，由通經以明道，對於古代文獻進行了詳細的整理。他們在推尊漢代經說之時，也對宋儒之舍傳求經表達了強烈的不滿：或批評宋儒之解經皆燕相之說書，其禍「甚於秦灰」；〔註4〕或撻伐宋儒不知天理之不外於人欲，以意見誤名之曰理而禍斯民，是「以理殺人」。〔註5〕其實，考據學原本只是一種治學方法。換言之，它應該只具有工具性意義。然而，乾嘉之世爲漢學者，卻將考據學提昇到最高義，認爲無考據則無學問。〔註6〕並認爲宋儒論學核心之「理」，若二程的「不是天理，便是私欲」，「無人欲，即皆天理」；〔註7〕朱子的「天理人欲，不容並立」，〔註8〕「人之一心，天理存而人欲亡；人欲勝則天理滅」〔註9〕等論點，都混雜釋老，非孔孟正學。故其要以「六經孔孟之旨，還之六經孔孟；以程朱之旨，還之程朱」，俾使「程朱不得冒孔孟」。〔註10〕而爲宋學者，則批評漢學家「畢世治經，無一言幾於道，無一念及於用」，〔註11〕於修己安人上，兩皆不得。誰才是儒學正統？誰能得孔孟究竟之眞？是漢宋之爭的焦點。

　　嘉道之際的漢宋之爭，是清代學術史上的一件大事。而點燃這場學術論戰，主要的人物則是江藩（1761～1831）與方東樹（1772～1851）。江藩，字

〔註1〕　焦循〈與劉端臨教喻書〉，《雕菰集》卷13，頁215。

〔註2〕　昭槤〈書賈語〉，《嘯亭雜錄》卷10，頁4。

〔註3〕　劉師培〈近代漢學變遷論〉，《左盦外集》卷9，收入《劉申叔遺書》，頁1738。

〔註4〕　錢穆在比較惠棟及其父惠士奇之學時，曾謂「定宇一家，三世傳經，其父士奇天牧，嘗手書楹帖云：「六經尊服鄭，百行法程朱」，是尊漢猶不反宋。及定宇則曰：「宋儒之禍，甚於秦灰。」錢穆〈朱子學提綱〉，見《朱子新學案》，頁250。

〔註5〕　戴震《戴震全集・與某書》，頁211。

〔註6〕　如段玉裁〈娛親雅言序〉，《經韻樓集》卷8即說：「考核者，學問之全體，學者所以爲人也。故考核在身心、性命、倫理、族類間，而以讀書之考核輔之。」見《段玉裁遺書》，頁1000。

〔註7〕　朱熹《二程遺書》，頁2。

〔註8〕　朱熹《孟子集注・滕文公上》卷3，頁67。

〔註9〕　黎靖德《朱子語錄》卷13，頁356。

〔註10〕　段玉裁《戴東原先生年譜》，頁34。

〔註11〕　方東樹《漢學商兌・重序》。

子屏，號鄭堂，晚年自號節甫老人。江蘇甘泉人。少受業於余蕭客（1732～1778）、江聲（1721～1799）之門，是惠棟（1697～1758）的再傳弟子。他以爲經學「一壞於東西晉之清談，再壞於南北宋之道學，元明以來，此道益晦。至本朝三惠之學盛於吳中，江永、戴震諸君繼起於歙，從此漢學昌明，千載塵霾，一朝復旦」，〔註12〕於是乃撰《國朝漢學師承記》。是書分八卷，被列爲「本傳」的有四十人，附於各本傳名下的有十七人。首卷先說明中國經學的歷史概貌，其後列述閻若璩（1636～1704）、胡渭（1633～1714）、張爾歧（1612～1677）、馬驌（1621～1673）等清初學者，爲乾嘉考據學的先驅。卷二、卷三所傳爲惠周惕（？～？）、惠士奇（1671～1741）、惠棟（1697～1758）、沈彤（1688～1752）、余蕭客、江聲、褚寅亮（1715～1790）、王鳴盛（1722～1798）、錢大昕（1728～1804）等吳派一系學者。卷四所傳爲王昶（1725～1806）、朱筠（1729～1781）、武億（1745～1799）、洪亮吉（1746～1809）等，所敘多爲他們在政壇上的作爲，表示乾嘉漢學家除了立言，尚能立功。卷五、卷六，以戴震（1724～1777）爲軸心，輻射於江永（1681～1762）、金榜（1735～1801）、任大椿（1738～1789）、洪榜（1744～1779）、孔廣森（1752～1786）等皖派一系的學者。卷七所記或偏吳或偏皖。卷八所記爲黃宗羲（1610～1695）、顧炎武（1613～1682），以兩家之學深入宋儒之室，故退列卷末。在江藩看來，清代考據學的開山應是閻若璩，而非顧炎武。《漢學師承記》全書結束之後，江藩又仿陸德明（566～627）《經典釋文》的先例，「取其專論經術而一本漢學之書」，作成附記一卷，題作《國朝經師經義目錄》。江藩的《漢學師承記》，至遲於嘉慶十七年（1712）已有初稿，〔註13〕而刻成於嘉慶二十三年（1818），江藩作幕於兩廣總督阮元（1764～1849）幕府時，阮元曾稱譽該書，能使人知「漢世儒林家法之承授，國朝學者經學之淵源」。〔註14〕江藩除撰《漢學師承記》外，道光二年（1822）又撰《宋學淵源記》，謂「周、程、張、朱所讀之書，先儒之義疏也。讀義疏之書，始能闡性命之理。苟非漢儒傳經，則聖經賢傳，久墜於地，宋人何能高談性命」。〔註15〕倘若江藩僅止於建立其所信仰的漢學系譜，則局外人如方東樹者，本無置喙餘地。然因江藩

〔註12〕 江藩《漢學師承記・自序》。
〔註13〕 嘉慶十七年，汪喜孫爲江藩《漢學師承記》作跋尾，故知該書至遲在是年應已有初稿。
〔註14〕 阮元〈國朝漢學師承記序〉，《揅經室一集》卷2，頁224。
〔註15〕 江藩《宋學淵源記》，頁1。

挾其「漢學傲慢」而鄙薄宋學，致使「研窮儒先義理之學，而獨契朱子之言」的方東樹全力反擊，開啓了漢宋之爭的戰場。

方東樹，字植之，號儀衛老人，安徽桐城人。嘉慶二十四年（1819），入阮元幕府，因不滿於阮元爲江藩刊刻《漢學師承記》，又延聘幕賓輯纂《皇清經解》，於諸家著述，凡不關小學，不純用漢儒古訓者，概不著錄，乃於道光四年（1824），撰成《漢學商兌》。〔註16〕《漢學商兌》，仿朱子《雜學辨僞》之例，全書摘錄漢學家議論原文，各爲辨正。他將漢學比之爲「鴆酒毒哺」、「洪水猛獸」，認爲惠棟、江藩之言，乃拾漢學渣穢；黃震（1213～1280）、顧炎武之禁言心，是邊見、邪見，非眞知見；段玉裁（1731～1815）推尊戴震，誕妄愚誣，不識世間有是非。書中對阮元攻擊尤多，對戴震攻擊尤烈。並澄清宋儒治學並不廢訓詁，而程朱實深辨儒禪之殊，絕非墮禪。姚瑩（1785～1852）推崇其書是「斯文之木鐸，正學之明燈」；李兆洛（1769～1841）則稱許方東樹博學深思，「拔本塞源，廓清翳障」，使「程朱復明」，功不在禹下。乾嘉之世，爲訓詁考據的學者，或不讀漢唐以下之書，或不喜宋儒性命之學，及江藩撰《漢學師承記》、《宋學淵源錄》涇渭漢宋，方東樹以《漢學商兌》駁之，漢學宋學壁壘分明。

須要特別說明的是，江藩的《漢學師承記》爲阮元所刊刻，而方東樹之撰《漢學商兌》，又正值作幕阮元幕府中。書成，曾獻之阮元，希望阮元能端正學風，〔註17〕但是阮元並未給予答覆。其實，阮元雖是漢學的「護法神」，〔註18〕帶有揚漢輕宋的色彩，但並未在孔孟和宋儒之間砌造一嚴格的壁壘，〔註19〕全盤否定宋學。他在國史館撰寫《儒林傳》時，就主張將「理學各家與經學並重，一同並列，不必分歧，致有軒輊」。〔註20〕在廣東立學海堂時，也力主士子「或習經傳，尋疏義於宋齊」；「或解文字，考故訓於倉雅」；「或析道理，守晦庵之正傳」；「或討史志，求深寧之家法」。〔註21〕這很清楚的表示，阮元在推崇漢學之餘，並未排摒宋學之長。在漢宋之爭最激烈的時候，阮元「漢宋兼採」、「兼容並蓄」的學術態度，已然透露了漢宋合流的趨勢。

〔註16〕 此據鄭福照《方植之先生年譜》之說。
〔註17〕 參見方東樹〈上阮芸台宮保書〉，《儀衛軒文集》卷7。
〔註18〕 梁啓超《清代學術概論》，頁108。
〔註19〕 錢穆《中國近三百年學術史》，頁361。
〔註20〕 阮元〈擬儒林傳稿凡例〉，《揅經室續集》卷2，頁57。
〔註21〕 阮元〈學海堂集序〉，《揅經室續集》卷4，頁147。

2. 漢宋合流

　　漢宋之爭雖然激烈，但都憲章孔子，彼此間仍有可以共同對話的最大公約數。更何況「漢人何嘗不談性道」？「宋人又何嘗不談名物訓詁」？道咸同光時期，儒者多知義理、考據不可偏廢。漢宋合流乃成晚清儒學的特色之一。漢宋合流風氣之興，正意味著義理必由訓詁而得，訓詁考據乃治學之尚方寶劍，這兩個前人奉為圭臬的準則，已受到質疑，而這也是清代儒學內在理路發展的必然趨勢。此一時期，為漢學者，雖有若俞樾（1821～1906）之固守漢學殘壘，不肯與宋學有任何交融者，但曾肄業於俞樾所主持之詁經精舍書院的戴望（1837～1873）、朱一新（1846～1894），卻都能突破漢學藩籬，主張漢宋調和。而撐起嶺南學派半壁江山的陳澧（1810～1882）、朱次琦（1807～1882），也對漢宋門戶不以為然。尤其陳澧，更思在漢宋調和中，另創一種兼採漢宋以求微言大義，以濟天下的新學風。至於以理學經世，於事功道德文章兼備的曾國藩，雖宗宋儒，但亦不廢漢學。一生以儒臣自命，以衛道自任的張之洞，雖以漢學為本，卻推崇朱子，則恰是晚清儒學漢宋合流的典型。

　　曾國藩，字伯涵，號滌生，湖南湘鄉人。他早年曾問學於理學大師唐鑑（1778～1861），自是潛研《朱子全書》，每日靜坐，體念來復之仁心正位凝命，於漢學考據多有微詞。但是，道光二十六年（1846），他因病僦居城南報國寺，適精於考據的劉傳瑩（1818～1848），也在寺中。兩人朝夕相處，相互切磋，於是曾國藩對漢學有了新的看法。進而提出天下學問，「有義理之學、有詞章之學、有經濟之學、有考據之學」的說法，並指出「義理之學即宋史所謂道學也，在孔門為德行之科；詞章之學在孔門為言語之科；經濟之學在孔門為政事之科；考據之學即今世所謂漢學也，在孔門為文學之科」，「四者闕一不可」。〔註22〕自是，曾國藩不再拘泥於宋儒的義理之學，其治學方法也由約轉博。

　　相較於曾國藩，張之洞「讀書宗漢學，制行宗宋學」，則是另外一種典型。張之洞，字孝達，號香濤，無競居士，又號壺公抱冰。河北南皮人。他曾先後擔任過山西巡撫、兩廣總督、湖廣總督，又兩次署理兩江總督，在為三十多年的封疆大臣中，他特別重視學術、教育的發展，創辦了廣雅書院和廣雅書局。張之洞是古文經學家，於兩漢經師，清代經學諸大師以及宋明大儒，無不宗仰。主張學必調和漢宋，執兩用中，師漢學之翔實，而遺其細碎；宗

〔註22〕曾國藩《求闕齋日記類鈔》卷7，頁8。

宋學之篤謹，而戒其空疏。歸之於經世致用，才是眞正的學者。漢宋兩門，調和相資，是張之洞爲學的宗旨，也是他爲學的入門處。其《輶軒語》及《書目答問》影響當時許多士子，也反映了晚清漢宋合流的思潮。

（二）從朱王之辨到朱王兼採

1.朱王之辨

清代儒學，除有漢宋之爭外，於宋學內部也存在程朱、陸王分歧的問題。從清初康熙表彰程朱之學，刊定《性理大全》、《朱子全書》，以朱子配祀十哲之列起，〔註23〕程朱之學就被認爲是儒學的正統，而陸王心學則被視爲以釋雜儒的歧出。如方東樹《漢學商兌》在駁斥漢學家「違戾詆誣于聖人躬行求仁，修齊治平之教，一切抹殺，名爲治經，實是亂經，名爲衛道，實則畔道」時，也有很多直斥陸王墮禪，程朱、陸王有別的分辨。在宋學家言，駁斥漢學之外，尚須排黜陽明，是非才可因之而明，學術始能以之得正。

道咸以後，漢學之勢漸衰，但宋學也未如方東樹所預言的起而代興。反倒是從道光朝起，不斷的有駁詆王學的著述問世。其中羅澤南（1808～1856）的《姚江學辨》，唐鑑的《國朝學案小識》，以及賀瑞麟（1824～1893）陸續刊刻有關辨學的著作，都可以看出這種學風。

羅澤南，字仲嶽，又字培源，以其所居之地曰羅山，故自號羅山，又以「人之過端叢集，大抵由於不知悔，即悔矣又不克自振拔以滌舊」，故又自號悔泉。湖南湘鄉人。羅澤南自少篤志正學，好先儒性理之說。年十九，洪楊起兵前，假館四方，窮年汲汲，日與徒講論濂洛關閩之緒。著有《人極衍義》，多宗周敦頤之言；《讀孟子箚記》，嚴義利之辨；《西銘衍義》，斥陽明之頓悟，探伊洛之淵源；《養氣論》，明天人一理、天人一氣之旨；以及《姚江學辨》。《姚江學辨》二卷，凡五萬餘言。主要的內容是：以程朱的「性理至上」論，反對王陽明的「心即理」說；以程朱的「格物致知」論，否定王陽明的「知行合一」說；用程朱的「涵養」、「漸進」修養工夫，駁斥王陽明的「悟性」、「悟頓」的成聖之道。從本體論到方法論，從義理內容到實踐方式，羅澤南對王學都屢加批判，認爲王學陽儒陰釋，實爲佛家的變種。

羅澤南的《姚江學辨》，以程朱觀點爲判準，從理論體系上，質疑陸王學派的儒學屬性。而唐鑑的《國朝學案小識》，則以論學術史的體例，闡發尊朱黜王

〔註23〕詳見《康熙朝東華錄》卷18，五十一年二月丁巳條，頁659。

的觀點。唐鑑，字鏡海，湖南善化人。其所撰《國朝學案小識》，把清代學術分成「道學學案」、「經學學案」和「心學學案」三大類。唐鑑所謂道學即程朱理學，亦即所謂正學。按其地位的不同，又分作「傳道學案」、「翼道學案」、「守道學案」。在唐鑑看來，清代諸儒中，只有陸隴其（1630～1692）、張履祥（1611～1674）、陸世儀（1611～1672）、張伯行（1652～1725）四人，有資格充當聖人之道的「傳道者」。其中，他尤為推崇陸隴其，認為他最重辨析學術上的正邪、是非，特別是對王學的抨擊，使後人知陽明之學，斷不能傅會於程朱，是清初學界「黜邪衛道」的功臣。唐鑑的觀點，反映了長期以來「朱子之意即聖人之意，非朱子之意即非聖人之意」〔註24〕的意識，深植人心。

　　賀瑞麟，字角生，號復齋，陝西三原人。其學以朱子為的，晚闢清麓書院，來學者眾。生平以倡復橫渠禮教為己任。光緒年間，陸續刊刻了程瞳的《閑闢錄》、陳建的《學蔀通辨》、張烈的《王學質疑》、童能靈的《朱子為學考》、陳法的《明辨錄》、方東樹的《漢學商兌》，以及羅澤南的《姚江學辨》等七部辨學著作。顯現有清一代，直至光緒年間，仍有不少人堅信「必尊朱子而黜陽明，然後是非明而學術一」〔註25〕的觀點。

2. 朱王兼採

　　程朱陸王同植綱常，同宗孔孟，然而他們對於「理」的體認，從入之途卻各有所重。程朱著眼於格物窮理，陸王則強調發明本心。自清初起，朱子之學就被推許為儒學的正統，而陽明之學則被斥為是異端。然而，在道咸以後，卻有治朱子學者，兼採陽明之說者。曾國藩、陳澧、張之洞、康有為（1858～1927）等人，在論學上都主張朱王兼採。

　　曾國藩是唐鑑的弟子，是羅澤南的兒女親家。唐、羅二人，都嚴朱王之辨，但曾國藩卻篤守程朱而不廢陸王。他以為「孔孟之學，至宋大明，然諸儒互相異同，不能屏門戶之見」，「朱子主道問學，何嘗不洞達本源」？「陸王主尊德性，何嘗不實徵踐履」？故主張「象山、姚江亦江河不廢之流」。〔註26〕學不自隘，兼取眾說，正是曾國藩之長。

　　陳澧，字蘭甫，號東塾，又號江南倦客。廣東番禺人。學宗鄭玄，又尊朱子，主通漢宋之郵，意在補偏救弊，不為無用無益之學。於宋學亦能朱王

〔註24〕陸隴其《松陽講義》卷1，頁3。
〔註25〕陸隴其〈上湯潛庵先生書〉，《三魚堂文集》，卷5，頁5。
〔註26〕曾國藩〈復潁州府夏教授書〉，《曾文正全集書札》卷11，頁85。

兼重，既編纂《朱子語類日鈔》，又編纂《陸象山詩鈔》。

張之洞從小師從漢學家呂賢基（1803～1853），於漢學有極爲深厚的根柢。其父張瑛在與太平軍作戰中殉節，宋學中崇尚氣節的精神，也深深地濡染他。其學力主漢宋調和，不僅認爲「眞漢學未嘗不窮理，眞宋學亦未嘗不讀書，即使偏勝，要在宗法聖賢，各適其用」，〔註27〕也時以「學術有門徑，學人無黨援」〔註28〕爲誡。漢宋調和之外，張之洞也強調朱王兼採。他以爲「王陽明學術宗旨雖與程朱不同，然王出於陸亦宋學也，猶如繼別之後更分大宗小宗，不必強立門戶，互相訾謷」，〔註29〕宗漢學不廢宋學，於宋學內部分歧力加彌合，是晚清學界普遍的傾向。

若與張之洞尊朱不黜王的爲學方向相較，康有爲則「獨好陸王」。康有爲，原名祖詒，字廣廈，號長素。廣東南海人。祖輩世代爲官，以理學傳家。光緒二年（1876），康有爲年十九，師事朱次琦（1807～1881）習經學。朱次琦是名重一時的理學大師，學以程朱爲主，兼採陸王。然康有爲則「獨好陸王，以爲直接明誠，活潑有用」，並用之以自修及教育後進。梁啓超在〈三十自述〉一文中，憶述初見康有爲時，說：「先生乃教以陸王心學，而並及史學、西學之梗概」，使他「決然舍去舊學」，自退出學海堂，拜康有爲爲師，而「生平知有學自茲始」。〔註30〕梁啓超一生強調「良知」，且不遺餘力地闡發陽明心學，不但是因爲受到康有爲的啓迪，也反映王學在晚清轉趨漸盛的潮流。

（三）從訓詁考據到經世致用

1. 致用意識的覺醒

儒家思想的全幅規模，原是起於內聖而終於外王的。〔註31〕「致用」，一直是儒學中極爲重要的元素。然而，乾隆之世，一則社會安定，海宇承平；再則乾隆太阿獨攬，不喜朝臣動輒以天下國家爲己任：〔註32〕以爲讀書人高

〔註27〕 張之洞〈輶軒語〉，《張文襄公全集》卷204，頁31。
〔註28〕 張之洞〈創建尊經書院記〉，《清儒學案》卷187，頁35。
〔註29〕 張之洞〈輶軒語〉，《張文襄公全集》卷204，頁32。
〔註30〕 梁啓超〈三十自述〉，《飲冰室文集》之11，頁16。
〔註31〕 《論語》始於言學，終於堯舜湯武之政，尊美屏惡之訓；《孟子》始於義利之辨，終於堯舜至於湯，五百餘歲之道統；《荀子》始於勸學，終於堯問；〈大學〉始於格物、致知，終於治國、平天下；〈中庸〉始於中和位育，終於篤恭而平天下。可見外王乃是儒家最終極的理想典型。
〔註32〕 乾隆以爲「君德成則天下治，君德不成則天下亂」，天下之治亂繫之君王，而不繫之宰相。宰相只須聽命辦事即可，不須也不能繫天下之治亂。他對程頤

居廟堂，只須守正聽命辦事即可，處江湖也毋須憂其君，談什麼明道救世。因此，乾嘉考據學，自然走向故紙堆中，而與實際現實漸行漸遠。但嘉道之世，由於時局動盪，學者的經世意識又甦醒復熾。若包世臣（1775～1855）之由詞章走向經世，精研農政、刑名、河工、漕運、塩法、戰守、貨幣之學；劉逢祿（1776～1829）、宋翔鳳（1776～1860）之逐步將公羊學與歷史相結合；龔自珍（1792～1841）、魏源之「上承乾嘉專門之學」，而「有清初遺老之志」，〔註33〕都顯現隨著時代的變異，學風也正在改變。其後，唐鑑撰《國朝學案小識》，強調守道救時，將「內聖」與「外王」緊密結合；曾國藩以義理經世，於天下古今學問中，特別增列「經濟」一門；張之洞大聲疾呼「讀書期於明理，明理期於致用」，〔註34〕強調道德、事功本非兩橛；康有爲借公羊三世說以倡變法維新，將龔自珍、魏源之援經議政、據經決事，更往前付諸於具體行事中；孫詒讓（1848～1908）撰《周禮政要》，以古文經學而論治；章炳麟（1868～1936）、劉師培（1884～1919）復興古學，借古文經學以言民族主義而鼓吹革命。學者無論漢宋，無論今文古文，皆尚經世。經世致用，可以說是晚清學術的主要潮流。

2. 今文經學

學術與現實政治結合，是今文經學顯著的特點。清代，今文經學復盛，莊存與（1719～1788）、劉逢祿（1776～1829）不僅推崇漢代董仲舒（176B.C.～104B.C.）之治《春秋》，也常效法漢儒，講求明經以致用。其後，龔自珍、魏源承之，好以《公羊》譏議時政，而言經世變革。光緒年間，慈禧聽政，列強交侵，時局陵替，一時之間，學求用世的致用思潮澎湃洶湧。光緒十七年（1891），康有爲在廣州長興里創立萬木草堂，以《公羊》學課弟子。康有爲之治公羊學，不同於邵懿辰（1810～1861）、戴望、王闓運（1832～1916）、皮錫瑞（1850～1908）之著重於經注，而是承繼龔自珍、魏源「喜以經術作政論」〔註35〕的路數。但他又不同於龔、魏，將《公羊》當做經書來研究，而是將《公羊》做爲變法的工具來利用。他把《公羊》「三世說」的歷史變異觀，改裝成歷史進化論。前人之治《公羊》學多言「例」，康有爲則著眼於「義」。

所言「天下治亂繫宰相」之言，深不以爲然。詳見清高宗〈書程頤論經筵箚記〉，《御製文集》卷19，頁708。

〔註33〕王國維〈沈乙庵先生七十壽序〉，《觀堂集林》卷23，頁26。

〔註34〕張之洞〈輶軒語〉，《張文襄公全集》卷206，頁36。

〔註35〕梁啓超《清代學術概論》，頁69

〔註 36〕他認爲讀書宜先通微言大義，再談具體考據問題。其以《公羊》言變法，實際上是爲了政治上的需要，甚至「不惜抹殺證據，曲解證據，以犯科學家之大忌」。〔註 37〕乾嘉考據學雖然徵實太多，發揮太少，泥古守舊以致脫離現實，但相較於康有爲論學之武斷，強古人以就我，則益顯其長。清代今文經學因康有爲而登極峰，亦因康有爲而趨向衰微。從 1890 年到 1902 年，康有爲撰寫《新學僞經考》、《孔子改制考》、《春秋董氏學》、《禮運注》、《中庸注》、《孟子微》、《大學注》、《論語注》、《大同書》等一系列儒學著作。這些著作，全都是透過對儒家經典的詮釋，以承載康有爲個人的意志。他把從西方學來的東西，和自己的個人觀點，全部雜揉混裝，然後一一貼上儒家的標籤，其附會淆亂不可勝數。因此，張之洞曾表示「生平學術，最惡《公羊》」，根本不承認康有爲所說的那個孔子。即使是梁啓超，也指出康有爲的《新學僞經考》、《孔子改制考》，使「清學正統派的立腳點，根本動搖」，「數千年來共認爲神聖不可侵犯之經典，根本發生疑問」。〔註 38〕康有爲之尊孔，本意在改造儒學，使儒學「其命維新」，不料卻將儒學推向沒有出路的胡同。

3. 古文經學

晚清，除了今文經學大張旗鼓，治古文經學者，也力言經世致用。章炳麟是古文經學大師，曾受俞樾影響，他亦精研故訓，專意治經。甲午戰敗後，舉國洶洶，康有爲領導公車上書，成立強學會，創辦《時務報》。在民族危機的深切刺激下，章炳麟亦走出書齋，參加強學會，並「目擊道存」、「懷欲論著」任職《時務報》，與康有爲、梁啓超等人有所來往。然而，章炳麟和康、梁等維新人士之往來，是基於對於國族危機感的趨迫，以及對未來文化有所憧憬的相互湊泊，在實際的學術觀點上，所同不勝所異，是故終究不免殊途。從甲午到戊戌，康有爲倡導維新的這幾年，章炳麟撰述了許多論學、論政的文字，後經彙整，列目五十，始〈尊荀〉，而終以〈獨聖〉，又補佚兩篇，一爲〈辨氏〉、一爲〈學隱〉，由梁啓超簽署，於光緒二十六年（1900）在蘇州刻成，也就是《訄書》的原刻本。〈尊荀〉強調法後王，「或益而宜」，「或損而宜」，此時的章炳麟是主張在舊有的基礎上，維新改革。

庚子義和團之亂後，章炳麟在政治上轉趨激烈，主張排滿革命。光緒二

〔註36〕梁啓超《論中國學術思想變遷之大勢》，《飲冰室文集》之 7，頁 99。
〔註37〕梁啓超《清代學術概論》，頁 79。
〔註38〕梁啓超《清代學術概論》，頁 81。

十八年（1902），他以原著《訄書》意多不稱，就原刻本加以刪革，由鄒容（1885～1905）題耑，於光緒三十年（1904），在日本東京重印出版。重印本刪除原刻本的〈尊荀〉、〈天論〉、〈喻佴儚〉、〈明群〉、〈播種〉、〈東方盛衰〉、〈蒙古盛衰〉、〈東鑑〉、〈帝韓〉、〈鬻廟〉等篇，而益以〈原學〉、〈訂孔〉、〈學變〉、〈學蠱〉、〈王學〉、〈顏學〉、〈清儒〉、〈續種姓〉、〈方言〉、〈通法〉、〈述圖〉、〈原教〉、〈訂禮俗〉、〈消極〉、〈尊史〉、〈徵七略〉、〈哀焚書〉、〈哀清史〉、〈別錄〉、〈定版籍〉、〈辨樂〉、〈地治〉、〈解辮髮〉等篇。重印本全書以〈原學〉始，〈解辮髮〉終，共六十三篇。並將原刻本的〈客帝〉、〈分鎮〉兩篇，易為〈客帝匡謬〉、〈分鎮匡謬〉，做為「前錄」。反映著他在庚子亂後，研讀中西書籍，推迹古近的為學途轍，也呈現出他將學術與政治結合，志在經世的決心。

（四）從以子證經到子學復興

1. 以子證經

　　乾嘉漢學家認為道在經中，欲明道必先通經，要通經必先通訓詁。在治學上，他們為了博求廣證，往往證之諸子，以發其旨。〔註39〕底下試以惠棟、焦循（1763～1820）為例，說明乾嘉之世，學者以子證經的狀況。

　　惠棟，字定宇，號松崖。江蘇吳縣人。少承家學，稽古不怠，於經史、諸子、稗官野乘釋道二藏，無不廣涉博覽，而以倡導漢學為乾嘉學者推為一代儒宗。《易》學研究是他最重要的學術成果，其所撰《易微言》，就徵引了不少周秦諸子之說。全書分上下二卷，上卷言天道，下卷言人道，證釋了五十五條易理名目。其釋「理」字，即引《韓非子》「理者，成物之文也；道者，萬物之所以成也」之議論；也引《管子》「別交正分之謂理，順理而不失之謂道」的說法，而認為「好惡得其正，謂之天理；好惡失其正，謂之滅天理」，「理」的合理實現才是「道」，並非一開始，就有個「理」等同於「道」。又如其釋「積」，謂《易》、《中庸》、《荀子》皆言「積」。並引《荀子·大略》曰：「夫盡小者大，積微者著」，認為「善端初發且要涵養；惡念初生，便須翦除」，而發展成為一套「聖學尚積」、「王者尚積」，積善不息的思想來。〔註40〕

〔註39〕　楊超曾於〈翰林院侍讀學士惠公士奇墓誌銘〉一文中，即謂惠士奇治學，「以經為綱領，以傳為條目，以周秦諸子為佐證，以兩漢諸儒為羽翼」。見錢儀吉《碑傳集》卷46，頁2311。

〔註40〕　惠棟《易微言下》，〈積〉，見《皇清經解》卷350，頁29。

焦循，字理堂，一字里堂，晚號里堂老人。江蘇甘泉人。他遍治群經，而於《易》、《論語》、《孟子》用功最深。就《論語》言，他撰有《論語通釋》一卷，凡十二篇，不惟體例仿自戴震《孟子字義疏證》，其內容亦因有感於《孟子字義疏證》，「於孔子一貫仁恕之說，未及暢發」，而有所作。〔註41〕又撰有《論語補疏》一書，多所引用周秦諸子以釋義。如其釋「逸民」，引《莊子‧田子方》：「顏淵問於仲尼曰：『夫子步亦步，夫子趨亦趨，夫子馳亦馳，夫子奔逸絕塵，而回瞠乎後矣』」之語，與《漢書‧逸民傳序》所云：「蓋錄其絕塵不反，則以逸民為民之奔逸絕塵，所謂超逸也」相參證，而認為「逸民」是指「節行超逸者也」。〔註42〕又，其釋「古之學者為己，今之學者為人」一語，亦引《荀子‧勸學》之言，謂「入乎耳者，著乎心，為己也」，「入乎耳，出乎口，為人也」，並與《北堂書鈔》所引《新序》云：「齊王問墨子曰：『古之學者為己，今之學者為人。何如？』對曰：『古之學者，得一善言以附其身；今之學者，得一善言，務以悅人』，及《顏氏家訓‧勉學》所云：「古之學者為己，以補不足也。今之學者為人，但能說之也」相參證，而認為「為己」是履道而行之；「為人」是徒能言之。

2. 子學復興

晚清，諸子之學復盛。但它不同於乾嘉之世的學者治諸子，偏於先秦諸子著作的校注、輯佚、辨偽等工作，而是逐漸認識到諸子之學「合其要歸，亦六經之支與流裔」，〔註43〕經子本可相通，擺脫經學附庸，走出考據藩籬而將之用以會通中西，應世救時。

「孔教不廢九流」，諸子之學可以上接孔門正脈。晚清孫詒讓的（1848～1908）《墨子閒詁》、王先謙的（1842～1917）《荀子集解》，使得子書復明。而張之洞在《書目答問》中，亦將周秦諸子在「子部」目裡，單獨列目。康有為設萬木草堂，也將周秦諸子學、孔學、佛學、宋明理學、泰西哲學並列，以之課士子。〔註44〕章炳麟、劉師培（1884～1919）倡導「國粹」、「國學」，而其所

〔註41〕 焦循〈讀書三十二贊〉，《雕菰集》卷6，頁85。

〔註42〕 焦循《論語補疏》，見《皇清經解》卷1165，頁18。

〔註43〕 班固《漢書‧藝文志‧諸子略序》。

〔註44〕 康有為於光緒十七年，在廣州長興里創立萬木草堂。萬木草堂以「志於道、據於德、依於仁、游於藝」為學綱。學科共分四類：義理之學、考據之學、經世之學、文字之學。其中義理之學，包括孔學、佛學、周秦諸子、宋明理學、泰西哲學等五目。

謂「國學」，其實內容也都含括諸子之學。章炳麟在《訄書‧訂孔》中，直指孔子「聞望過情」，在〈儒道〉、〈儒法〉、〈儒墨〉、〈儒俠〉中，比較儒學與諸子，反對儒學獨尊。這使得長久以來，以孔子之是非為是非的價值觀，開始鬆動轉向。此外，劉師培發表了《周末學術史序》，從心理學、倫理學、論理學、社會學、宗教學、政法學、計學、兵學、文章學等西方學科分類，對先秦諸子進行梳理。以下即以劉師培為例，觀察晚清子學復興的概況。

劉師培，字申叔，又名光漢，號左盦。江蘇儀徵人。他出身於世代傳經的書香門第，於經學、小學及漢魏詩文都有深入的研究。晚清，子學復盛。劉師培撰《周末學術史序》，指出先秦諸子同出周代史官，不過各尊所聞，各異其趣而已。儒家亦為九流之一，與諸子實無尊卑之別。他認為墨子論「兼愛」，「以眾生平等為歸」，「以君權為限」，若較之儒家其說進矣。〔註45〕而管子、申不害、商鞅、韓非之「以法治國」，實得「政治之本」。〔註46〕由此觀之，「平等」的價值觀念，斯時正在萌發，傳統的三綱五常思想，也面臨重新評估的局面。

晚清，周秦諸子之學的思想價值，常常被用來與儒家思想相衡詰，與西方學說相比附。光緒三十年（1904），劉師培根據楊廷棟所譯和本盧騷（Jean Jacques Rousseau, 1712～1778）《民約論》，撰成《中國民約精義》。書中謂孟子、荀子、老子、莊子、楊子、墨子、管子、許行等皆言及「民約」。他分別考其得失，指出《孟子》於君主、政府、人民三級，析之最精。謂墨子稱天以制君，實尊民以抑君。謂世俗惑於貴賤尊卑，諱言湯武之篡弒，不獨背盧騷之旨，亦非荀子之旨。謂老子不為天下先，可啟賢君謙讓之風。謂莊子深知君主為人民僕役之義，然其欲廢人造之自由，復天然之自由，與盧騷之旨相悖。謂楊朱以利己為宗旨，乃個人主義者，不合盧騷之民約精神。謂管子治齊，以法律為一國所共定，最得西人法治國之意。謂許行君民並耕之說，近於民權，近於平等之說。惟其說不知分工之義，欲去君王之有私，齊頭式之平等，不可行於文明進化之世。〔註47〕綜觀劉師培的說法，顯然他已將西方政治所強調的平等、民權、法治等概念，用在討論周秦諸子的學說上。相較於諸子學的復興，晚清儒學的勢力正逐步式微。

〔註45〕劉師培《周末學術史序‧政法學史序》，見《劉申叔遺書》，頁510。
〔註46〕劉師培《周末學術史序‧政法學史序》，見《劉申叔遺書》，頁510。
〔註47〕詳參劉師培《中國民約精義》卷一，收《劉申叔遺書》頁682～689。

二、西學衝擊的回應

（一）世變憬悟與西學中源說

1. 世變的憬悟

道光二十年（1840），中英鴉片戰爭，中國戰敗，除割地賠款之外，又被迫開五口通商，英國人可以攜眷在廣州、廈門、寧波、上海等地居住，且設置領事，管理商務。從此，中國進入了一個戰亂、變動的過渡時代。舊有的器物、體制、思想受到強烈衝擊，岌岌可危，而新的思想觀念卻尚未成形。新舊交替、東西碰撞，其變化之速，幅度參差，確實難以調和。整個晚清七十年，民族災劫連連，國家元氣耗損，即連自信心也面臨崩盤瓦解的窘境。

鴉片戰爭，無論是對清代歷史或是學術發展而言，都是極爲重要的分水嶺。魏源治《公羊》今文經學，熟於政典掌故、輿地史學，在道光二十二年（1842）底，撰成《海國圖志》。他突破了幾千年來華夏中心的心理優越感，公開承認西方器物有優於中國之處，主張「師夷長技以制夷」。

咸豐十年（1860），英法聯軍之役後，關心世變的人越來越多。馮桂芬（1809～1874），出版《校邠廬抗議》，視改革政治爲治本之道，主張向西方學習的範圍應擴大到政制層面。鄭觀應（1842～1922）以「杞憂生」爲號，於光緒十六年（1890）寫成《盛世危言》，重視兵戰強調商戰，以期中國能走上富強之路。馬建忠（1845～1900），畢生宣傳西學，希望國人不要坐井觀天，能夠清楚認識到中國只是列國之一，而非世界中心。隨著國事江河日下，救亡圖存的呼聲，也就與日俱增。只是，文化本是根深蒂固的，面對毫無心理準備，排山倒海而來的異質文化時，本能地會產生戒懼和排斥。更何況中國自古即是一個聲名文物之邦，又是一個「遠方之所觀赴」、「蠻夷之所義行」的文化輻射源，因此面對西學的衝擊，也就自然會有一股強大的逆流，堅信「道之大原出於天，天不變，道亦不變」。而傳統社會向現代轉型的歷程，也就格外的曲折、艱難。

2. 西學中源說

鴉片戰爭後，中國從封閉自足的睡夢中驚醒。萬邦來朝的自尊粉碎了一地，無奈的被列強納入世界的網際中。中國無法再封閉自足，也沒有條件夜郎自大，更無法由自大而自畫。中國必須正視西方文明迥異於華夏文明的思想、政制、風俗，乃至於日常生活中的各種器物。畢竟「物競天擇，適者生存」，再沒有任何事比國家存亡、民族興衰更爲重要了。

　　然而，在接受、吸收外來文化時，由於民族心理因素的緣故，「西學中源說」時可聞見。諸如漢魏之際，民間流傳「老子化胡」的故事，中國人基於「西學中源」，遂接受並信仰了印度的佛教；明末清初，西洋傳教士東來，中國人基於「西學中源」，遂吸收其天文、算學、地理等知識；康有爲認爲西人長技，「我中人數千年皆已有之」；〔註48〕張之洞論證西方近代的科技、經濟、法律等學說，於《中庸》、《周禮》、《尚書》中，「以發其理，創其制」。〔註49〕這些論述，無非在強調西學源於中學，接納西學並非用夷變夏，而是復我中學。在中西比附的過程中，儒學自然也有了一些新的詮釋。

（二）儒表西裡與中體西用

1. 儒表西裡

　　光緒二十三年（1897），康有爲借經術以文飾其政論，刊行《孔子改制考》。他宣稱孔子是個社會改革家，六經都是孔子改制所作。孔子托古改制，托文王以行君主之仁政，爲昇平世；托堯舜以行民主之禪讓，爲太平世。六經中之堯、舜、文王，皆孔子民主君王之所寄託，不必歷史眞實。其主要目的，即在說明民主思想爲中國所本有，在中國興民權、設議院、立憲法，乃是將孔子的政治理想加以實現。

　　康有爲的托古改制，將西政與儒學相結合。此與洋務運動將儒學中納入西洋器物科技有所不同。洋務運動是以百工技藝來補塡傳統儒學的不足，而康有爲的托古改制，則是引西洋的天賦人權、平等自由來附會儒學，這不是補充添加，而是進行變造，是儒表而西裡。蓋傳統儒學原是「修己安人」之學，儒學的屬性本是道德。儒學雖論及政治頗多，但在傳統中國，理想的政治只是倫理的延長，道德的實踐而已，和西方以權利義務、民主自由、平等人權建構的政治規模，本質上根本不同。中國社會向來只有治民而無民治，只有人治而無法治，國家之治亂全繫於聖君明主的體察民情，何來西方以權利、法律所維繫的國家人民關係？所以，儒學中雖偶有與西方政治相契的某些觀念，但並不代表儒學有西方政治的實質內容。康有爲言孔子托古改制，實則是以儒學之舊瓶，裝入自己所理解的西學新酒。近代中國的儒學改造，可以說是從康有爲開始的。

〔註48〕康有爲〈與洪給事右臣論中西異學書〉，《康有爲政論集》，頁49。

〔註49〕張之洞《勸學篇·會通》，《張文襄公全集》，卷203，頁51。

2. 中體西用

康有爲把近代西方社會的政治學說、立政原則、制度定例，都解釋爲儒家經典所包含。他是晚清儒學發展「儒表西裡」的標本性人物。而張之洞針對康有爲的《孔子改制考》所撰寫的《勸學篇》，建構出的「中體西用」理論，也成爲社會上普遍流行的觀點。

光緒二十四年（1898），張之洞發表《勸學篇》，指出「古來世運之明晦，人才之盛衰，其表在政，其裡在學」。他批評當時國人面對世變，「圖救時者，言新學；慮害道者，守舊學，莫衷於一」。「舊者不知通，新者不知本」，因而主張「中體西用」。〔註50〕

《勸學篇》著論二十四篇。內篇務本，以正人心，計九目：同心、教忠、明綱、知類、宗經、正權、循序、守約、去毒。外篇務通，以開風氣，計十五目：益智、遊學、設學、學制、廣譯、閱報、變法、變科舉、農工商學、兵學、鑛學、鐵路、會通、非弭兵、非攻教。他強調「講西學必先通中學，乃不忘其祖」，並呼籲國人要知恥、知懼、知變、知要、知本。「所謂知恥，是知恥不如日本，恥不如土耳其，恥不如暹羅，恥不如古巴」；「所謂知懼，是知懼爲印度，懼爲越南、緬甸、朝鮮，懼爲埃及，懼爲波蘭」；「所謂知變，是知不變其習，不能變法，不變其法，不能變器」；「所謂知要，是知中學考古非要，政用爲要，西學亦有別，西藝非要，西政爲要」；「所謂知本，是知在海外不忘國，見異俗不忘親，多智巧不忘聖」。〔註51〕從張之洞的論述，以及他在四川學政任內，所編纂的《書目答問》所列的西學著作，可以看出張之洞並不排斥西學，而且他心目中的西學範圍也不僅止於自然科學，更包括了西政、西藝、西史。他倡導中體西用，認爲講求西學必先以中學固其根柢，可以「化西」（用西），但不能「西化」（爲西人所用）。〔註52〕

其實，類似中體西用這樣的觀念的倡導，並非始自張之洞，咸豐年間馮桂芬即有是議。馮桂芬親歷過鴉片戰爭及兩次英法聯軍之役。他比較中外文

〔註50〕詳見張之洞《勸學篇・序》。
〔註51〕詳見張之洞《勸學篇・序》。
〔註52〕中國人向來自以爲是個「聰明睿智之所居也，萬物財用之所聚也，賢聖之所教也，仁義之所施也，詩書禮樂之所用也，異敏技藝之所試也，遠方之所觀赴也，蠻夷之所義行也」的天朝上邦，但聞用夏變夷，未聞用夷變夏（《戰國策・趙策》）。例如：乾嘉時期的錢大昕之所以不認同戴震之盛稱「江永推步之學在梅文鼎之上」之說，其所持理由，即在梅文鼎能化西、用西，而江永則爲西化、爲西人所用。參見錢大昕〈與戴東原書〉，《潛研堂文集》卷33，頁595。

明，認爲中國「人無棄才不如夷，地無遺利不如夷，君民不隔不如夷，名實不符不如夷」，而既然有所不足，自當取效於西方。故而倡議「以中國之倫常名教爲原本，輔以諸國富強之術」。〔註53〕其後，若王韜（1828～1897）、薛福成（1838～1894）、郭嵩燾（1818～1891）、曾紀澤（1839～1890）等人，都議及體用本末的問題。所謂不易之「道」，是指治身心，屬於內學，不可變；所謂可易之「器」，是指百工技藝，屬於外學，可以隨世變而異。問題是，傳統儒學本是明體達用之學，體用不二，修己、事功本爲一體。〔註54〕中體西用說，將體用分爲兩橛，以致遭到嚴復所謂「牛體馬用」之譏。〔註55〕中體西用說，表面上是頗爲融通的主張，實際上是對「儒術危矣」的擔憂。

（三）競言西學與古學復興

1. 競言西學

光緒二十年（1894），甲午一役，三十多年的洋務運動，經不起日本明治維新的一擊，徹底的粉碎。光緒二十一年（1895），嚴復在天津《直報》發表了四篇文章：〈論世變之亟〉、〈原強〉、〈救亡決論〉、〈闢韓〉。他從中西文化的對比中，討論中國積弱的緣由，認爲欲救危亡，當以「鼓民力」、「開民智」、「新民德」爲當務之急。光緒二十二年（1896），《時務報》在上海刊行，梁啓超任主筆，以「廣譯五洲近事」爲重要內容以開民智。光緒二十二、二十三年間，譚嗣同撰寫《仁學》，痛陳「三綱」之害，希望「衝決一切網羅」，以重構社會秩序。甲午戰前，中國人師夷長技，是爲逐夷而忙碌，但卻不堪日本無情的一擊。甲午戰後，朝野競言西學，透過翻譯西書、留學海外、設報館、興學校等方式，以求「開民智」、「新民德」，則是爲了啓蒙。汲取西方文明，是當時許多知識份子共同的主張。而在取徑西學中，最具影響力的，應該推屬嚴復與梁啓超。

〔註53〕 馮桂芬《校邠廬抗議・採西學議》。

〔註54〕 宋代胡瑗曾說：「君臣父子，仁義禮樂，歷世不變者，其體也；舉而措之天下，能潤澤斯民，歸於皇極者，其用也。」見黃宗羲《宋元學案》卷1，〈安定學案〉，頁2。

〔註55〕 中學有中學之體用，西學有西學之體用。嚴復駁難中體西用論，他說：「有牛體則有負重之用，有馬體則有致遠之用，未聞以牛爲體以馬爲用者也。中西學之爲異也，如其種人之面目然，不可強謂似也。故中學有中學之體用，西學有西學之體用，分之則並立，合之則兩亡。」見嚴復〈與外交報主人論教育書〉，鄭觀應《盛世危言》卷首。

　　嚴復，本名宗光，字幼陵，又字幾道。福建侯官人。他是近代中國首屆留學英國的海軍學生。不只精通英文，並接受過科學訓練，無論對西方學術、政治、軍事方面，都有實際的體驗。甲午一役中，嚴復有多位同學捐軀疆場，更直接激起他力挽危亡的使命感。在救亡啓蒙的道路上，他選擇以譯述西方思想名著的方式，來開啓民智。光緒二十二年，他譯成赫胥黎（Thomas Henry Huxley, 1825〜1896）的《天演論》（Evolution and Ethics）。赫胥黎的《天演論》，原名應該是「進化與倫理」，但嚴復在譯述的過程中，卻強調生物競爭的進化部分，於倫理方面則輕輕帶過，使得「生存競爭」、「優勝劣敗」的觀點，廣爲流佈。其喚醒國人自振的目的，不言可喻。其後，嚴復又陸續譯述亞當斯密（Adam Smith, 1723〜1790）的《原富》、斯賓塞爾（Herbert Spencer, 1820〜1903）的《群學肄言》、穆勒（John Mill, 1806〜1873）的《群己權界論》、甄克斯（Edward Jenks, 1861〜1939）的《社會通詮》、孟德斯鳩（Beron de Montesquien, 1689〜1755）的《法意》、穆勒的《名學》以及耶芳斯（W.S.Jevons）的《名學淺說》。由其所譯述的著作觀之，很明顯的著重於社會倫理、政治、經濟與邏輯學等方面，是眞正打開近代中國觀望世界「窗口」的第一人。然而，由於他的譯述多偏向學術理論，因此對於一般讀者的實際影響，也就相對有限。若論近代中國宣傳西學，影響普羅大眾最爲深遠的，則莫若梁啓超。梁啓超之接觸西學，始於戊戌變法前，主要來自西方傳教士和上海江南製造局等譯書機構，戊戌變法後，則大多來自日本書刊。梁啓超向來主張「須將世界學說爲無制限的盡量輸入」。〔註 56〕光緒二十三年（1896），他於〈西學書目表序例〉謂：「國家欲自強，以多譯西書爲本；學者欲自立，以多讀西書爲功。」〔註 57〕光緒二十三年（1897），他應聘爲湖南時務學堂總教習。湖南時務學堂學約，其「讀書」條下，即將課程分爲經、史、子、西籍四科，間日爲課。其「經世」條下，亦謂「經世必深通六經，周秦諸子爲經，以求天下之理；必博觀掌故沿革與泰西古史爲緯，以求治天下之法」。〔註 58〕同年，他又編輯西政叢書三十二種，並在上海創設大同譯書局，翻譯各種東西文政學、藝學之書，以傳播西學。流亡日本期間，他更廣讀日本譯書，吸收、宣

〔註 56〕梁啓超《清代學術概論》，頁 65。
〔註 57〕見《飲冰室文集》之 1，頁 123。
〔註 58〕按：湖南時務學堂學約共有十條：立志、養心、治身、讀書、窮理、學文、樂群、攝生、經世、傳教。參見梁啓超〈湖南時務學堂學約〉，《飲冰室文集》之 2，頁 23〜28。

傳西方學說思想。流風所及，留日學生亦以輸入西方文明爲天職，紛紛出版報刊，廣傳西學。

　　梁啓超汲取外來文化，以開愚蒙、啓民智，將中國帶向世界。他介紹了歐美、日本的許多名人。包括盧梭（Jean Jacques Rousseau, 1712～1778）、穆勒、培根（Francis Bacon, 1561～1626）笛卡兒（Rene Descartes, 1596～1650）、達爾文（Charles Robert Darwin, 1809～1882）、康德（Immanuel Kant, 1724～1804）、亞當斯密、孟德斯鳩、亞里斯多德（Aristoteles, 469B.C.～322B.C.）、柏拉圖（Plato, 427B.C～347B.C）、蘇格拉底（Socrates, 469B.C～399B.C）、霍布士（Thomas Hobbes, 1588～1679）、斯拼挪莎（Baruch Spinoza, 1632～1677）、洛克（John Locke, 1632～1704）、伯倫知理（Johann Kaspar Bluntschli, 1808～1881）、邊沁（Jermy Bentham, 1748～1832）、哥白尼（Nicolaus Copernicus, 1473～1543）、瓦特（James Watt, 1736～1819）、牛頓（Jsaac Newton, 1643～1727）、斯賓塞（Herbert Spencer, 1820～1903），以及日本的福澤諭吉（1834～1901）、加藤泓之（1836～1916）、中江兆民（1847～1901）等。所涉層面涵蓋哲學、教育、論理、經濟、政治、物理、生物、數學、天文、文學、法學、歷史等領域。這使得長久以來，只知道孔孟程朱的傳統知識份子，得以略窺世界之大。

2. 古學復興

　　甲午戰後，中國社會迫切須要轉型。梁啓超雖然極力介紹西學，但卻也憂心的表示「今日非西學不興之爲患，而中學將亡之爲患」。〔註59〕光緒二十八年（1902），梁啓超在日本欲以「保國粹爲主義」，謀創《國學報》，希望黃遵憲（1848～1905）能任其事，但黃遵憲以中國病在尊大固蔽，須先大開門戶，容納新學爲由，建議梁啓超應略遲數年再爲之。〔註60〕此正透露出西學、中學消長起伏的訊息。光緒三十一年（1905），清政府頒布「自明年起廢止科舉」上諭，這對於傳統士子造成了極大的震撼，儒家經典高高在上的地位也受到巨大衝擊。鄧實（1877～1951）、黃節（1873～1935）等人，遂在上海發起成立國學保存會。希望藉由發行《國粹學報》，收集、保存、刊刻古籍文物，進行國學教育等活動，以促使古學復興。

　　國學保存會是在傳統文化的危機感中應運而起，然而卻以回歸原典漢學家的治學型態出現。爲了避免招致「無用」之學的批評，是以特別強調中國之所

〔註59〕梁啓超〈西學書目表後序〉，《飲冰室文集》之1，頁126。
〔註60〕參見丁文江編《梁任公先生年譜長編初稿》，頁292～293。

以衰敗，非因「學之無用」，而在於「學之不明」。又反覆重申，「學亡之國，其國必亡；欲謀保國，必先保學」。〔註61〕爲了表明復興古學的「致用」效果，於是刻意將國學限定爲先秦時代的學術，也就是儒學與諸子之學，並將之與漢代以後的儒學（君學）加以切割，實際上這當中隱含著排滿的政治意識。而其不排拒西學新知，藉西學以發明古學，雖然也爲傳統學術增添了一點新色，但畢竟牽強附會之處頗多。國學保存會以「研究國學，保存國粹」爲宗旨，以「陶鑄國魂」爲號召。將愛國學與保國救亡幾乎劃上等號。然而，篤守舊學，發揚國粹，是否真能因應奔涌而至的西方文明，與排山倒海而來的現代化需求？《國粹學報》隨著辛亥革命的成功而停刊，這固然已經達到「排滿革命」的政治目的，但是否也意味著古學也該日新又新，才能生生不息？

第二節　民初儒學

辛亥革命之後，政治、社會體制丕變。兩千多年的帝王專制政體，一夕之間更易爲民主共和，生活中許多倫理、道德、價值體系都有待重整。面對新的事物，許多舊有的思維方式，急須加以調整。傳統儒學究竟該何去何從？在新時代是否還有其必要性或重要性？都面臨了全新的考驗。晚清學者，無論是否接受西學或採用西學，終究都不曾揚棄傳統儒學。民初的知識份子，固守傳統舊學，企圖定孔教爲國教者固然有之，但在大量引進西方思想的同時，將傳統文化棄如敝屣、捐如秋扇，視爲是現代化的絆腳石，「去傳統化」的浪潮也如排山倒海般湧現。兩極偏鋒之外，主張中西互補、新舊調和者雖亦有之，唯其聲勢顯得薄弱許多。民初時期，中國出現多次學術論戰，儘管新國家建立了，但新的學術典範、規模，卻還在篳路藍縷中匍匐摸索，「革命」果真是尚未成功。以下即分別論述民初的儒學論爭。

一、孔教運動

（一）孔教運動的醞釀

民初首先引發的學術論爭，乃是康有爲之欲定孔教爲國教。早在光緒十二年（1886），康有爲在撰《康子內外書》時，就認爲世界上的宗教雖多，但真正的宗教只有孔教與佛教。孔教「順人之情」，乃「天理之自然也」，是爲

〔註61〕〈擬設國粹學堂啓〉，《國粹學報》第 3 年，第 1 期，1907 年 3 月 4 日。

陽教；佛教「逆人之情」，「去倫絕欲」，是爲陰教。在基督教強烈的挑戰之下，
光緒二十四年（1898），康有爲撰〈請尊孔聖爲國教立教部教會以孔子紀年而
廢淫祀摺〉，建議光緒帝以孔子爲教主，以儒學爲教義，以儒家倫理爲信條戒
律，建立孔教的組織。但光緒帝並沒有採納這項建議。最後，康有爲只在廣
西成立了「聖學會」。

　　康有爲大倡立孔教爲國教，改正朔以孔子紀年。梁啓超早年曾積極參與
孔教運動，他在光緒二十三年（1897）所撰〈復友人論保教書〉，以及光緒二
十五年（1899）所撰〈論支那宗教改革〉二文中，都倡論保教觀點，以申康
有爲之說。後經黃遵憲、汪康年（1860～1911）等人的規諫，始漸知所去取。
自三十歲後，於其師倡孔教之議，屢屢駁之。光緒二十八年（1902），他撰〈保
教非所以尊孔論〉一文，指出倡孔教爲國教有四蔽：一曰不知孔子之眞相；
二曰不知宗教之界說；三曰不知今後宗教勢力之遷移；四曰不知列國政治與
宗教之關係。〔註 62〕他認爲孔子應當尊崇，儒學應當弘揚，但孔子不能被神
化，儒學不是宗教，也不能被曲解。

（二）孔教運動的形成

　　辛亥革命成功，民國肇建。「忠君」被認爲與民主政體不合，「尊孔」也
被認爲與信仰自由相違。於是民國元年（1912），教育部廢止小學讀經的規
定。陳煥章（1880～1933）秉康有爲之意，〔註63〕與朱祖謀（1857～1931）、
沈曾植（1850～1922）、梁鼎芬（1859～1919）、麥孟華（1875～1915）等人，
在上海發起成立「孔教會」。孔教會以「昌明孔教，救濟社會」，「挽救人心，
維持國運」爲宗旨，也得到袁世凱（1859～1916）的支持。陳煥章又聯合嚴
復、夏曾佑（1863～1923）以孔教會的名義，向參、眾兩院提出「請定孔教
爲國教」的請願書，並要求載入憲法，希望日後「一切典章制度、政治法律，
皆以孔子之經義爲根據；一切義理學術、禮俗習慣，皆以孔子之教爲依歸」。
袁世凱雖未必認同儒學是宗教的觀點，但基本上則是肯定儒家思想對於重整
秩序的重要性，因而鼓吹尊孔不遺餘力。他發布〈通令尊孔聖文〉，親率百
官到北京孔廟祀孔，並於民國二年（1923）十月，在《天壇憲法》草案第十
九條明文規定：「國民教育以孔子之道爲修身大本。」康有爲之尊孔崇儒，

〔註62〕梁啓超〈保教非所以尊孔論〉，《飲冰室文集》之9，頁51。
〔註63〕陳煥章是康有爲萬木草堂的學生，後又獲得美國哥倫比亞大學博士學位，一
　　　　身而兼中西雙重色彩。

本有其對文化深厚的孺慕之情，而袁世凱之尊孔崇儒，則別有其復辟帝制的野心。

康有爲欲以孔教爲國教，得到了今文經學家廖平（1852～1932）的支持。廖平撰有《孔經哲學發微》，認爲古今中外一切學術，無不包羅於孔學之中，不僅諸子出於孔學，道教、耶教、回教、佛教，也出於孔教。孔教是貫通天人，無所不包的哲學體系。康有爲冀望以孔教爲國教，「庶幾人心有歸、風俗有向、道德有定、教化有準，然後政治乃可次第而措施」。〔註64〕廖平將儒學無限的擴大解釋，非但無益於儒學的發展，更使儒家思想失其本眞，成爲集矢之的。胡適（1891～1962）在論及中國哲學未來時，主張應該「讓儒學回到它本來的地位，也就是它在歷史背景中的地位」，〔註65〕這種看法顯然是比較合理的。梁啓超在民國四年（1915），撰著〈孔子教義實際裨益於今日國民者何在欲昌明之其道何由〉一文，繼續清楚表達了反對立孔子爲教主的立場。民國五年（1916），其《國民淺訓》謂「吾國歷來有一種不健全之愛國論，最足爲國家之障者，其說曰：我國爲文明最古之國，我民爲德性最美之民。泰西學術，多爲吾先哲所見及，其大本大原，遠不逮我」。〔註66〕孔教運動推挹孔子於超絕之域，實際上是援孔子以自封，於辨彰學術有害無利。加以滲入復辟帝制的雜質，包藏政治動機的居心，儒學至此已扭曲變形。隨著洪憲帝制、張勳復辟的失敗，以及民國八年（1919）五四新文化運動的興起，孔教運動不得不從歷史的舞台落幕。

二、整理國故運動

（一）胡適提倡整理國故

民國八年（1919）的五四新文化運動，是傳統與現代重要的界碑。胡適是五四新文化文運動的倡導者，提倡新文學、提倡思想改革、提倡整理國故，是他生平三大志願。〔註67〕民國八年（1919），他在《新青年》上發表〈新思潮的意義〉，主張用科學的方法來「整理國故」，並配合西學學理，重新估定其價值。胡適這樣的觀點，得到許多北京大學學者的支持。北大於民國十一

〔註64〕康有爲〈以孔教爲國教配天議〉，《康南海遺著彙刊》，第 19 集，頁 67。
〔註65〕參見胡適《先秦名學史導論》，《胡適文集》第六冊，頁 10～11。
〔註66〕梁啓超〈國民淺訓〉，《飲冰室專集》之 32，頁 18。
〔註67〕詳見胡適《胡適日記》，1930 年 12 月 6 日條。

年（1922），成立了以從事國故整理工作爲宗旨的研究所國學門，並得到出版界的響應，上海商務印書館有系統的出版了三套國學叢書：「國學基本叢書」、「國學小叢書」、「學生國學叢書」，兼顧了專業性與普及性。而胡適於自辦的《努力》之外，又新設了一份《讀書》雜誌。一時之間，「國立大學拿『整理國故』做入學試題；副刊雜誌刊國故文字爲最時髦題目」，「線裝書的價錢，十年以來，漲二、三倍」。〔註68〕

（二）梁啟超回歸傳統研究

胡適整理國故，是以批判的態度入手，主要目的在重新估量傳統文化的價值。而民國九年（1920）春，歐遊歸國的梁啓超則以尋根的方式，闡明儒學義理與周秦諸子之學，其意在證明傳統學術有別於西方學術，亦有其存在之價值。民國九年（1920），他撰有《老子哲學》、《孔子》、《老孔墨以後學派概觀》、《清代學術概論》；民國十年（1921），撰有《墨經校釋》、《墨子學案》、《愼子》、《諸子考證及其勃興原因》；民國十一年（1922），出版《中國歷史研究法》、《先秦政治思想史》；民國十二年（1923），撰有《清初五大師梗概》、《黃梨洲朱舜水乞師日本辨》、《顏李學派與現代教育思潮》、《朱舜水先生年譜》、《清代學者整理舊學的總成績》、〈國學入門書要目及其讀法〉、〈要籍解題及其讀法〉；民國十三年（1924），出版《中國近三百年學術史》，撰成有關戴震研究數篇、〈明清之交中國思想界及其代表人物〉、〈近代學風之地理分布〉、〈印度與中國文化之親屬關係〉；民國十四年（1925），撰有《中國文化史》、〈佛家經錄在中國目錄學之位置〉；民國十五年（1926），撰有《漢書藝文志諸子略考釋》、《先秦學術年表》、《歷史研究法補編》、〈淮南子要略書後〉、〈莊子天下篇釋義〉、〈荀子評諸子語彙釋〉、〈韓非子顯學篇釋義〉、〈司馬談論六家要旨書後〉、《王陽明知行合一之教》；民國十六年（1927），撰著《儒家哲學》、《古書眞僞及其年代》。這些著作，有關於個別議題的探究，有關於某一斷代的考察，有關於不同學派的討論，有校注、有爬梳，既有宏觀的總覽，也有解析的細究。梁啓超與胡適治學，皆廣涉諸子，不迂尊於儒學，也都強調科學的治學精神。但梁啓超「拿我的文明去補助西洋的文明」〔註69〕的學術態度，與胡適藉整理國學以重估儒學，是有所區別的。

〔註68〕陳源〈西瀅跋語〉，收入胡適《治學方法與材料》，頁163。
〔註69〕梁啓超《歐遊心影錄》，頁35。

三、東西文化論戰

（一）在挫折中發現自我

近代中國中西文化接觸，既有衝突，也有融匯。晚清的洋務運動師夷之長以制夷，等於承認自己在器物上不及夷人。甲午至戊戌維新期間，康有爲雖宣稱一切西洋政治社會制度，孔子皆早已所有，但也等於間接承認中國人不僅在「藝」上須向西洋學習，在「政」上也須向西洋取經。而梁啓超爲徐勤（1873～1945）所寫的〈春秋中國夷狄辨序〉說：「《春秋》不攘夷狄」，〔註70〕正顯示中國人幾千年來根深蒂固夷夏之防的藩籬，已然鬆解。戊戌變法失敗後，西方思想學說，更是洶洶奔涌而來。國粹學派人士憂懼國學覆亡，於是宣稱「國粹者，精神之學也；歐化者，形質之學也」。〔註71〕這是中國人第一次以精神、物質來區分中西文化，也是中國人在屢遭挫折之中，自我發現的一個出口。

第一次世界大戰後，歐洲滿目瘡痍。經此浩劫，許多西方學者，如蒲陀羅（E.Boutroox, 1845～1921）、柏格森（Henri Bergson, 1859～1941）、羅素（Bertrand Rusell, 1872～1970）等都對戰後歐洲物質困窘、精神蒼白混亂，感到憂心忡忡。中國人驀然回首，才發現原來傳統文化中，諸如孔子的「不患寡而患不均」；墨子的「兼愛」、「寢兵」；老子的「各歸其根」等，其實自有盎然生機，甚至可以對治物質文明過度膨脹的弊端。於是梁啓超振奮的呼喊：「我們可愛的青年啊！立正，開步走！大海對岸那邊有好幾萬萬人，愁著物質文明破產，哀哀欲絕的喊救命，等著你來超拔他哩！」〔註72〕梁漱溟更斷言「世界未來文化就是中國文化的復興」。〔註73〕

（二）中國的路向

東西文化論戰，其實就是對於中國應該採取何種文化？走什麼道路的的爭論。倡導新文化者，認爲中國舊文化，尤其是孔子以來的思想、倫理、文學，都不適於現代社會，商代以前的歷史都是假的。胡適的《中國哲學史大綱》，以中國哲學思想始於老子、孔子，而不始於堯、舜、禹、湯；老、莊以前的史料，不採《尚書》，而用《詩經》，就是這種觀點的反映。新文化運動者，大力輸入西方學理，倡導民主、科學，認爲中國應走向西化的道路，以

〔註70〕梁啓超〈春秋中國夷狄辨序〉，《飲冰室文集》之2，頁49。
〔註71〕許守微〈論國粹無阻於歐化〉，《國粹學報》1905年第7期。
〔註72〕梁啓超《儒家哲學》，頁38。
〔註73〕梁漱溟《東西文化及其哲學》，頁199。

西方標準檢視傳統。而維護傳統者，若梁漱溟則斷言西方文化已經走到盡頭，孔顏樂處才是未來生活的出路，無須捨近求遠，捨裡求外。

　　胡適對於梁漱溟所撰《東西文化及其哲學》一書，將西方、印度、中國三種文化說成完全不同，不能相互容通，表示不以為然。於梁漱溟關於「西方只是物質文明發達，其精神文明則遠不如東方，尤不如中國」的觀點，更認為根本是個錯誤。胡適認為「一切文明都少不了物質的表現，所以『物質的文明』一個名詞，不應該有什麼譏貶的涵意。」也進一步指出西方社會「十八世紀的新宗教信條是自由、平等、博愛。十九世紀中葉以後的新宗教信條是社會主義。這是西洋近代的精神文明，這是東方民族不曾有過的精神文明。」他比較東西方文明的差異，謂東方人知足，西方人不知足。並情緒化的批評知足的東方人，「自安於簡陋的生活」、「自安於愚昧」、「自安於現成的環境命運」，故不求物質享受的提高，不重視真理的發現與技藝器械的發明，只求樂天安命，安分守己，不想革命，只做順民。〔註74〕

　　民族危機就是文化危機。東西文化論戰探索的是中國究竟該朝向哪條路走？而與之同時或稍後的三大論戰：問題與主義論戰、社會主義論戰、科學與人生觀論戰，也是因著這個問題意識而衍生出來的。若往前溯，洋務運動、維新變法、鼓吹立憲、辛亥革命、孔教運動、五四新文化運動，近代中國崎嶇顛簸的道路，其實都是為尋求這個問題的答案。然而，一直以來卻也不斷有相異的思潮彼此拉拒、糾纏。就歷史的事實觀之，主張取法西學者，由接受西藝到接受西政，其範圍雖不斷擴大，但在五四新文化運動以前，都還在傳統儒學的框架之中，即令已是西學其裡，也要中學其表。五四新文化運動則不然，是以西方民主、科學為準則，來取代傳統儒學的人生價值，儒學的框架至此被徹底打破。而捍衛傳統的這股潮流，在西風東漸日盛的情況下，也從一開始限守儒家綱常名教的城池中，慢慢擴大範圍，始則以周秦諸子壯其聲勢，繼則以西學本是中學所已有，以凝聚民族情感，在長期的圖存掙扎裡，他們始終堅守傳統文化的堡壘。於是主張全盤西化者有之，強調本位文化者有之。中國如何由傳統過渡到現代，所向之鵠是否無誤，所擇之道是否無失，也就關係著往後國脈民命的剝復死生。

〔註74〕胡適〈我們對於西洋近代文明的態度〉，收入《胡適文選》，頁101～115。

第三章　梁啓超的成學歷程

　　在近代中國的學術舞台與政治舞台，梁啓超都是一個極為活躍的人物。他「學問興味、政治興味都甚濃」，〔註1〕其一生為政治而學問，也為學問而政治。梁啓超向來推重英雄豪傑，他以為世界是由豪傑興造起來的，「捨豪傑則無有世界」，〔註2〕他「日日思英雄、夢英雄、禱祀求英雄」，〔註3〕而他也期許自己不只是個時勢所造的英雄，也應成為造時勢的英雄。

　　他曾為康有為立傳，謂其師乃「先時人物」。如雞之鳴，先於群動；如長庚之出，先於群星。其實，梁啓超自己即是一個先時人物。於近代中國政治、思想、學術等領域，他都親歷其間引領一時風騷。他在描述自己降生之年時，特別點明是「清大學士曾國藩卒後一年」，其深許自己能如曾國藩般立德、立功、立言的壯志，不言可喻。而觀乎梁氏一生，變法維新、辦報講學、從政論述、廣開民智、一新民德，於立德、立言、立功，衡諸曾國藩毫不遜色，較諸清末民初之知識份子，亦庶幾無出其右者。

　　梁啓超身處的時代，是近代中國社會、思想變遷最劇烈的年代。生逢此世，可謂不幸也可謂甚幸。不幸者，清末民初之動盪顛簸，實為中國歷史前所未見，處於其間之徬徨、困惑、苦悶、激切可想而知。然而，緣此數千年未遇之變局，亦正是滋養豪傑英雄之雨露，此則甚幸矣。梁啓超曾自述自己是個鄉下人，「先世數百年，棲於山谷，族之伯叔兄弟，且耕且讀，不問世事，如桃源中人」。又謂自己「生九年，乃始遊他縣」，「生十七年，乃始遊他省」，「猶了了然無大志，夢夢然不知有天下事」。他表示自己也沒料想到，一個封

〔註1〕　梁啓超〈外交歟？內政歟？〉，《飲冰室文集》之37，頁40。
〔註2〕　梁啓超《自由書‧豪傑之公腦》，《飲冰室專集》之2，頁33。
〔註3〕　梁啓超〈過渡時代論〉，《飲冰室文集》之6，頁30。

閉自足之鄉下人，竟然爲十九世紀世界大風潮之勢力所簸盪、所衝激、所驅遣，「乃使我不得不爲國人焉」，「浸假將使我不得不爲世人焉」，〔註4〕這正是處於過渡時代者，特殊的風雲際會。梁啓超「平昔眼中無書，手中無筆之日絕少」，〔註5〕其一生心力圍繞在：既生於中國，義固不可不爲中國人；既生於此世界，義固不可不爲世人。他的學術思想原爲應時而起，但卻能不斷地爲時代「開闢新局」。且每有所「闢」，輒震動當時中國許多的知識份子。

綜觀梁啓超一生的成學歷程：始則接受科舉致仕傳統舊學教育；結識康有爲之後，則廣涉西學譯著；流亡日本期間，致力輸入世界學問，務開民智，欲將世界帶入中國；歐遊歸國之後，復歸於潛研舊學，欲將中國帶進世界。以下即依次論述之。

第一節　科舉致仕的傳統教育（1873～1890）

科舉起於隋代。此一考試掄才的制度，使得中國人的社會價值觀，長期定位在「萬般皆下品，唯有讀書高」的標準上。科舉致仕不僅是自我實現的人生一快，更被認爲是可以榮祖耀宗的使命。梁啓超，字卓如，又字任甫，號任公，別號滄江，又號飲冰室主人。廣東新會人。其家自遷新會，十世爲農，「至先王父教諭公始肆志於學」。〔註6〕與一般傳統社會的耕讀之家無二，梁啓超自小就記誦四書、五經，被期待能考秀才、中舉人。十七歲以前，他因循的完全是科舉致仕的老路。

一、兒時啓蒙

梁啓超，幼穎異，四、五歲時，即就祖父和母親膝下授《四子書》、《詩經》，夜則就睡祖父榻。祖父名維清（1815～1892），字鏡泉，爲郡生員，有孝行，重宋明義理名節之教，最愛與兒孫談古豪傑、哲人嘉言懿行，尤其因家近崖門，故尤喜說南宋故事。梁啓超一生崇拜豪傑俊秀，撰寫許多中外古今「英雄」、「偉人」傳記，且以領導義大利復興建國的馬志尼自擬。這應與他從小所受的童蒙教育有密切關係。

〔註4〕　梁啓超《新大陸遊記‧附錄一：夏威夷遊記》，頁149。
〔註5〕　丁文江、趙豐田編《梁任公先生年譜長編初稿》，頁1204。
〔註6〕　〈哀啓〉，《飲冰室專集》第33。

　　除了祖父、母親的課讀之外，梁啓超的幼年，更是在父親「汝自視乃如常兒乎」〔註7〕的訓勉中成長。父親名寶瑛（1849～1916），字蓮澗，少治舉業，教授私塾於鄉。梁啓超在父親的私塾中，跟隨父親讀《中國略史》、《五經》。梁啓超曾說自己「學問根柢，立身藩籬，一銖一黍，咸稟先君之訓」。〔註8〕

　　在祖父、雙親的悉心教導，與殷殷期盼之下，梁啓超能詩能文，十歲那年即赴廣州考秀才。這次應試，雖然未能一鳴驚人，但卻讓他見識到大城市的世面。他也從廣州所購得的張之洞《輶軒語》、《書目答問》中，頓覺視野開闊，「知天地間有所謂學問者」。〔註9〕光緒十年（1884），梁啓超再度赴廣州，終以十二歲的童子而補博士弟子員。梁啓超自述其補博士弟子員之後的學習，說道：「日治帖括，雖不懈之，然不知天地間于帖括外更有所謂學也。輒埋頭鑽研，故頗喜詞章，王父、父母時授以唐人詩，嗜之過於八股」。〔註10〕這段自述，透露出梁啓超自幼雖然刻苦學習八股帖括，以應科舉，但其興味原本多方，於詞章亦有濃厚興趣。與此同時，祖父、父親又課以《史記》、《綱鑑易知錄》，並且自讀《漢書》及姚鼐（1731～1815）的《古文辭類纂》。

二、肄業學海堂

　　學海堂位於廣州城北粵秀山麓，是阮元總督兩廣時所建，爲當時廣州五大書院之一。〔註11〕光緒十一年（1885），梁啓超肄業于學海堂，醉心經學、訓詁，並於光緒十四年（1888）成爲學海堂正班生，同時又爲菊坡、粵秀、粵華書院的院外生。先後跟隨著呂拔湖、陳梅坪、石星巢學。

　　近五年的學海堂求學歷程，使他「於時流所推重之訓詁詞章學，頗有所知」。〔註12〕他不只有機會廣涉古籍，也有機會接受輯佚、校勘、考釋、辨僞等治學方法的訓練。他在學海堂的季課大考，四季皆第一。期間並撰有〈漢學商兌跋〉，凡萬餘言，惜其文今已不傳。此一深厚的漢學根柢，在他晚年歐遊歸來，研治舊學時就顯現出來。其《中國佛教史》、《中國通史》、《中國文化史》等研究，都極重考據。而他廣博的知識，深厚的學養，也使得他於光

〔註7〕　梁啓超〈三十自述〉。
〔註8〕　〈哀啓〉，《飲冰室專集》第33。
〔註9〕　見〈三十自述〉。
〔註10〕　見〈三十自述〉。
〔註11〕　按廣州五大書院是：學海堂、菊坡精舍、粵秀書院、粵華書院、廣雅書院。
〔註12〕　見〈三十自述〉。

緒十五年（1889），成為廣州鄉試第八名舉人。主考官李端棻（1833～1907），嘉其才華，且以堂妹李蕙仙（1869～1924）字之。梁啟超自幼年到中舉，其求學所循全是傳統社會科舉致仕的途轍。其後四十年，梁啟超之論學論政，於不同時期雖常各有側重，甚且出現前後矛盾，但其對傳統文化深厚的孺慕之情，則始終如一。其實，梁啟超學術思想的基本特質、歸趨，於其童年啟蒙、青少年求學中，早已積蓄底蘊，這也是認識梁啟超其人其學的重要關鍵。

第二節　廣涉西學譯著（1891～1898）

中國儒家思想文化與西方歐洲文化，本是兩種異質文明。二者之間，不論是政治觀、宗教觀、倫理觀、價值觀，甚至於思維方式，都存在著相當的差異。但幾千年來，中國人自以為是居於世界中心的天朝上邦，長期以來封閉自足，以致耳目閉塞，劃地自限。梁啟超早年時期，與絕大多數的中國知識份子相同，於世界認識極為有限。但這種狀況，在光緒十六年（1890）梁啟超十八歲時，有了重大的改變。他的心靈、目光，開始被西方世界所吸引。

一、從學南海

光緒十六年（1890），梁啟超的生命出現了重大的轉折。這年春天，他入京參加會試，不第。途經上海，從坊間購得徐繼畬（1795～1873）所撰的《瀛環志略》一書，遂知四夷八荒之外，還有個廣大的世界。又見到了上海製造局所翻譯的一些西洋書籍，始知十三經、二十四史之外，更有所謂西書、西學。同年九月，他經由陳千秋〔註13〕（1869～1895）引薦，拜廣東南海康有為為師，成為康有為萬木草堂十大弟子之一。康有為長梁啟超十五歲，從朱次琦（1807～1881）學程朱理學、陸王心學。朱次琦教學重「四行五學」，〔註14〕主張通經致用。康有為受朱次琦的影響，也以「聖賢為必可期」，「天下為必可為」，力主「濟人經世」。後來又因為到了香港，實際上接觸西方事物，並讀了一些西學書籍，遂著《人類公理》、《康子內外篇》。梁啟超憶述初見康有為的情景，說：

〔註13〕陳千秋，字通甫，又字禮吉，廣東南海人。為康有為萬木草堂弟子，常代康氏為萬木草堂後進講學，答問析疑。又曾協助康氏編著《新學偽經考》、《孔子改制考》等書，並討論《大同書》相關問題。

〔註14〕按：四行是「敦行孝悌」、「崇尚名節」、「變化氣質」、「檢社威儀」；五學是「經學」、「文學」、「掌故之學」、「性理之學」、「詞章之學」。

時余以少年科第，且於時流所推重之訓詁詞章頗有所知，輒沾沾自喜。先生乃以大海潮音，做獅子吼，取其所挾持之數百年無用舊學，更端駁詰，悉舉而摧廓清之。自辰入見，及戌始退。冷水澆背，當頭一棒，一旦盡失其故壘，惘惘然不知所從事。且驚且喜，且怨且艾，且疑且懼，與通甫聯宋，竟夕不能寐。明日再謁，請為學方針。先生乃教以陸王心學，而并及史學、西學之梗概，自是決然捨去舊學。〔註15〕

這段敘述有兩個要點：首先康有為對梁啓超當頭一棒，直指訓詁詞章為無用之學；二是梁啓超請為學方針，康有為教他的，不是四書五經、八股帖括，而是以孔學、佛學、宋明理學（尤其是陸王心學）為體，以史學、西學為用。康有為把經學、史學相繫，將中國歷史與西方歷史相較，以強調經世致用，這正是康有為萬木草堂立教的特色。

　　梁啓超「學於草堂者凡三年」，除了《公羊傳》為常課外，他還點讀了《資治通鑑》、《宋元學案》、《朱子語類》，並研治周秦諸子及佛典，且涉獵清儒經注及譯本西籍，〔註16〕同時參與了康有為著書的活動。他協助康有為校勘《新學偽經考》，並分撰《孔子改制考》、《春秋董氏學》。梁啓超在〈三十自述〉，憶及當年受學於康有為時，一再提到「西學」；於研治中國學術源流，歷史政治沿革得失時，亦一再提到「取萬國以比例推斷之」等事，並謂一生學問得力處皆在此時。梁啓超從學康有為，於其生命中是極為重要的轉折，因康有為之學術灌注，而梁啓超「眼界始大」。我們甚至可以這麼說，梁啓超的生命裡，如果不曾遇見康有為，其能否有日後的成就，尚難論斷。但康有為的生命中，如果沒有了梁啓超，他依然還是康有為。但吾人須特別說明的是，在萬木草堂的這段歲月裡，梁啓超接觸了西學，但僅停留在中西文化「互證」的層次上，並沒有具體討論中西文化的交融或吸取。

二、友朋論學

　　光緒二十年（1894），中日戰爭爆發，清廷慘敗。這不僅是北洋艦隊的失敗，更意味著努力了三十幾年的洋務運動，徹底失敗。顯然只在器物層面上取法西方，根本不足以應此巨變。制度、經濟、政治、教育諸多方面，都需

〔註15〕見〈三十自述〉。
〔註16〕見《清代學術概論》，頁1。

要全面的檢討汰換。中日戰爭後，梁啓超走出書齋，實際走上經世之途。首先，他參與康有爲主導的「公車上書」活動，編輯《萬國公報》，主筆《時務報》，創辦「大同譯書局」，並任湖南時務學堂總教習，組織「南學會」，提倡新學，宣導變法。

梁啓超接觸西學，進而主張「須將世界學說爲無限制的盡量輸入」，〔註17〕強調「國家欲自強，以多讀西書爲本；學子欲自立，以多讀西書爲功」。〔註18〕這樣的爲學態度，除了受康有爲的薰陶濡染以外，也和友朋間的交遊、論學砥礪有關。在維新變法期間，梁啓超識得馬建忠（1844～1900），從其學拉丁文；又識夏曾佑、譚嗣同、黃遵憲、嚴復、容閎（1828～1912）、章炳麟等人。其中與夏曾佑、譚嗣同論學最爲相契。〔註19〕而影響梁啓超思想較大的，則是黃遵憲與嚴復。

黃遵憲，字公度，廣東嘉應人。光緒二年（1876）順天鄉試舉人。曾隨駐日大使何如璋爲參贊到日本，又曾爲英之新加坡，美之舊金山總領事，精於西學。爲日本使館參贊其間，結交日本學人，研讀日譯盧梭、孟德斯鳩之書，於日本明治維新始末脈絡，洞幽察隱，知之甚深。而於光緒十三年（1877）撰成《日本國志》四十卷，介紹日本明治維新，預言日本明治維新會成功，且將稱霸亞洲。中國如不自強，必會首受日本崛起稱霸之害。黃遵憲與梁啓超初識於光緒二十二年（1896）在上海創辦《時務報》時。當時，黃遵憲將屆知命（四十九歲），梁啓超年方二十四，但卻成爲忘年之交，主要原因即在二人的生命情調相近，人生理想亦同。黃遵憲十餘年的外交生涯，本非「拘於虛」、「篤於時」、「束於教」之士。他憂時感事，本有變法之志，唯苦無際會。他相信「國中知君（梁啓超）者無若我，知我者無若君（梁啓超）」，〔註20〕梁啓超會是實踐他變法志業的人。梁啓超對立孔教爲國教態度的轉變，在立憲改良與革命破壞的抉擇，黃遵憲對他都有關鍵性的影響。而清末國人競言西學，梁啓超懼其過激，欲辦《國學報》堅守舊學壁壘時，也因黃遵憲誠以「中國舊習，病在尊大，病

〔註17〕《清代學術概論》，頁65。

〔註18〕梁啓超〈西學書目表序例〉，《飲冰室文集》之1，頁123。

〔註19〕梁啓超《清代學術概論》云：「啓超屢遊京師，漸交當世士大夫，而其學最契之友曰夏曾佑、譚嗣同。夏曾佑方治龔、劉今文學，每發一義，輒相視莫逆。……譚嗣同方治王夫之之學，喜談名理，談經濟，及交梁啓超，亦盛言大同，運動尤烈，而梁啓超之學受夏、譚影響亦甚鉅。」

〔註20〕梁啓超〈嘉應黃先生墓誌銘〉，《飲冰室文集》之44，頁6。

在固蔽，非病在不能保守」，梁啓超遂轉而「大開門戶，容納西學」。〔註21〕黃、梁二人追求之人生理想相同，於彼此思想亦多所補益。

嚴復，爲中國首屆留英的海軍軍官。中日甲午戰後，國勢日危，嚴復大力疾呼「鼓民力」、「開民智」、「新民德」，振興教育，提倡科學，以爲救國根本。又譯刊《天演論》、《原富》、《群學肄言》、《群己權界論》、《法意》、《社會通詮》、《名學》等名著，介紹西洋哲學、政治、社會、經濟思想。梁啓超一生重視廣開民智，他興學校、組學會、辦報紙、譯西書，目的都在廣開民智。他重視國民性改造，欲變舊民爲新民，認爲每個國民都應有公德、生利能力、進取冒險精神、權利、義務、自由、自治、自尊、合群、尚武等思想，以維新國家。這無疑是嚴復「開民智」、「新民德」思想的啓發或共鳴。而其《新史學》，謂「歷史者，敘述進化之現象也」，「歷史者，敘述人群進步之現象也」，也明顯受到嚴復譯著《天演論》的影響。又，梁啓超在治學上力戒武斷、依傍，及其在立孔教態度上的轉變，或多或少也與嚴復在論學上，對他的詰難有關。〔註22〕

三、教學相長

梁啓超之接觸西學，有得之於康有爲萬木草堂之教者，亦有來自於與友朋之相與論學者，更有本之於自己爲宣傳維新、宣傳變法，組學會、辦報紙、設書局譯書、應學堂之聘講學時，在工作中因接觸西學，閱讀西書的理解體會。

梁啓超之提倡西學，始於光緒二十一年（1895）強學會時期。梁啓超自述，強學會「兼學校與政黨而一焉」，購置頗多翻譯的西書，邀人觀賞，「冀輸入世界知識於國民」。〔註23〕而梁啓超自己亦從這些譯著中，浸潤於西方知識世界。其後，辦《時務報》，廣譯五洲近事，在內容上亦強調「務使讀者周知全球大勢，熟悉本國近況，開展視域，增廣知識」爲特色。〔註24〕光緒二十三年（1897），他在上海創辦「大同譯書局」，「以東文爲主，而輔以西文；以政學爲先，而次以藝學」，決定「首譯各國變法之書，及將變未變之際一切

〔註21〕參丁文江、趙豐田編《梁任公先生年譜長編初稿》，頁293。
〔註22〕關於嚴復在論學上，對梁啓超的詰難，可參閱梁啓超〈與嚴幼陵先生書〉，《飲冰室文集》之1，頁106～111。
〔註23〕參丁文江、趙豐田編《梁任公先生年譜長編初稿》，頁26。
〔註24〕梁啓超〈清議報一百冊祝辭並論報館之責任及本館之經歷〉，《飲冰室文集》之6，頁52。

情形之書，以備今日取法；譯學堂各種功課，以便誦讀；譯憲法書，以明立國之本；譯章程書，以資辦事之用；譯商務書，以興中國商學，挽回利權」。〔註25〕爾後，到湖南，他又建議全省書院改課時務，「授以東西史志各書，使知維新之有功；授以內外公法各書，使明公理之足貴」；同時建議全省仕紳、官員提倡西學，舉凡「各國約章、史志、政學、公法、農、工、商、兵、礦政之書，在所必讀」。〔註26〕梁啓超在介紹西學、推廣西學的過程中，他自己的西學知識也與日俱增。

康有爲講西學，主要在培養通「世界知識」的有用人才。梁啓超基於「國與國比較而強弱見，年與年比較而速遲見，事與事比較而輕重緩急見」的認識，〔註27〕廣搜萬國情狀，爲的是要探求中國在國際形勢下的處境，以尋求新民救亡之道。梁啓超突破夷夏之防，廣涉西學譯著，但卻始終堅守「舍西學而言中學者，其中學必爲無用；舍中學而言西學者，其西學必爲無本」〔註28〕的底線。

第三節　放眼寰宇世界（1899～1902）

梁啓超對時代變異的敏銳度極高，對不同事物的接受度也相當開放。當他拜謁康有爲請爲學方針，康氏度以「陸王心學，而并及史學、西學」的金針，他便「自是決然捨去舊學」，廣涉西學譯著；戊戌變法失敗後，他東渡日本，學習日文，閱讀大量日本學者的譯著或專著，系統地接收了西方近代的政治、經濟、哲學、社會的學說，更是境界全開，思想言論與往昔若出兩人。此後，其絕口不談《僞經》、不談《改制》，不再認同將孔子思想擴大爲孔教的說法，在學術上正式與康有爲分道揚鑣。他發現「日本自維新三十年來，廣求智識於寰宇」，所譯所著之書，不下數千種。於是大力主張，國人應多學日文，多讀日本所有之書，然後再學英文，以讀歐洲之書。簡言之，即要培養開闊的全球視野。

一、輸入西學

梁啓超救國情切，他除了透過閱讀日本書籍，瞭解了許多往昔所未窮之

〔註25〕梁啓超〈大同譯書局敘例〉，《飲冰室文集》之2，頁57。
〔註26〕梁啓超〈論湖南應辦之事〉，《飲冰室文集》之3，頁43。
〔註27〕梁啓超〈續譯列國歲計政要敘〉，《飲冰室文集》之2，頁59。
〔註28〕梁啓超〈西學書目表後序〉，《飲冰室文集》之1，頁128。

學說理論外，更以宣傳爲業，在橫濱創辦《清議報》，「讀東西諸碩學之書，務衍其學說以輸入於中國」。〔註29〕《清議報》停刊月餘，又在橫濱創辦《新民叢報》，大量介紹西方學者及其學說。除報紙媒體以外，他又參與了橫濱大同學校的創立，指出大同學校「以孔子之學爲本原，以西文、日文爲通學」以造士的創校宗旨。〔註30〕此外，又於光緒二十七年（1901），在上海開辦「廣智書局」，出版翻譯西書。是知，梁啓超引介西學，裨補中學，實不遺餘力。

梁啓超藉由日文譯書，研讀了盧梭、斯賓諾沙、霍布士、洛克、達爾文等人的著作，也研讀了西洋史地方面的一些書籍，擴大並加深了他對西方文化、政治、社會的了解。他主張將世界學說無限制的盡量輸入，務把中國帶入世界。他急切的希望國人認識世界。英人頡德（Benjimin Kidd, 1858～1916）的《泰西文明原理》，甫於光緒二十八年（1902）四月出版，那年冬天，他就根據日文譯文，撰寫發表了〈進化論革命者頡德之學說〉一文。其於西學「稍涉其藩，便加論列」，〔註31〕這種「無組織，無選擇，本末不具，派別不明，惟以多爲貴」的「梁啓超式輸入」，深深影響了當時的留日學生，他們也組織譯書社，每有新書出，譯者動數家。〔註32〕梁啓超汲取西學、引介西學，引領風氣之先，把中國與世界的藩籬拆除，並搭起溝通的橋樑。姑不論其引介西學是否深入，是否有系統，但在啓蒙新民的道路上，梁啓超的努力是確有成效的。

從光緒二十五年（1899）到光緒二十八年（1902），四年之間，梁啓超依據日本人對西學的重述、節述或譯著，在《清議報》、《新民叢報》上發表了大量的文章。這些論述，使國人知世界有培根，他教人苟非驗諸實物而有徵者，無論大聖鴻哲誰某之所說，無弗屑從也；世界有笛卡兒，他教人苟非反諸本心而悉安者，無論大聖鴻儒誰某之說，吾不敢信也。這些論述也使國人知道世界有盧梭、有孟德斯鳩、有霍布士，他們或講天賦人權，或講三權分立，或講強權等等。梁啓超盡力引介西學，綜論世界時局潮流，評述西方史事人物，反省中國之民族性，從西洋文化中採補自由、平等、獨立、法治等觀念價值，以求陶鑄本有之不足，適應於時代的需求。

〔註29〕梁啓超〈清議報一百卅祝辭並論報館之責任及本館之經歷〉，《飲冰室文集》之6，頁55。
〔註30〕梁啓超〈日本橫濱中國大同學校緣起〉，《飲冰室文集》之4，頁79。
〔註31〕見《清代學術概論》，頁65。
〔註32〕參《清代學術概論》，頁71～72。

二、研治中學

梁啓超在流亡日本期間，不僅積極輸入西學，也很重視中外的比較。〈論中國與歐洲國體異同〉、〈亞洲地理大勢論〉、〈中國地理大勢論〉、〈歐洲地理大勢論〉、〈論希臘古代學術〉、〈論泰西學術思想變遷之大勢〉、〈論中國學術思想變遷之大勢〉等，幾乎都是中外對舉的研究。並且一再重申「吾不患外國學術思想之不輸入，吾惟患本國學術思想之不發達」。〔註33〕「植基傳統，放眼天下」是梁啓超治學論學一貫的立場。

梁啓超援引西方知識，以新的方法、觀點重新詮釋傳統舊學。例如在〈格致學沿革考略〉一文中，他便將學問分成形而上、形而下兩類：形而上學若政治學、生計學、群學等是也；形而下學若化學、地質學、植物學、動物學等是也。當然，這樣的區隔，在嚴格的學術標準下，是極爲粗糙且不具分類意義。但卻對行之長久的經史子集四部分類法，做出了修補與挑戰。民國後，學者從個別學科對先秦諸子進行多角度研究，或論其政治思想、或論其倫理思想、或論其教育思想、或論其認識論、或論其人性論等，試圖分工重建諸子之思想體系，不無受梁啓超學門劃分之影響。

此一時期，梁啓超主要的論著有：《中國史敘論》、《新史學》、《論中國學術思想變遷之大勢》、《中國專制政治進化史論》等。這些著作中引用了不少西學觀念，例如：《中國史敘論》，即引用了斯賓塞的社會學觀點，對歷史上國家政權的興起、演變做了探討，認爲應將中國史具體劃分爲上世史、中世史、近世史。而《新史學》也以進化觀念定義歷史爲「敘述進化之現象」、「敘述人群進化之現象而研究其公理公例」。再如《論中國學術思想變遷之大勢》，分析學術思想的淵源及影響時，屢屢運用進化論的觀點詮釋。至於《中國專制政治進化論》，將中國專制政治制度的演變、發展，分爲封建未定期（黃帝至周初）、全盛期（周至漢初）、變相期（漢景帝至清初）、全滅期（康熙平三藩以後）四個時期及十三個小段來論述，並探究其發展演變的原因。論述中時以西方民主、自由的學說，批判否定專制政治。

「誓起民權移舊俗，更研哲理牖新知」，梁啓超引介西學，運用西學研究中學，其影響極爲深遠。蔣夢麟（1886～1964）在《西潮》第六章，便盛讚梁啓超傳播新知的貢獻，他說：「《新民叢報》是當時每一位渴求新知識的青

〔註33〕梁啓超〈論中國學術思想變遷之大勢〉，《飲冰室文集》之7，頁3。

年的智慧源泉。」而胡適說的更爲具體，他在〈我的信仰〉一文中，說梁啓超的通俗文字，開了他的眼界，使得他略知霍布士、笛卡兒、邊沁、康德、達爾文等泰西思想家。又在《四十自述》裡提到，「梁啓超的《新民說》給我開闢了一個新世界，相信中國之外還有很高等的民族，很高等的文化；《論中國學術思想變遷之大勢》也給我開闢了一個新世界，使我知道四書五經之外，中國還有學術思想」。

第四節　論政與從政（1903～1918）

梁啓超流亡日本之後，不斷反思中國不振之由。他認爲主要癥結在於「國民公德缺乏，智慧不開」，於是乃「採合中西道德以爲德育之方針」，「廣羅政學理論，以爲智育之原本」，提倡「新民說」。他認爲「今日之中國，積數千年之沈疴，合四百兆之痼疾，盤據膏肓，命在且夕也，非去其病，則一切調攝滋補榮衛之術，皆無所用，故破壞之藥，遂成爲今日第一要件，遂成爲今日第一美德」。〔註34〕他撰寫《斯巴達小志》，因爲斯巴達是歐洲最早的軍國主義國家，希望中國也能成爲斯巴達；他寫《意大利建國三傑傳》，敘述馬志尼的愛國故事，期許自己也能如馬志尼一樣，使中國能雄於世界列國。他表彰許多中外愛國志士，及建功立業的人物，其志匡天下的濟世之心，迫切而毫不隱藏。初到日本的這幾年，他曾一度傾向政治革命，但光緒二十五年（1899）冬，到光緒二十六年（1900）半年餘的夏威夷、澳洲之行，以及光緒二十九年（1903），長達九個月的美國、加拿大的新大陸之遊，他觀察到西方社會貧富差距懸殊、政治人物貪瀆，與政府官員因選舉產生，所呈現的種種弊端。於是，他的思想發生了變化，由激烈革命轉向溫和改革，由傾向民主共和轉回主張君主立憲。民國建立以後，他又出任政府官員，登上政治舞台。這段時間，他所關注的問題是實際的政治事務。

一、關切政治、經濟議題

梁啓超治學強調致用。光緒三十二年（1906），清廷下詔預備立憲，他即以「憲民」爲筆名，在「政聞社」的機關報《政論》上發表〈政治與人民〉、〈世界大勢及中國前途〉等文章，鼓吹立憲。《政論》停刊後，梁啓超又以「滄

〔註34〕梁啓超〈十種德性相反相成義〉，《飲冰室文集》之5，頁49。

江」爲筆名，在《國風報》上發表許多有關憲法的文章，以增進國人政治常識。包括〈立憲九年籌備恭跋〉、〈憲政淺說〉、〈諮議局權限十論〉、〈立憲政體與立憲道德〉、〈國會期限問題〉、〈官制與官規〉、〈城鎮鄉自治章程質疑〉、〈論請願國會當與請願政府並行〉、〈軍機大臣署名與立憲國之國務大臣副署〉、〈中國國會制度私議〉、〈論政府阻撓國會之非〉、〈爲國會期限問題敬告國人〉、〈資政院章程質疑〉、〈責任內閣與政治家〉、〈硃諭與立憲政體〉、〈國會與義務〉、〈評資政院〉、〈敬告國人誤解憲政者〉、〈責任內閣釋義〉、〈中國前途之希望與國民責任〉等，內容廣泛，於憲政問題既有周詳的規劃，於各國憲政的介紹、比較，也有深入的時事分析。其中〈中國國會制度私議〉，全文約十萬字，對國會的性質、組織、職權論述精詳，頗見規模。

立憲政治亦即民眾政治。政治需由全民共同參與，唯有人民有政治能力，國家才有競爭能力。梁啓超認爲憲法是一國的元氣，「立憲之國，一治而不能復亂」，他憂時憂國鼓吹立憲，從上述他所寫的論著中，可以看出他的學問廣博多元，於政治、憲法、行政、法制等無不涉及。

梁啓超崇尚自由，他以爲生計是人類的四大自由之一。〔註35〕又歸納西國之所以興，要在生計學之發明。他認爲「自今以往，茲學左右世界之力，將日益大。國之興亡，種之存滅，胥視其焉」。〔註36〕早在《時務報》時期，梁啓超就撰有〈史記貨殖列傳今義〉，闡述他發展中國民族工商業的觀念。《新民叢報》時期，也有〈生計學說小史〉，說明經濟盛衰與國家興亡間的關係。凡此皆可看出，梁啓超於經濟問題的重視與認識。

清廷下詔預備立憲後，梁啓超認爲立憲之民應有政府財政的監督權，因此他特別留意貨幣、國債問題的探討。在《國風報》上所發表屬於貨幣問題的文章，計有：〈各省濫鑄銅元小史〉、〈幣制條議〉、〈讀幣制則例及度支部籌辦諸摺書後〉、〈論幣制頒訂之遲速繫國家之存亡〉、〈格里森貨幣原則說略〉；有關國債問題的，則有：〈公債政策之先決問題〉、〈國民籌還國債問題〉、〈再論籌還國債〉、〈籌還國債意見書〉、〈論直隸湖北安徽之地方公債〉、〈外債平議〉、〈讀農工商部籌借勸業富籤公債摺書後〉、〈評一萬萬圓之新外債〉等。

〔註35〕梁啓超論自由，謂：「綜觀歐美自由發達史，其所爭者不出四端。一曰政治上之自由，二曰宗教上之自由，三曰民族上之自由，四曰生計上之自由。」見《新民說·論自由》，《飲冰室專集》之4，頁40。

〔註36〕梁啓超〈生計學說沿革小史〉，《飲冰室文集》之12，頁5。

由此可以看出，梁啓超涉獵之廣，用世之切，絕非「猥以校訂之後，穿穴故紙堆中」，不言時務的學者可相比擬。

二、「改良」與「革命」論戰

庚子（1900）義和團之亂以後，革命論一時間蔚爲風潮。梁啓超基於「革也者，天演界中不可逃避之公例也」〔註37〕的認識，憂心「列強還迫，危若累卵，而舉國昏然罔覺，或偶遇刺激，瞋目攘臂。昌言排外，而漫無實力，一鼓之氣旋瘸，束濕之苦愈加」，〔註38〕國民的無知。他一度深信革命是「今日救中國獨一無二的法門」，主張一切事物，應從根底處掀翻廓清。〔註39〕但新大陸之遊後，他的思想卻有很大的轉變。

光緒二十九年（1903），梁啓超撰作〈政治學大家伯倫知理之學說〉，論述解析了德國國家主義者伯倫知理的「國家有機體說」、「國家與民族辨」、「民主政治之本相及其價值論」、「國家的主權論」、「國家的目的論」等學說。他認同伯倫知理「國民與國族不能混爲一談」之說，因而大倡滿漢融和，力詆排滿革命，認爲擴張政府權力範圍，才能眞正競存於外。並且說「若謂盧梭爲十九世紀之母，則伯倫知理其亦二十世紀之母焉」。揚伯倫知理而抑盧梭之意，相當明顯。

梁啓超對於盧梭的《民約論》，本極爲傾心，且評價甚高。他曾根據中江兆民所翻譯的《民約譯解》，全面而扼要地闡述了盧梭思想要旨。該文先連載於光緒二十七年（1901）的《清議報》上，又於次年的《新民叢報》上重錄。他推崇盧梭的《民約論》「爲政治學界開一新天地」。又謂「歐洲近世醫國之國手，不下數十家，吾視其方最適於今日之中國者，其惟盧梭先生之《民約論》乎」；「醫今日之中國，必先使人人知有權，人人知有自由然後可。《民約論》正今日中國獨一無二之良藥也」。〔註40〕然而，當他介紹伯倫知理的學說時，卻又特別強調即使自由開放的美國，爲了競存於世，亦不得不將權力集中於中央。並將盧梭之言比之爲藥，而伯倫知理之言比之爲粟。這個時期，盧梭的天賦人權、社會契約、自由平等、主權在民的思想，廣爲革命派人士

〔註37〕 梁啓超〈釋革〉，《飲冰室文集》之9，頁41。
〔註38〕 梁啓超〈國民常識學會緣起〉，參見黃得時〈梁任公與國民常識學會〉一文，《東方雜誌》復刊第一卷第三期，1967年9月。
〔註39〕 梁啓超〈釋革〉，《飲冰室文集》之9，頁42。
〔註40〕 梁啓超〈答某君問法國禁止民權自由之說〉，《飲冰室文集》之14，頁30。

所接受。如：鄒容（1885～1905）的《革命軍》、陳天華（1875～1905）的《獅子吼》、《警世鐘》、《猛回頭》都大力宣傳盧梭主權在民的思想，以爲人民有權來管理自己的國家，與決定國家的存廢。革命派知識份子對於盧梭《民約論》民主精神的體認，更具體發展於光緒三十一年（1905）同盟會的政綱中，成爲民權主義的思想理論基礎。與此同時，梁啓超卻提倡開明專制，走上一條較爲寂寞的道路。

梁啓超雖然標榜君主立憲，但因有感於當時中國國民的政治能力不足，施政機關未完全整備，因此提出「開明專制」，作爲立憲的過渡預備。光緒三十一年（1905），他發表了〈開明專制論〉一文。該文共五萬多言，旨在闡述「專制而爲開明，開明而爲專制，則其國家機關之行動，極自由，極迅速，而影響于國利民福者極大」。他列舉管子、子產、句踐、趙武靈王、商君、諸葛亮、王猛、王安石等爲中國開明專制者，又列舉斯巴達的來喀瓦士（Lycurgus）、羅馬的凱撒（Caesar）、法國的李梭羅（Cardinal Ruchelien）、哥巴（Colbert）、英國的克林威爾（Oliver Cromwell）、俄國的大彼得（Peter the Great）、普魯士的菲力特列第一（Friedrich 1）、菲力特列第二（Friedrich 2）、奧地利的馬利亞（Maria Theresa）、法國的拿破崙（Bonaparte Napoleon）、德國的俾斯麥（Von Bismarck）等爲西洋開明專制者。又從中國先哲的思想中，儒墨兩家論政以人民的利益爲前提，法家施政以國家利益爲重，所謂「國權神聖」，來說明開明專制適用於中國。這種論調與孫文（1866～1925）在《民報》上所倡導的民族革命、政治革命、社會革命，尤其是平均地權土地國有說，有著極爲尖銳的對立性。梁啓超另撰有〈駁某報之土地國有論〉一文，分別從財政、經濟的角度，洋洋灑灑羅列了三十九條理由，指陳土地國有論的謬誤。又撰有〈中國歷史上革命之研究〉，統稱中國歷史上戰爭爲「革命」。認爲中國沒有西方「文明」革命的條件，借以否定革命。遭到同盟會陳天華等革命黨人的強烈批評。

三、撰寫英雄人物傳記

梁啓超是個英雄主義崇拜者。他相信豪傑可以救世，因此十分重視人物傳記。新大陸之遊後，他撰寫了〈黃帝以後第一偉人趙武靈王傳〉、〈明季第一重要人物袁崇煥傳〉、〈中國殖民八大偉人傳〉、〈祖國大航海家鄭和傳〉，與先前所撰的〈張博望班定遠合傳〉，合稱《中國偉人傳五種》。另又撰《王荊

公》及《管子傳》，且擬撰《商君傳》，後因廣東順德麥孟華（1874～1915）
已有所撰，故而作罷。這些人物傳記的傳主，悉爲中國人，若較之於新大陸
之遊前，所寫的《中國四十年來大事記》、《南海康先生傳》、《匈牙利愛國者
噶蘇士傳》、《意大利建國三傑傳》、《近世第一女傑羅蘭夫人傳》等偏於外國
人的傳記，可以看出梁啓超關注的方向已有轉向。新大陸之遊前，他著眼於
從中國看世界，新大陸之遊後，則轉向自我檢視反省。

　　梁啓超撰寫《張博望班定遠合傳》，主要的用意在證明中國亦有聲威遠播
的英雄，希望張騫、班超之遠志大略能後繼有人。他爲趙武靈王作傳，以趙
武靈王比之俄國大彼得與德皇威廉。他爲袁崇煥作傳，認爲其「一身之言動
進退生死，關係國家之安危，民族之隆替」。他爲鄭和作傳，爲中國忽略海外
經營深致感嘆。他撰《王荊公》、《管子傳》，與歐美政治加以比較論述，亦時
以東西新說加以疏通證明。梁啓超學求致用，深慕能臣事功，民國肇建後，
他也踏上政治舞台，實際走上政治之途。

第五節　回歸傳統學術（1919～1928）

　　梁啓超生活在內憂外患、國家多難的清末民初。其爲學亦深應所處之「時」，
所逢之「事」。他經歷維新變法，感嘆當時高居廟堂之公卿，「蔽於耳目，狃於
舊說」，「竟不知萬國情狀」。〔註41〕他從理想、風俗、政術、近世四個方面，分
析中國積弱之因，歸結「愚昧」乃中國社會之大患。於是，他以報刊「廣譯五
洲近事」，希望閱者能知「全地大局，與其強盛弱亡之故，而不至夜郎自大，坐
智井以觀天」。其主筆《時務報》第一冊起，即連載《華盛頓傳》。他流亡日本
期間，更積極主張「將世界學說爲無限制的盡量輸入」。〔註42〕把世界帶入中國，
一直是梁啓超長期努力的目標。但歐戰結束後，梁啓超歐遊回國後，有了改變。

　　民國七年（1918），歐戰結束。十二月，梁啓超與張君勱（1887～1973）、
徐振飛（1890～1938）、蔣百里（1882～1938）、劉子楷、丁文江（1887～1973）、
楊維新赴歐洲，除觀察巴黎和會外，並遊歷英國、比利時、荷蘭、瑞士、意大
利、德國，他們親睹戰後歐洲一片蕭條。又會晤哲學家倭伊鑑（Hans Eucken, 1846
～1926）、伯格森（Henri Bergson, 1859～1941）、蒲陀羅（E. Boutroux, 1845～

〔註41〕梁啓超《戊戌政變記》，《飲冰室專集》之1，頁69。
〔註42〕梁啓超《清代學術概論》，頁65。

1921），蒲氏告以「一個國民最要緊的是把本國文化發揚光大」。〔註43〕歐遊歸國後，梁啓超轉而盛讚中國古代哲學精深博大，進而將「先哲最優美之人生觀使實現於今日」，視爲「吾儕對於本國乃至對於全人類之一大責任」。〔註44〕晚年梁啓超致力於弘揚傳統舊學，於青年學子之教育，亦極爲用心。

一、廣栽桃李

（一）成立學術團體

自維新變法期間，梁啓超就很重視學會，他認爲學會有開民智、育人才的功能。歐遊歸國後，梁啓超首先做的，就是成立學術團體。民國九年（1920）四月，他與張君勱、蔣百里在北京石達子廟成立「共學社」。希望藉由編譯西書、獎勵名著、出版雜誌，以及向國外送留學生等工作，以培養新人才、宣傳新文化、開拓新政治。同年九月，他又與蔡元培、蔣夢麟、熊希齡（1867～1937）等人，共同發起成立「講學社」，邀請西方著名學者來華講學。講學社成立後，先後應邀來華講學的有：英國的羅素（Bertrand Russell, 1872～1970）、美國的杜威（John Deway, 1859～1952）、德國的杜里舒（Hans Adolf Eduard Driesch, 1867～1941）、印度的泰戈爾（Rabindranath Tagore, 1861～1941），都是學術界的盛事。其中羅素講學還引起「中國社會主義」論戰，杜威講學也引起「問題與主義」論戰，影響深遠。〔註45〕

（二）巡迴演講

從民國十年（1921）的十月十日起到民國十二年（1923）的一月九日止，一年多的時間裡，梁啓超應各地學校和團體之邀，往來北京、天津、濟南、南京、上海、南通等地，先後公開講演五十多次。或言時政，或論文化，或談文藝。他奉勸天津學界「國家是我的，政治和我的生活是有關係的」，「多數好人都談政治，都管政治，那壞人自然沒有站腳的地方」。〔註46〕他在東南大學國學會的演講中，叮嚀學子：歷史遺產的研究，應該「求眞」、「求博」、

〔註43〕梁啓超《歐遊心影錄節錄》，《飲冰室專集》之23，頁36。
〔註44〕參見梁啓超《先秦政治思想史》第三十三章結論，《飲冰室專集》之50。
〔註45〕民國八年（1919）五四運動後，中國近代思想史中，曾經發生且影響深遠的論戰，計有四次。分別爲：1919年至1920年的問題與主義論戰、1920年至1922年的社會主義論戰、1923年至1924年的科學與人生觀論戰、1927年至1937年的社會史論戰。
〔註46〕梁啓超〈辛亥革命之意義與十年雙十節之樂觀〉，《飲冰室文集》之37，頁11。

「求通」。梁啓超的學術講演具有引領作用，普受學子喜愛，也深深影響青年學子。梁實秋在〈記梁任公先生的一次演講〉中，即說：「那時候青年學生懷著無限的景仰，倒不是因為他是戊戌變法的主角，也不是因為他是雲南起義的策劃者，實是因為他的學術文章確實有啓迪引導的作用。」〔註47〕學校、報紙、演說，是傳播文明的三大利器。梁啓超成立學術團體，巡迴各地演講，整頓《解放與改造》半月刊，廣栽桃李、樹人成學的用心，不言自明。

二、梳理舊學

（一）儒學的研治

梁啓超遊歷歐洲各國，增強了以中國文化為本的信心。歸國之後，他積極致力於闡發傳統思想的價值。民國九年（1920），他撰寫《孔子》，介紹孔子學說：學、一貫、忠恕、仁、君子、禮、樂、名、性命、鬼神、祭祀、政治等思想，強調孔子學術特色在於「時中」，孔子的人格在平淡無奇中越顯其大。

梁啓超一生提倡「良知」，不遺餘力的闡揚陽明心學。早在光緒三十一年（1905），他即撰有《德育鑑》，全書分成六個部分，依次為辨術、立志、知本、存養、省克、應用。梁啓超在每一個部分，都先抄錄一些先聖昔賢的語錄，再加上按語表示自己的觀點。而在其所錄的語錄中，以陽明及其弟子的語錄所佔最多。梁啓超以為，陽明是孔子微言大義的承繼者，而「致良知」不僅是超凡入聖的不二法門，也是匡救時運必要之道。民國十五年（1926），梁啓超為針砭當時學校教育重視智育，忽略德育的現象，乃又撰《王陽明知行合一之教》。全書分為：引論、知行合一說之內容、知行合一說在哲學上之根據、知行合一與致良知等四個部分。《王陽明知行合一之教》可視為《德育鑑》的延續。儒學是生命的學問，良知既是概念，也是一種動力；既是學說，也是一種品德。它既屬於認知層次，也屬於實踐層次。

民國十六年（1927），梁啓超在清華大學講述「儒家哲學」。他認為墨家、道家皆起於孔子死後數十年乃至百年。道、墨二家都可說是儒家的支派，先是承襲，後才獨立；先是附庸，後為大國。且謂莊子一方面是道家集成者，一方面也是孔門三傳弟子。這些見解都是發前人所未發。此外，他又認為「程朱學派，出於荀子，清代考據學派，又出自程朱；陸王學派，出於孟子，近人以佛

學融通儒學，則又出自陸王」。書中也論述了人性善惡、天命、心體等問題。他認爲孟荀論性平易切實，不帶玄味；程朱論性，說的玄妙，令人糊塗；陸王則不十分講性，直至清代戴震拿生理學、心理學作根據，始得完密。在天命問題上，梁啓超認爲儒家講「人能弘道，非道弘人」，董仲舒所謂「道之大原出於天」，頗悖儒家本意精神。至於命，孔、孟、荀雖未多言，但孔子卻提出「五十而知天命」，孟子提出「俟命」、「立命」，荀子則以爲「節欲謂之命」。梁啓超認爲儒家論命，以孟荀得其精粹，宋明儒虛無飄緲，而清代戴震《孟子字義疏證》則把安命、立命詮釋的相當透徹。至於在心體問題上，梁啓超認爲王陽明的「致良知」、「知行合一」說，才算眞正發揮透闢，踏實圓滿。由上可知，梁啓超《儒家哲學》對於陽明推崇的立場一貫，對於荀子也未加排拒。

（二）佛學的研治

梁啓超篤信佛教。早年於萬木草堂求學時，在康有爲的影響下，聞得「精奧博大」的佛教義理，並與陳千秋、夏曾佑、譚嗣同等好佛之士，相與治佛學。他認爲佛法「可以涵蓋萬有，鼓鑄眾生」。他推許佛學「積眞智求眞信」，「有益於群治」。〔註48〕他廣讀佛書，與喜談佛者遊，又曾任武昌佛教院的董事長。他的人生觀多從「佛經及儒學中領略得來」。〔註49〕他認爲佛教思想之所以宜於治世，主要在於能發心起信。

梁啓超之治佛學，是將佛學當作認識社會、人生的部分理論依據。他以「共業的概念來闡釋文化的概念」，〔註50〕從「生、住、異、滅」的觀點，來爲清代學術分期，皆說明佛學觀點，實際上已經滲化入他許多研究領域中。民國九年（1920），他歐遊歸來後，即有撰著《中國佛教史》的計劃，而寫下〈佛典之翻譯〉、〈佛教與西域〉、〈又佛教與西域〉、〈說「六足」「發智」〉、〈那先比丘經書後〉、〈說華嚴經〉、〈中國佛法興衰說略〉、〈印度佛教概觀〉、〈佛教教理在中國之發展〉等論著。民國十年（1921），又撰成〈翻譯文學與佛典〉、〈佛教之初輸入〉、〈讀異部宗輪論述記〉、〈說四阿含〉、〈中國印度之交通〉；另，民國十一年（1922），有〈佛教心理學淺測〉、〈說大毗婆沙〉、〈大乘起信論考證〉；民國十三年（1924），有〈印度與中國文化之親屬關係〉；民國十四年（1925），有〈佛陀時代及原始佛教教理綱要〉、〈佛家經錄在中國目錄學之

〔註48〕梁啓超〈論佛教與群治之關係〉，《飲冰室文集》之10，頁45。
〔註49〕梁啓超〈東南大學課畢告別辭〉，《飲冰室文集》之40，頁11。
〔註50〕梁啓超〈什麼是文化〉，《飲冰室文集》之39，頁98。

位置〉等論著。這些撰著，或論述佛學傳入中國後在中國的變遷，探討其消長之規律與成因；或考察佛經的翻譯和傳播，探究佛經翻譯於中華文化的影響；或闡釋佛學哲理，以為增長處世之智慧。

　　佛學本是外來文化，但傳入中國後，卻與傳統文化相融合。梁啓超以此為例，相信「中國不受外學則已，苟既受之，則必能盡吸其所長以自營養，而且變其質，神其用，別造成一種我國之新文明」。〔註51〕在晚清國脈民命風雨飄搖之際，梁啓超積極引介西學，所為者正在中西互補。民國九年（1920）後，他致力闡發中國傳統思想及佛學思想的價值，所為之目的，也是中西互補，一如往昔。

（三）子學的研治

　　梁啓超之研治子學，並非始於歐遊歸國後。早在晚清時，即撰有《子墨子學說》、《墨子之論理學》，希望能以墨學的利他主義，挽救自私之弊。此外，在《中國武士道》，以及《論中國學術思想變遷之大勢》的部分章節中，也都論述過墨子。唯此時梁啓超關注的是「維新吾民」，因此多用西學解墨。墨子之外，《論中國學術思想變遷之大勢》中，亦論及其他先秦諸子。宣統元年（1909），他又撰寫《管子傳》，比較管子思想與近代立憲制度的同異。民國九年（1920）之後，梁啓超的子學研究，仍以墨學為重，另外他也以佛學解老，著有《老子哲學》，並對先秦諸子的衍生演變，做了宏觀的概括。

　　在墨學研究方面，民國十年（1921）撰有《墨經校釋》、《墨子學案》、〈復胡適之論墨經書〉；民國十六年（1927），又撰有〈墨經通解序〉；而民國十一年（1922）所撰的《先秦政治思想史》中，於墨子之政治思想亦有深入的剖析。其中，《墨經校釋》、《墨子學案》都是梁啓超在清華學校講授《國學小史》之內容刪定而成。梁啓超以為墨學，乃「愛」「智」之學。〈天志〉、〈尚同〉、〈兼愛〉諸篇，什九皆教「愛」之言。經上下兩篇，或述所聞，或參己意以為經，則教「智」之言也。《墨經》為我國典籍中，與今世所謂科學精神最相契者。相較於《墨經校釋》考據的屬性，《墨子學案》則為義理之著。唯梁啓超此書，與早年所撰之《子墨子學說》相比，前期論墨學以宗教為本，著意於墨學的宗教性。此書則強調墨學的根本義，在「損己而益所為」。他認為秦漢以後墨學雖中絕，但墨學精神卻深入人心，積久而成為我國民性。又謂中

〔註51〕梁啓超〈論中國學術思想變遷之大勢〉，《飲冰室文集》之7，頁4。

國於窮兵黷武，輕賤蔑惡，於守土捍難，多所推崇，實源於非攻尊守的墨教之化。梁啓超更進一步指出，非攻尊守也正是日後國際關係改變的樞機。

晚清，梁啓超倡導「新民」觀念，認爲「競爭是進化之母」，是以於老子守柔、不爭的思想，相當不以爲然，甚至稱老子所論爲「讕言」。〔註52〕但是歐戰後一趟歐洲之行，卻讓他對老子思想的態度，有了明顯的轉變。歐戰後歐洲滿目瘡痍，讓許多西洋學者想輸入東方思想，其中尤好研究老子。〔註53〕民國九年（1920），梁啓超歸國後乃以佛學的《起信論》，將老子的道分成道體、道相、道用三個層面來闡釋，指出道的體、相、用，同屬於自然。他指出老子學說看似冷漠凝然，實則多情熱心，其「無爲」只是手段，「無不爲」才是目的理想。

在其他先秦諸子的研究方面，梁啓超有：《老孔墨以後學派概觀》，著重分析老子、孔子、墨子三派學術演變的軌跡，及其思想的特點。他指出先秦時代雖係百家競鳴，各有獨見之處，然思想淵源，無不導自老、孔、墨三聖。有〈先秦學術年表〉，分「列國紀年及重要時事」、「學者年代及其事迹之可考見者」兩欄，記先秦學者的活動，起周敬王四十一年（479B.C.）孔子卒，迄秦始皇三十四年（213B.C.）。這幅表既使人了解先秦諸子產生的時代背景，也可觀察先秦諸子思想變遷的源流，以及分合異同之迹。此外還有《諸子考釋》，包括：〈漢書藝文志諸子略考釋〉、〈史記中所述諸子及諸子書最錄考釋〉、〈淮南子要略書後〉、〈莊子天下篇釋義〉、〈荀子評諸子語彙解〉、〈韓非子顯學篇釋義〉、〈司馬談論六家要旨書後〉、〈荀子正義篇〉、〈尸子廣澤篇呂氏春秋不二篇合釋〉等。於先秦諸子思想都有簡扼的論述。

（四）史學的研治

梁啓超是近代中國新史學的倡導者與奠基者。他有史學理論的建構，也有史學理論的實踐。民國九年（1920）歐遊歸來後，梁啓超撰著了大量的史學著作。梁啓超一生矢志建構新史學，《中國歷史研究法》、《中國歷史研究法補編》二書，就是他長期累積醞釀的成果。二書相比，前者側重在「論」，清楚界定史學研究的對象、任務，分析了史料的種類，論述了史料的蒐集、鑑別、排比、歸納等方法，並批判傳統史學爲了「經世」、「明道」的目的，任

〔註52〕梁啓超《新民說》，《飲冰室專集》之4，頁29。
〔註53〕梁啓超曾轉述「羅素讚譽老子哲學是最高尚且最有益的哲學」。見氏撰《老子哲學》，《飲冰室專集》之35，頁16。

意裁剪史迹的作法，主張治史務「持鑒空衡平之態度，極忠實以蒐集史料，極忠實以敘論之，使恰如其本來」，做「純客觀的研究」，將史學還給歷史本身，而不以其爲手段。後者則側重在「法」，對治史方法介紹較詳。論述了人物傳記、年譜、政治史、經濟史、文化史、史學史等研究方法。強調應分科分類進行各種專史的研究，然後合成大規模完整的通史。

在專史的論著方面，《清代學術概論》和《中國近三百年學術史》是梁啓超研究清代學術的名著。前者重於「論」，後者重於「史」，前略後詳，補述之迹甚爲明顯。在政治思想史方面，《先秦政治思想史》是其重要的代表專著。是書一名「中國聖哲之人生觀及政治哲學」，是民國十一年（1922）十月至十二月，梁啓超在東南大學講課時的講義。書中總結先秦政治思想有「無治主義」、「人治主義」、「禮治主義」、「法治主義」四大潮流。他雖認爲儒家「欲立立人，欲達達人」的仁政思想，是一種合理的政治思想，但卻也對「徒言民爲邦本，政在養民，而政之所從出，其權利乃在人民之外」，人民無實質參與權的效果深表懷疑。

總之，梁啓超晚年絕意政治，致力教育文化，他所實踐的，正是《歐遊心影錄》所言：第一步，要人人存一個尊重愛護本國文化的誠意；第二步，要用那西洋人研究學問的方法去研究他，得他的眞相；第三步，把自己的文化綜合起來，還拿別人的補助他，叫他起一種化合作用，成了一個新文化系統；第四步，把這個新系統往外擴充，叫人類全體都得著他好處。〔註54〕

〔註54〕梁啓超《歐遊心影錄節錄》，《飲冰室專集》之 23，頁 37。

第四章 梁啓超的儒學變遷論

梁啓超向來重視學術的發展與研究。他以爲：

> 學術思想之在一國，猶人之有精神也。而政事法律風俗及歷史上種
> 種之現象，則其形質也。〔註1〕

這是說學術世運彼此相關，不同的學術會形成不同的社會。他又說：

> 凡一國之進步必以學術思想爲之母，而風俗政治皆其子孫也。〔註2〕

人，創造了文化，但同時又爲文化所化成、規範和塑造。不同的文化，構成不同的生存環境和背景，也塑造著不同的人。他認爲改造國民性，宜先改造學術。梁啓超研治中國學術思想，他慨歎：我中國是世界五大文明祖國之一，合世界史通觀之，上世史時代之學術思想，我中華第一也；中世史時代之學術思想，我中華第一也；惟近世史時代之學術思想，吾汗顏矣。〔註3〕但他有信心中國人在學術上能恢復往昔所處最高上最榮譽之位置，更執牛耳於全世界之學術思想界，也相信二十世紀是泰西文明與中華文明接觸，而再造新文明的時代。

儒學，是一種行爲的學問。儒家「修己以安人」的道術，在春秋時代爲孔子所集其成，至戰國時代爲世之顯學。後經歷代學者的研討發明、推崇表彰，兩千多年來一直是中國文化思想的主流。凡是存在的，都有其意義。在學術史的研究上，梁啓超長於宏觀的概括。他常由歷史的敘述中，尋出學術發展的脈絡，進而探索學術發展演變的規律。他又重視觀念的辯論，於各學派代表人物的學術觀點、成就、影響多所評論。同時，他又留意不同學派的

〔註1〕 梁啓超《論中國學術思想變遷之大勢》，《飲冰室文集》之7，頁1。
〔註2〕 梁啓超《新民說·論進步》，《飲冰室專集》之4，頁56。
〔註3〕 按：世界五大文明祖國是：中國、印度、安息、埃及、墨西哥。見梁啓超《論中國學術思想變遷之大勢》，《飲冰室文集》之7，頁1。

互緣，於不同學派之發生、思想的異同、相互的影響多所考察。他從一個人的學術思想、觀點了解一個時代，又從一個時代返照一個人的學術思想、觀點；他從當時的社會文化透視一個人的思想，又從一個人的思想推想當時的社會文化。本章論述梁啓超對儒學發展變遷的考察與評論。

第一節　儒學盛衰的考察

　　一代有一代之治，一代亦有一代之學術。當我們試圖詮釋、剖析某種學術時，首先應對其賴以生成的時代背景、社會環境，有一個總體的認識。儒學自董仲舒之請表章六經，罷黜百家起，至晚清康有爲之欲立孔教止，亙兩千多年的歷史，不論難世或汙隆，始終居於獨尊之局面。但到了二十世紀之初，國人卻開始對儒學加以認眞的反思和總結，希望能解答時代的課題。如：章炳麟在其日本鉛印本《訄書》〈訂孔〉篇，〔註4〕即引用日本學者遠藤隆吉（1874～1946）所著《支那哲學史》所言：「孔子之出於支那，實爲支那之禍本」，質疑孔子獨尊對中國社會發展所形成的負面影響。而〈學變〉、〈學蠱〉、〈王學〉、〈清儒〉諸篇，則對漢晉以來的中國學術思想變遷做了綜合的考察。之後，國粹學派更將中國古代學術史大致分爲：春秋前的上古、周秦之際、兩漢、魏晉南北朝、隋唐、宋元明、清，七個時期，重在考鏡源流上系統地探討古代學術思想的變遷過程。

　　生活是一個動態的歷程。任何時代的文化都含有前人所創造的文化成果，都於前人的文化成果有所承襲；任何時代的文化成果，也會影響於後世。所有的歷史現象，都不是孤立的存在。凡存在的必有意義，凡存在的必發生作用。面對古人，要把他們關連上我們生存的時代來考量；整理古文化，是要將它推向現代化，使他成爲現代化的一部分。梁啓超研治中國學術思想就留意到了「一時代中或含有過去時代之餘波，與未來時代之萌蘗」這樣的問題。〔註5〕他不僅審視幾千年的學術流變，他還預測未來學術的潮流。他對兩

〔註4〕　章炳麟《訄書》曾經過多次的修改。由梁啓超簽署的 1900 年的蘇卅本木刻本，是舊〈訄書〉，上載有「皇漢辛丑後二百三十八年十二月章炳麟識」的自序。由鄒容題耑的 1904 年的日本鉛印本，是新《訄書》，上載有「皇漢共和二千七百四十一年章炳麟錄」自序。按：皇漢共和二千七百四十一年，爲清光緒二十六年，西元 1900 年。又，《訄書》在民國以後，又大量增刪修改，且更名爲《檢論》，於民國三年（1914）出版。

〔註5〕　梁啓超《論中國學術思想變遷之大勢》，《飲冰室文集》之 7，頁 3。

千多年的中國儒學發展，既有精分細縷的梳理，也有深入淺出的評說。在梁啓超的論著中論及儒學發展分期的，主要的有：《論中國學術思想變遷之大勢》、〈明清之交中國思想界及其代表人物〉以及《儒家儒學》。

一、《論中國學術思想變遷之大勢》之分期

光緒二十八年（1902），梁啓超以進化論的觀點，對數千年的中國學術思想進行了評述，撰寫了《論中國學術思想變遷之大勢》。他將數千年的中國學術思想的變遷概括爲七個時代：一、胚胎時代，春秋以前是也；二、全盛時代，春秋末及戰國是也；三、儒學統一時代，兩漢是也；四、老學時代，魏晉是也；五、佛學時代，南北朝唐是也；六、儒佛混合時代，宋元明是也；七、衰落時代，近二百五十年是也；八、復興時代，今日是也。應該留意的是梁啓超明明將中國學術思想劃分爲「七個時代」，可是在列其目時，卻增益出一個「八、復興時代，今日是也」。他認爲今日「世變日亟，而與域外交通大開」。「世變亟，則將窮思其所以致此之由，而對於現今社會根本的組織，起懷疑焉」；「交通開，則有他社會之思想輸入以爲比較，而刺激之、淬厲之」。故他相信中國學術思想，「至今日而葱葱鬱鬱，有方春之氣焉」，而「於我思想界之前途，抱無窮的希望」。〔註6〕梁啓超之治學術史，不只在梳理陳述往昔，更在觀測未來，指引方向，這是他的獨到處。

學術因時代的特殊刺激所產生，因社會的共仰而延伸。梁啓超以爲春秋以前爲我中國學術思想的胚胎時代，這一時代的學術都集中於「天道」、「人倫」、「天人相與之際」等實際的生活問題而展開。我民族一切道德、法律、制度、學藝，皆源於此期。它「至黃帝而一變，至夏禹而一變，至周初而一變，至春秋而一變」，越往後而文明越發達。這是一種進化的史觀。又，梁啓超由地理之現象與哲王先覺利導民族之特性兩方面，闡釋何以胚胎時代的中國學術會以重實際爲第一義。進而說明胚胎時代之文明，「因重實際，故重人事，其敬天也，皆取以爲人倫之模範也」；「因重實際，故重人事，其尊祖也，皆取以爲先例之典型」。這種論述，與章炳麟之以「地齊」、「政俗」、「材性發抒」來推究學術的本源，〔註7〕在論學的基調上是一致的。唯梁啓超以爲自然地理與人類文明發展的關係，是越近世越銳減，而「仁人君子心力之爲」的

〔註6〕　梁啓超《論中國學術思想變遷之大勢》，《飲冰室文集》之7，頁103。
〔註7〕　章炳麟《訄書·原學第一》，頁37。

影響，則越近世越密切。

春秋末及戰國時代，諸子百家爭鳴，梁啓超以爲這是中國學術思想全盛的時代。他概括這一時期學術思想勃興的原因，描繪這一時期兩派、三宗、六家，分分合合的學術格局，又將這一時期的學派與希臘印度學派相比較，指出先秦學術的短長。在周末學術思想勃興的論述上，梁啓超或言由於蘊蓄之宏富，或言由於社會之變遷，或言由於思想言論之自由，或言由於交通之頻繁，或言由於人材之見重，或言由於文字之趨簡，或言由於講學之風盛。其實除了「蘊蓄之宏富」外，梁啓超所列的全屬當時的環境，是外界的「緣」，而不是內在之「因」。梁啓超論學術之變遷，多著眼於外緣，其論先秦學術如此，其後來論清學也然，這是我們研究梁啓超之學不可忽略的。在全盛時代學術格局的描繪上，梁啓超據群籍、審趨勢，自地理上、民族上放眼觀察，他以爲全盛時代之第一期，實以南北兩派中分天下。北派之魁，厥惟孔子；南派之魁，厥爲老子。孔學見排於南，老學見排於北。北方多憂世勤勞之子，南方多氣勢高蹈之徒。此民族之異性使然。第二期則爲孔、老、墨三分天下。孔老分雄南北，墨則顧北而稍近於南，其學於南北各有所採，而自成一家之言。中國古代學術，至孔老墨而集其大成。三聖以後，百家競作，其或各有其獨到之處，然思想淵源，罔不導自三聖。諸子之中其能蔚爲大國，巍然有獨立之姿者，惟陰陽、法、名三家。由三宗發展而爲儒、道、墨、陰陽、法、名六家，此全盛時代之第三期。至戰國之末，諸子互相辯論，互相薰染，或內分，或外布，或出入，或旁罷，這是全盛時代之第四期，亦名之混合時代。先秦諸子本稱繁盛，但經梁啓超有論有斷、有批有評的梳理，先秦學術的脈絡，乃因之而能昭昭如日月之明，離離如星辰之行，井井貫貫，清晰可解。這是梁啓超嘉惠於後世者。應該留意的是，梁啓超之論此一時代之學術，雖以孔學爲大宗，但並未以儒學爲獨尊，儒家只是九流之一。其後，國粹學派以諸子之學存在著兼通的一面，「孔子兼明九流術數諸學」，故孔門弟子多治諸子學。〔註8〕與梁啓超之論是相同的。又，梁啓超深受英儒洛克（John Locke, 1632-1704）學說的影響，喜用地理因素來解釋各地的文明，〔註9〕他論這一

〔註8〕 劉師培〈孔門弟子多治諸子學〉，《讀書隨筆》，見《劉申叔遺書》，頁 1949。
〔註9〕 梁啓超深受西方地理學者及地理決定論的影響，十分重視地理因素與人類文明發展的關係。他除了在 1902 年發表〈亞洲地理大勢論〉、〈中國歷史大勢論〉、〈歐洲歷史大勢論〉、〈地理與文明之關係〉等文之外，在《清代學術概論》中，又有「分地發展學術」的構想。1924 年，還撰有〈近世學風之地理的分

時代的中國學術即以此爲理論的依據。其實，學術有其地域性，古人早有是論。如《禮記・王制》即言：「廣谷大川異制，民生其間者異俗，剛柔、輕重、遲速異齊。」另，梁啓超又指出此一時代之學術之所極盛者，不徒在哲理政法諸學，專門實際之學，若醫學、天算、兵法學、平準學等，亦多起乎其間。論述之間，亦透出梁啓超致用情懷的訊息。表現梁啓超學在致用一面的，還在於梁啓超重視中外文化的比較。他既要知中國學術之所長，更要知中國學術之所短。他並沒有陶醉在「合世界史通觀之，上世史時代之學術思想，我中華第一也」之中，而指出先秦學派有：缺乏論理思想、缺乏物理實學、無抗論別擇之風、門戶主奴之見太深、崇古保守之念太重、師法家數之界太嚴等缺點。相較於當時人面對西學的衝擊，所謂的「西學中源」、「中體西用」等民族自衛的心理，梁啓超這種增長光大己之所長，採擇他人之所長以補正己之所短的爲學態度，就文化心靈的開放上說，可謂高出許多。

　　兩漢，梁啓超稱之爲儒學統一時代。但，「儒學統一云者，他學銷沉之義也」。梁啓超對這一時代的學術評價並不高。他慨歎「泰西之政治，常隨學術思想爲轉移，中國之學術思想，常隨政治而轉移」，「泰西學術亦何嘗不由分而合」，「彼其統一之也以自力」，中國學術之由分而合，「此其統一之也以他力」。進而指出「夫進化之與競爭，相緣者也。競爭絕則進化亦將與之俱絕。」中國政界共主一統，學界亦宗師一統。學術受政治所左右，失去了獨立、自由、競爭、健康發展的條件，其學必日退。梁啓超以爲「一尊者，專制之君別名也」。漢代孔學之所以獨行，乃「教競君擇」，是他力而非自力，故「儒學統一者，非中國學界之幸，而實中國學界之大不幸」。又，應該留意的是，梁啓超之論這一時代的學術，除了有儒家在與墨家、道家、法家的外競相爭之中，爲「君擇」而定於一尊之外，更有「外競既絕，內競斯起」，「自漢以後，名雖爲昌明孔學，實則所傳者，僅荀學一支派而已，此眞孔學之大不幸也」之論。「荀卿之學，爲孔教之蘗派」，〔註10〕梁啓超之所以曾經有「中國自漢以後的學問全要不得」的看法，〔註11〕也就不難理解了。

　　魏晉，梁啓超以爲是老學時代。是道家言猖披時代，是懷疑主義、破壞主義、隱詭主義的時代，亦是儒佛兩宗過渡之時代。梁啓超以爲這一時代其治經

　　　布〉。
〔註10〕梁啓超〈西學書目表後序〉，《飲冰室文集》之1，頁128。
〔註11〕梁啓超〈亡友夏穗卿先生〉，《飲冰室文集》之44，頁。

者，不論南學、北學，其於數千年儒學史，都無甚關係，是儒學最消沉的時代。然而應該留意的，稍後的國粹學派章炳麟、劉師培卻以爲這一時代是秦漢後二千年古代學術史最富有生氣的時代。這表現在兩個方面：一是玄學崛起，反映了時人對於儒學專制的反動；二是儒釋道並峙，促進了學術的爭鳴。

南北朝隋唐，梁啓超以爲是佛學時代。梁啓超並不排斥外來文化，他以爲論學術者，惟當以其學之可以代表當時一國之思想者爲斷，而不必以其學之是否本出於我爲斷。他篤信佛教，曾撰有〈論佛教與群治之關係〉，謂佛教之信仰乃是智信而非迷信，乃是兼善而非獨善，乃是入世而非出世，乃是無量而非有限，乃是平等而非差別，乃是自力而非他力。又撰有〈論宗教家與哲學家之長短得失〉，謂古今中外，英雄豪傑能成大業轟轟一世者，乃宗教思想爲之。梁啓超以爲「六朝隋唐之間，儒家者流，除文學外，一無所事，謂儒教之衰亦宜。」然就佛學之在中國言，「雖謂隋唐之交，爲先秦以後學術思想最盛時代可也。前乎此者兩漢之經學，非所及也，而餘更無論也。」對隋唐時之佛學可謂推崇備至。他認爲佛教之哲學，最足與中國原有之哲學相輔佐。「英儒斯賓賽嘗分哲學爲可思議不可思議二科。若中國先秦之哲學，則毗於其可思議者，而乏其不可思議者也。自佛學入震旦，與之相備，然後中國哲學乃放一異彩。宋明後學問復興，實食隋唐間諸古德之賜也」。他雀躍的歡呼：「美哉我中國，不受外學則已，苟受矣，則必能發揮光大，而自現一種特色，吾於算學見之，吾於佛學見之。」晚清，梁啓超熱衷介紹西學，不是崇洋。不是要舍己從人，而是希望藉由中西結合，再造新文明，這是他一生懸的以赴的志業。

宋元明，梁啓超以爲是儒佛混合時代。此一時代，梁啓超未加撰述。明亡以迄今日，梁啓超以爲這一個時代的學術，述而無作，學而不思，是思想最衰的時代。但，也是古學復興的時代。他歸結這一時代的學術，「實取前此二千年之學術，倒影而繅演之」：永歷康熙間，學界關注的是程朱陸王之間的問題；乾嘉間，學界爭論的是漢宋的問題；道咸同間，學界留意的是今古文的問題，光緒年間，學界所探討的有孔教宗門之內，游夏孟荀異同優劣之比較。面對當時西學之輸入，梁啓超認爲可以使吾國學別添活氣。惟他希望當轉輸之任者，能深邃於國學。

二、〈明清之交中國思想界及其代表人物〉的分期

民國十三年（1924），梁啓超發表了〈明清之交中國思想界及其代表人物〉

一文，提綱挈領的論述了明末清初（1624～1724）凡百年間中國思想界的形勢及其重要人物。應該留意的是，梁啓超這篇文章，把明亡前的二十年，與清興後的八十年合成一個階段來考察，這對長期以來國人慣以政治上的朝代來論史的作法，是一種突破。又，他所列舉的足以代表這一時期思想界的人物，涉及了思想、文學、史學、地理學、自然科學、金石學、考古學、語言文字學、社會學等各專門的學科，反映著明末清初的學術內涵，是多元的。他爲了讓讀者明瞭這一時期的思想來源，特別先將中國兩千餘年來的思想界歷史分爲六期。

梁啓超以爲自孔子生年起至秦始皇統一天下止，是第一期。其時思想極自由活潑，是古代思想界最有光輝的時代。秦漢兩朝是第二期。這一時期因政治的統一而思想的統一，全學界殆爲儒家思想所佔據。三國南北朝是第三期。梁啓超以爲此一時期的思想界，因爲政治擾攘的影響，全部帶厭世色彩。初期道學言盛行，佛教在本期發展極猛速。思想界亦呈分裂混雜的狀態。隋唐及五代是第四期。佛學各宗派在唐代都完成。儒學亦繼漢代的整理事業。到了五代，因社會之混濁、政治之混亂，這一時期的文明，遂陷於破產狀態。宋元明三朝是第五期。梁啓超以爲這一時期的思想界，努力的將中國思想和印度思想相調和，以建設新哲學。清朝建號至今日是第六朝。梁啓超以爲這一時期的思想界，一反前期向內的學風，專從事於客觀的研究考察。把第一期到第四期的許多學問都復活轉來。又因爲和歐洲交通大開的緣故，陸續受外來思想的影響，造成一種新學風，和歐洲「文藝復興」時代有許多地方相像。

梁啓超這樣的分期，與他在二十二年前《論中國學術思想變遷之大勢》的分期，基本上改變不大。唯較特別的是，梁啓超此時逕以孔子生年至秦統一天下爲第一期，並未列所謂的「胚胎時代」。這應受有胡適所撰《中國哲學史大綱》「截斷眾流，從老子、孔子講起」〔註12〕的作法的影響。又，二十二年前梁啓超把魏晉劃爲一個時代，認爲那是道家言猖披時代，也是中國數千年學術思想最衰之時也。把南北朝唐劃爲一個時代，認爲那是佛學時代。此時，梁啓超卻把三國南北朝劃爲一期，把隋唐五代劃爲一期，更偏於以政治的要素，來做爲劃分學術變遷的依據。而與二十二年前一致的是，梁啓超對

〔註12〕胡適《中國古代哲學史》，蔡元培〈序〉，見《胡適作品集》31，頁2。台北：遠流，1988。

於他所處的「當時」都充滿著樂觀。或謂外學之輸入，「必使吾國學別添活氣」，「吾於我思想界之前途，抱無窮希望也」，或謂我們的學問種類和做學問的方法，會因爲歐洲文化之輸入，「重新發生光彩，越發向上進」。

三、《儒家哲學》的分期

民國十六年（1927），梁啓超撰著了《儒家哲學》。他認爲儒家的道術，由孔子集其成，以後二千多年都由孔子分出。在一方面，因孔子的話，辭句簡單，而含義豐富，所以研究孔子學說的人，可以生出種種解釋，分出許多學派。另一方面，因爲孔子的主張平庸中正，許多認爲不滿意的人創爲反動學派，既有反動學派發生，孔子弟子及後學受其影響，對於本派學說，或加修正，或全變相。加以歷代政治社會狀況不同，旁種外來思想的刺激不同，兩千多年的儒學就有著不同的變遷。對於兩千多年的儒學變遷，梁啓超在《儒家哲學》中雖未做分期，但卻依春秋經戰國迄秦、兩漢、魏晉、南北朝、隋、唐、五代、宋、元、明、清之序，就各朝代儒家道術的風格、特點、關鍵人物加以評述。

應該留意的是，梁啓超在論述春秋戰國時的儒學時，他以莊子是孔門三傳弟子，又認爲道墨兩家是儒家的支派，先承襲，後才獨立。在論宋代的儒學時，他謂宋代是三教融通，儒學成熟的時代，很有光彩。而總結儒家的道術，梁啓超以爲儒學雖經兩千多年的變遷，而其所關注的核心問題仍不外是性善惡的問題、天命的問題、心體的問題。與《論中國學術思想變遷之大勢》及〈明清之交中國思想界及其代表人物〉之論述一致的，梁啓超在《儒家哲學》中，仍十分重視旁種及外來文化與儒學變遷之間的互緣。

第二節　儒學盛衰的評論

梁啓超重視中國學術思想變遷及儒學發展大勢的探究，目的在爲今日中國學術何去何從找尋方向。就整體中國學術思想言，他衡諸世界，認爲上世史時代、中世史時代，我中華皆第一也，但是在近世史之時代，我中華卻不如人也。顯然中國學術思想的發展是停滯的，中國學術思想的變遷是不合進化天演的公例。在「優勝劣敗，適者生存」的公例下，中國的學術思想是須要求新、求變，才能繼續生存的。就儒學發展的盛衰起伏言，先秦時代儒家雖只是兩派三宗六家之中之大派、大宗、大家，爲世之顯學，並未定於一尊，

但卻是儒學史上最有光輝的時期。其後西漢之時，儒家典籍被尊奉爲經，儒家學說成爲「常道」，後之儒者但知「解經」、「明經」，自己於思想則無任何創發。中國學術思想因儒學的獨尊而單一化，儒家思想因獨尊而封閉，也使自身逐漸枯萎而僵化。面對儒學發展變遷這樣的一種始盛而每況愈下的發展態勢，梁啓超又有怎樣的論述呢？

一、先秦儒學

　　梁啓超對於先秦時代的學術思想是極爲讚譽的，或稱之爲全盛時代，或謂之爲古代思想界最有光輝的時代。而其所以致之之由，梁啓超一則以爲是創造思想的自由，二則以爲是旁種學說的互緣。

　　春秋戰國之世，百家爭鳴，學術稱盛，其所以然者，學術的權威和學術的偶像尚未形成，人們富有創造思想的自由。心靈自由，學術才能發達、社會才能進步。梁啓超認爲自由是「精神界之生命」，〔註13〕人而沒有自由，就不成其爲人。他說：

　　　　一身自由云者，我之自由也。雖然，人莫不有兩我焉：其一，與眾
　　　　生對待之我，昂昂七尺立於人間者是也；其二，則與七尺對待之我，
　　　　瑩瑩一點存於靈臺者是也。〔註14〕

　　這就是說人的自由就是我的自由。而「我」是分爲二的：一是與眾生對待的「我」，一是與自己的心之官相待的我，亦即思想言論的自由。梁啓超以爲先秦學術思想之所以蓬勃發展，儒學之所以興，在於其時學術上各家誰也不能壟斷眞理、君臨天下。孟子不得已「好辯」，荀子肯定「君子必辯」，正因諸子爭鳴，才使得當時之思想極爲活潑自由。

　　相對於先秦學術思想的自由活潑，「秦漢而還，孔教統一」，「強一國人之思想，使出於一途」，人們也但知唯古人是從，梁啓超深不以爲然。他指出「學者之大患，莫甚於不自有其耳目，而以古人之耳目爲耳目；不自有其心思，而以古人之心思爲心思」，並批評「審如是也，則吾之在世界，不成贅疣乎？審如是也，則天但生古人可矣，而復生此百千萬億無耳目無心思之人以蠕緣蠹蝕此世界，將安取之？」〔註15〕他強調「文明之所以進，其原因不一端，而思想自由，

〔註13〕梁啓超〈十種德性相反相成義〉《飲冰室文集》之5，頁45。
〔註14〕梁啓超《新民說，論自由》，《飲冰室專集》之4，頁46。
〔註15〕梁啓超〈近世文明初祖二大家之學說〉，《飲冰室文集》之13，頁10。

其總因也」，「我中國學界之光明，人物之偉大，莫盛於戰國，蓋思想自由之明效也」，「及秦始皇焚百家之語，坑方術之士，而思想一窒」，「及漢武帝表章六藝，罷黜百家，凡不在六藝之科者絕勿進，而思想又一窒」。兩千餘年來，儒學之發展一直停滯在表章某某，正學異端有爭，今學古學有爭，言考據則爭師法，言性理則爭道統，各自以爲孔教，而排斥他人以爲非孔教，而不能別開生面，此皆思想束縛所造成也。〔註16〕故而梁啓超大聲疾呼「我有耳目，我物我格；我有心思，我理我窮」，正視先秦之世學術之所以興盛，乃在「學界之奴性未成」，故而吾人處今世，在治學上當「勿爲中國舊學之奴隸」，也「勿爲西人新學之奴隸」。除心奴，反依傍具有創造思想的自由，學術才會進步。

　　旁種學說的互緣也是先秦儒學興盛的原因。章炳麟《訄書》推究學術的本源，有謂「視天之鬱蒼蒼，立學術者無所因。各因地齊、政俗、材性發舒，而名一家」。梁啓超固認爲「世界者何？豪傑而已矣。舍豪傑則無有世界」，〔註17〕歷史爲人類心力所造成；他亦認爲地理環境對於「當時此地」之支配力，其偉大乃不可思議，〔註18〕他說：

　　嘻嘻！地理之影響於人物，豈不巨哉！……熱天煉地之亞剌比亞，實生摩訶末。玄冰凍雪之北日耳曼，實生路德。凡開拓千古推倒一世之偉人，其所立之地，形勢往往有異於尋常者。而偉人之性行，亦恆與之相應。〔註19〕

地理環境影響著個人的心理思維，形成不同的政俗和文明。他分析中國傳統文化之所以重實際而少宗教色彩，說：

　　中國文明，起於北方。其氣候嚴寒，地味确瘠，得天較薄，故其人無餘裕以馳心廣遠，游志幽微，專就尋常日用之問題，悉心研究，是以思想獨倚於實際。凡先哲所經營想像，皆在人群國家之要務。其尊天也，目的不在天國而在世界，受用不在未來而在現在。是故人倫亦稱天倫，人道亦稱天道。記曰：「善言天者必有驗於人」，此所以雖近於宗教，而與他國之宗教自殊科也。〔註20〕

其論先秦學術，也以「孔老分雄，而起於期間者有墨子焉；墨亦北派也，顧

〔註16〕梁啓超〈保教非所以尊孔論〉，《飲冰室文集》之9，頁55。
〔註17〕梁啓超《自由書》，《飲冰室專集》之2，頁33。
〔註18〕梁啓超〈近代學風之地理的分布〉，《飲冰室文集》之41，頁50。
〔註19〕梁啓超《新英國巨人克倫威爾傳》，《飲冰室專集》之13，頁15。
〔註20〕《論中國學術思想變遷之大勢》，《飲冰室文集》之7，頁6。

北而稍近於南」的地域區分來概括。謂北派崇實際、主力行、貴人事、明政法、重經驗、喜保守、主勉強、畏天、排外、自強；南派崇虛想、主無爲、貴出世、明哲理、重創造、喜破壞、明自然、任天、無我、謙讓。梁啓超以爲「生理學之公例，凡兩異性相結合者，其所得結果必加良」。戰國之世，儒學之所以最有光輝，正是當時儒學之與道、墨、名、法、陰陽等旁種學說接觸交流，由互相辯論、互相薰染，而不斷自我修正、自我充實、自我提振、自我超越有以致之。

二、漢以後的儒學

漢代以後，儒學被定爲一尊，是高踞廟堂的官學。但，梁啓超卻以爲這是東方之厄運。他說：

> 支那當周秦之間，思想勃興，才智雲湧，不讓西方之希臘。而自漢以後，二千餘年，每下愈況，至於今日，而衰萎愈甚，遠出西國之下者，由於誤六經之精意，失孔教之本旨，賤儒務曲學以阿世，君相託教旨以愚民，遂使二千年來孔子之眞面目湮而不見。此實東方之厄運也。〔註21〕

自秦漢以至今日，之所以每下愈況，原來儒者所傳，只有小康一派，是荀子之學。孟子之學，至今未嘗一行於天下，故而又是孔學之大不幸。他說：

> 漢興，群經皆傳自荀子，十四博士大半屬荀子之學。東漢以後，又遭竄亂，六朝及唐，日益破碎，無論是非得失，皆從荀學中之一派討生活矣。二千年以來，無有知尊孟子者。自昌黎倡之，宋賢和之，孟學似光大矣。然於孟子經世大義，無一能言者，其所持論，無一不與孟子相反，實則撫荀子吐棄之餘而已。惟不動心之學，間有講之者，然非其至也。故自宋以來，有尊孟子之名，無行孟學之實，以孔門嫡派，而二千年昏霾湮沒，不顯於世，斯亦聖教之大不幸也。
> 〔註22〕

梁啓超以爲孔子之學，本有微言大義兩派。微言亦謂之大同，大義亦謂之小康。微言之學，孟子傳之；大義之學，荀子傳之。孟子治《春秋》，荀子治《禮》，二人之學初時便已參商，迨及末流，更截然相反。

〔註21〕梁啓超〈論支那宗教改革〉，《飲冰室文集》之3，頁55。
〔註22〕梁啓超〈讀孟子界說〉，《飲冰室文集》之3，頁21。

自秦漢以後，政治學術皆出於荀子。荀子之學何以不是孔子的眞教旨，何以是孔學之大不幸？梁啓超從四個方面來加以述說。

（一）尊君權：其徒李斯傳其宗旨，行之於秦，爲定法制。自漢以後，君相因而損益之。二千年所行，實秦制也。

（二）排異說：荀子有〈非十二子篇〉，專以攘斥異說爲事。漢初傳經之儒，皆出荀子，故襲用其法，日以門戶水火爲事。

（三）謹禮儀：荀子之學，不講大義，而惟以禮儀爲重，束身寡過，拘牽小節，自宋以後，儒者皆蹈襲之。

（四）重考據：荀子之學，專以名物制度訓詁爲重。漢興，群經皆其所傳，斷斷考據，寖成馬融、鄭康成一派，至本朝而大受其毒。〔註23〕

荀子尊君權，形成秦漢以後君主專制，致使二千年來的中國社會無政。荀子排異說，門戶主奴之見太深，師法家數之界太嚴，阻礙學術的發展。荀子謹禮儀，束身自好，有乖孔子兼善天下之義。荀子重考據，錮天下聰明智慧於訓詁名物之中，脫離現實社會人生。在梁啓超的心目中，荀子之學實孔教的孽派，而孟子「專提孔門欲立立人，欲達達人，天下有道，某不與易之宗旨，日日以救天下爲心」，才是孔學的正派。〔註24〕惜乎孟子微言之學不行，「漢代經師，不問今文家古文家皆出荀卿。二千年間，宗派屢變，壹皆盤旋荀子肘下」（《清代學術概論》），致中國長期以來政治多失，群治不進，學說狹隘，思想閉塞。故在他的論著中，屢見排荀之論。

又，漢代以後儒學的發展凝滯不前，氣息奄奄，梁啓超除了以爲是荀學流行外，還以爲是政治干涉之後的扭曲。漢代政治統一，全學界亦爲儒家思想所佔據，梁啓超不僅不以爲喜，反認爲「儒學統一就是他學的銷沉」。他從進化之與競爭相緣的角度比較泰西與中國學術思想的發展，說：

泰西學術，亦何嘗不由分而合，由合而分，遞衍遞嬗，然其凝滯不若中國之甚者，彼其統一之也以自力，此相統一之也以他力。〔註25〕

泰西學術之統一乃由學術思想本身的競爭淘汰，優勝劣敗，終至異端自熄而形成。漢代儒學之獨尊，則因漢武帝的提倡之，左右之而造成。然有所

〔註23〕梁啓超〈論支那宗教改革〉，《飲冰室文集》之3，頁57。
〔註24〕梁啓超〈讀孟子界說〉，《飲冰室文集》之3，頁17。
〔註25〕梁啓超《論中國學術思想變遷之大勢》，《飲冰室文集》之7，頁39。

獎勵於此，則必有所窒抑於彼，凡於儒學有所出入者皆謂之邪說異端，謂之非聖無法。梁啟超概歎「儒學統一者，非中國學界之幸，而實中國學界之大不幸也」。〔註26〕

學術的發展受外在政治因素的制約，自漢代以後就無代無之。梁啟超論清代學術的文化格局，其於康熙帝之崇儒重道，以朱子配祀十哲之列，刊定《性理大全》、《朱子全書》，且御纂《朱子全書》序文，欲以程朱之學來治理天下，一時理學昌盛。上有所好，下必甚焉。陸隴其（1630～1692）以朱學大師的身份進祀孔廟，成為清代正學的宗師；李光地（1642～1718）、湯斌（1621～1687）因治朱子之學，得康熙賞賜，而位極人臣。社會上趨附權貴，爭以朱學自飾者，更所在都有。對陸隴其之以論學「亦宗朱子而已， 宗朱子為正學，不宗朱子即非正學」，排斥陸王，不遺餘力，而見稱於康熙見重於流俗。梁啟超以為陸隴其唯程朱之學為正學的論學，已使「思想自由，銷蝕於無形之間」，其「個人之私德，不足贖其對於社會之公罪。」〔註27〕梁啟超重視思想之自由，學術之多元，於此可見。至於對李光地與湯斌，梁啟超則詆為是「煽三百年來惡風，而流毒於今日者」的「學術蟊賊」。〔註28〕

清初的學界，原是生機勃勃的。黃宗羲治學雖遠宗王陽明，近承劉宗周（1585～1646），但不囿於王、劉藩籬，於王多所修正。同時又注重歷史研究，努力於文獻保存。顧炎武力矯王學末流「束書不觀，游談無根」的惡習，大倡「舍經學無理學」，主張學以明道，學以救世。王夫之推尊張載與朱子，由個人心性而推演人文繁變。顏元力主「儒之處也惟習行」，「儒之出也惟經濟」，認為「學問以用而見其得失」，「德行以用而見其純駁」，於宋學、漢學兩皆吐棄。加以是時西學傳入，因而除群經諸史外，天文、地理、河漕、兵工、山岳、風俗、吏治、財賦、典禮、制度、文物等都成了學者們研究的對象。但是到了康熙年間，由於大力提倡程朱理學，「不特仙佛邪說在所必黜，即一切百家眾技、支曲偏雜之論，亦當擯斥勿錄」，〔註29〕陸隴其和之，李光地、湯斌等阿之，於是程朱理學「復興」，原本諸家爭鳴的學界，也很快的變為萬馬齊暗。

〔註26〕 梁啟超《論中國學術思想變遷之大勢》，《飲冰室文集》之7，頁39。
〔註27〕 梁啟超推許陸隴其「朒篤明察，循吏之才」，但對其學因宗朱子，凡有不宗朱子者，皆絕其道，勿使並進，則很不以為然。見氏撰《論中國學術思想變遷之大勢》，《飲冰室文集》之7，頁90。
〔註28〕 梁啟超《論中國學術思想變遷之大勢》，《飲冰室文集》之7，頁90。
〔註29〕 《康熙起居注》康熙十二年十月初二日戊戌。

　　至於做爲清代學術代表的考據學，梁啓超也以爲這種學風的形成是時主的操控。他說：

> 吾論近世學派，謂其由演繹的進於歸納的，饒有科學之精神，且行
> 分業之組織，而惜其僅用諸瑣瑣之考據。然則此學派之所以不盡其
> 用者，原因何在乎？曰：是不一端，而時主之操縱其最也。

　　梁啓超肯定清代的學者，以實事求是爲學鵠，善懷疑、善尋間，不肯妄徇古人之成說，一己之臆見，既治一科，則必原始要終，備其左證，且善用歸納比較，在方法上饒有科學之精神，但卻惋惜這種方法不盡其用，僅用諸書本上瑣瑣之考據。清代考據學之所以興盛，梁啓超雖或以爲是「異族入主中夏，有志節者恥立乎其朝」，故「刊落聲華，專集精力以治樸學」，出自學者之反滿；〔註30〕或以爲是社會秩序安寧、經濟物力豐盛，有助於學問從分析整理一路發展；〔註31〕或以爲是「經大亂後，社會比較安寧故人得有餘裕以自勵於學」；〔註32〕或以爲是對於宋明理學一大反動；〔註33〕「明季道學反動，學風自然要由蹈空而變爲覈實，由主觀的推想而變爲客觀的考察」。〔註34〕但最主要的是高壓政策文字獄。他說：

> 自康雍間屢興文字獄，乾隆承之，周納痼酷。論井田封建稍近經世
> 先王之志者，往往獲意外譴。乃至述懷感事，偶著之聲歌，遂罹文
> 網者，趾相屬。又嚴結社講學之禁，晚明流風餘韻，銷匿不敢復出
> 現，學者舉手投足，動遇荊棘。懷抱其才力智慧，無所復可用，乃
> 駢轃於說經。〔註35〕

　　清代考據學者「但誦先聖遺言，而不達時王之制度」，「泥古守舊，脫離現實國計民生。」此一學風，梁啓超以爲是清初諸帝的操控。他們不喜人動輒以天下國家爲己任，一方面屢興文字獄以催抑「妄議朝政」或「譏訕朝政」；另一方面又嚴結社講學之禁，將書院納入官方管理，山長由政府來任免，生徒由官府來選拔，人事、招生、課程均得聽命於朝廷的詔旨，往昔由民紳鄉士大夫所創辦的書院的自由學風乃不復見。梁啓超這一看法，基本上與章炳

〔註30〕　《清代學術概論》，頁 27。
〔註31〕　《清代學術概論》，頁 31。
〔註32〕　《清代學術概論》，頁 27。
〔註33〕　《清代學術概論》，頁 12。
〔註34〕　《清代學術概論》，頁 26。
〔註35〕　梁啓超《論中國學術思想變遷之大勢》，《飲冰室文集》之 7，頁 91。

麟謂清儒「家有智慧，大湊於說經，亦以紓死」〔註36〕的論調是相同的。其實，清代學者沉浸於古籍的整理，此一學風的形成，在「時主的操控」的這一因素中，除了有其高壓的一面之外，還有著懷柔的一面。乾隆朝特科屢起，盡量增加埋首書齋者躋登仕途機會；並重用潛心經史文獻整理考據的學者，都是時主操縱學術發展的例子。只是梁啟超偏就高壓的一面說。

三、今日的學術

　　梁啟超關切儒學的發展，他的用意不在眷戀過去，而在藉著「數千年來中國學術思想演進的歷史趨勢」這一面明鏡，「以過去的進化，導未來的進化」，創造新光明，「增幸福於無疆」。

　　中國文化既是中國的，也是世界的。我們既要把世界帶入中國，也須要把中國帶向世界。大體而言，梁啟超對中國今日的學術發展滿懷信心，十分樂觀的，他稱今日的學術是復興的時代；今日的學風和歐洲「文藝復興」時代有許多地方相像。他認為儒家學說或許有他的缺陷，但在中國能流傳兩千多年，必有他的許多好處，儒家學說有很多地方都不因為時代變遷而失去其價值。他澄清儒家學說是為平民的，不是為貴族的；是伸張民權的學問，不是擁護專制的學問；不違反科學，也不悖離時代。他稽諸歷史，徵諸時勢，按諸我國民性，相信最近之將來，必能演出數種潮流，各為充量的發展。這數種潮流是：科學國民、佛教上之宗教改革、生計學之發達、民眾的文化運動、中國國學的整理。〔註37〕梁啟超論學，把過去同現在以及未來加以貫串，有對過去的考察回顧，有對現在的審視掌握，也有對外來的規劃引領，這是一個特色。

　　梁啟超對今日的學術，何以會充滿信心，抱持樂觀呢？這種自信主要建立在他對於數千年中國學術思想發展變遷的考察中，發現凡有他種學說互緣的時代，都是學術思想昌明的時代，此在中外皆然。其在世界，若埃及安息，藉地中海之力，兩文明相遇，遂產出歐洲之文明，光耀大地焉；其後阿剌伯之西漸，十字軍東征，歐亞文明再交媾一度，乃成近世震天鑠地之現象。其在我中華，當戰國之時，南北兩文明初相接觸，而古代之學術思想達於全盛；及隋唐間與印度文明相接觸，而中世學術思想放大光明。〔註38〕他相信今日

〔註36〕　章炳麟《訄書・清儒第十二》，頁139。
〔註37〕　《清代學術概論》，頁116。
〔註38〕　梁啟超《論中國學術思想變遷之大勢》，《飲冰室文集》之7，頁4。

中國與域外交通大開，中國人學問的種類和做學問的方法，會因爲歐美思想文化不斷輸入，重新發生光彩，越發向上進。他也相信歐美思想文化不斷的輸入，必使吾國學別添活氣，蔥蔥鬱鬱，有方春之氣焉。他認爲二十世紀是泰西文明與泰東文明結婚的時代。他筆端帶著感情，呼籲國人：「張燈置酒，迓輪俟門，三揖三讓，以行親迎之大典」。他並相信「彼西方美人，必能爲我家育寧馨兒以亢我宗也。」〔註39〕

第三節　儒學風貌的探究

　　孔子集古代文化之大成，創立儒家這一學派。儒家這一學派在戰國之後，先後經由孟子、荀子的紹繼弘揚，到漢武帝時終被定爲一尊。梁啓超以爲：「中國，則孔子之中國也」。他說：

> 自我神州赤縣，乃至西盡流沙，北極窮髮，東訖扶桑日出之邦，南暨椎結駃舌之域，二千年間所自產者，何一不受賜於孔子。其有學問，孔子之學問也。其有倫哩，孔子之倫理也。其有政治，孔子之政治也。其人才皆得孔子之一體以興，其歷史皆演孔子之一節以成。苟無孔子，則中國當非復二千年來之中國；中國非復二千年來之中國，則世界亦非二千年來之世界也。〔註40〕

中國是孔子的中國：中國的學問是孔子的學問，中國的倫理是孔子的倫理，中國的政治是孔子的政治。然而學術是時代的產物，也是社會的產物，時代不斷的變，社會的需求也因時代的不同而不同。文化本從變動中產生，也在變動中滋長，一切文物若皆率由舊章，反易僵化，且不合時宜。董仲舒（176B.C.～104B.C.）、馬融（79～166）、鄭玄（127～200）、何休（129～182）、韓愈（768～824）、歐陽修（1007～1072）、程頤（1032～1107）、朱熹（1130～1200）、陸象山（1139～1192）、王陽明（1472～1529）、紀昀（1724～1805）、阮元（1764～1849）等人，都被稱爲儒家，他們的核心思想與精神都與孔子的思想相契相合，一脈相承，但由於他們所處的時代各不相同，所面對的時代課題也各不相同，因而也就各自有自己的學術風貌。漢代以後，雖說中國的人才「皆得孔子之一體以興」，中國的歷史「皆演孔子之一節以成」，但相對於先秦孔

〔註39〕梁啓超《論中國學術思想變遷之大勢》，《飲冰室文集》之7，頁4。
〔註40〕梁啓超〈世界偉人傳第一編孔子〉《飲冰室專集》之36，頁65。

子的儒家言，漢代以後的所謂儒家，他們所做的學問，其實都是他們所處的那個時代的「新儒學」。孔孟自孔孟，程朱自程朱，陸王自陸王，他們都各有自己的學術姿彩。

漢代是儒學統一，也是他學說銷沈的時代。儒家的典籍被尊奉為經，經是孔子思想的代名詞。儒家的思想學說被視為常道，經學就是詮釋儒家的經典，對孔子思想的說解和闡發的學問。梁啓超論孔子思想的傳承及漢以後兩千年的儒學發展，說：

> 孔門之為教，有特別普通之二者。特別者，所謂中人以上，可以語上也。普通者，所謂中人以下，不可以語上也。普通之教，曰《詩》《書》《禮》《樂》，凡門弟子皆學之焉。《論語》謂之為雅言，雅者，通常之稱也。特別之教，曰《易》《春秋》，非高才不能受焉。得《春秋》之傳者為孟子，得《易》之傳者為莊子。普通之教，謂之小康；特別之教，謂之大同。然天下中才多而高才少，故傳小康者多而傳大同者少。〔註41〕

《詩》《書》《禮》《樂》為孔子早年所定，著為雅言，為荀子一派所傳。《春秋》為孔子晚歲昌言制作而作，孟子一派傳之。荀子之學在傳經，孟子之學在經世。孔子「欲立立人，欲達達人」是立教之人；孟子「日日以救天下為心」，是行教之人。然「漢興，群經皆傳自荀子，十四博士大半屬荀子之學」，梁啓超慨歎「此真孔學之大不幸也。」〔註42〕

從歷史上看，兩漢四百年的經學大師，自董仲舒以至鄭玄，所做的都是「整齊百家之不齊」的工作，他們把黃老陰陽、墨家、法家的思想參雜到儒家學說裡，這就是漢代「新儒學」。其後魏晉學者，跨越兩漢，拋開訓詁、章句、讖緯之學，是儒學告退，老學代興的時代。唐代儒學承魏晉玄學興起，南北經學對峙而下，唐太宗詔國子祭酒孔穎達（574～648）與諸儒撰定《五經義疏》，凡一百七十卷，名曰《五經正義》。唐代後期，儒者逐漸擺脫漢以來就經解經的模式，重新思考儒學的一些重大理論的問題。諸如：天人的關係、儒釋道三教的關係以及性情的問題，開創了以經駁傳的風氣。宋代學術趨新，於儒家思想多所闡發。唯，學者勇於疑經、刪經，甚至改經，與漢代學者之治學，篤守師法、家法，正好是個對比。明末王學末流，高談性命，

〔註41〕梁啓超〈論支那宗教改革〉，《飲冰室文集》之3，頁56。
〔註42〕梁啓超〈論中國學術思想之大勢〉《飲冰室文集》之7，頁46。

無本空虛。清代學風趨實，學者治學重視考證。他們對於古籍，既強調定底本的是非，也重視定立說的是非。既求不多誣古人，也求不多誤今人。很多古代典籍經由他們的輯佚、校正、補闕、辨偽、整理、闡釋，因此都變得可讀。本節討論梁啓超對儒學發展各期風貌的探究。

一、先　秦

（一）孔子立教

　　民國十六年（1927），梁啓超在其所講《儒家哲學》中，開篇即謂儒家哲學其實所言爲儒家「道術」。一面講道，一面講術；一面教人應該做什麼事，一面教人如何做去。儒家的學問是行爲的學問，其用功所在是「修己以安人」。修己的工夫做到極點，就是內聖；安人的工夫做到極點，就是外王。而其條理次序，則是《大學》所謂的「格物致知誠意正心修身」的修己、內聖工夫，以及「齊家治國平天下」的安人、外王工夫。梁啓超對儒學的範圍，目的的概括，顯然是立足於宋儒以四書顯示孔孟道統的面上。而其論儒家思想包羅宏富，謂儒家所謂外王，把社會學、政治學、經濟學都包括在內；儒家所謂內聖，把教育學、心理學、人類學都包括在內，顯然是以西方學科的概念來論述傳統的學問，顯示梁啓超在治學上已然走出注疏、闡發典籍的傳統治學方法的舊輒，而別闢天地，對儒家學說做現代意義的理解。

　　梁啓超以「修己安人」、「內聖外王」爲孔子立教的全幅規模。徵之《論語》，孔子有「興於詩，立於禮，成於樂」（〈泰伯篇〉），「不學詩，無以言；不學禮，無以立」（〈季氏篇〉）之教。〈爲政篇〉中多「弟子問孝」語，其或「孟懿子問孝」，或「孟武伯問孝」，或「子游問孝」，或「子貢問孝」；〈顏淵篇〉中多「弟子問仁」語，其或「顏淵問仁」，或「仲弓問仁」，或「司馬牛問仁」，或「樊遲問仁」。這些記載足見孔子強調修己，重視成德。又，孔門弟子子路長於治軍、冉有長於理財、公西華長於外交禮節（〈先進篇〉），亦足見孔門弟子在外王的一面各有建樹。梁啓超之論孔子立教，可謂能得其實。唯其謂「孔門之爲教，有特別普通之二者」。「普通之教，曰《詩》《書》《禮》《樂》，凡門弟子皆學之焉」；「特別之教，曰《易》《春秋》，非高才不能受焉」。〔註43〕又謂「普通之教，謂之小康；特別之教，謂之大同」，「小

〔註43〕梁啓超〈論支那宗教改革〉，《飲冰室文集》之3，頁56。

康之教在《詩》《書》《禮》《樂》，而大同之教在《易》《春秋》」，「《詩》《書》《禮》《樂》，孔子纂述之書，實則因沿舊教耳，非孔子之意也」，「孔子之意，則全在《易》與《春秋》。《易》爲出世間法之書，若《春秋》者，則孔子經世之大法，立教之微言，皆在焉」。〔註44〕而認爲「欲知孔學之全，要讀孔子所著《易》《春秋》」。梁啓超貶《詩》《書》《禮》《樂》而揚《易》《春秋》，實基於康有爲「春秋三世之義」而立言，參雜著維新變法的政治意味。

（二）孟子行教

「學孔子」是孟子之所願。(《孟子·公孫丑上》)他爲了捍衛儒家的學說，力闢楊墨，且以「能言距楊墨者」，可以與「禹抑洪水，而天下平」，「周公兼夷狄，驅猛獸，而百姓寧」，「孔子成《春秋》，而亂臣賊子懼」相比美，是聖人之徒 (《孟子·滕文公下》)。然而孟子之所以爲孟子，並不僅僅在於他力闢楊墨之欲「正心人，息邪說，距詖行，放淫辭」，而更在於他對孔子的學說，無論是修己內聖，或安人外王，他都各有充實，並往前推動。梁啓超在比較孔子思想與孟子思想時就說「孔子言『仁』，孟子兼言『仁義』」。「孟子要人注意義利之辨，給人一個立腳點。」又說「孔子智仁勇並講，所以說『智仁勇三者，天下之達道也』」；「孟子專講勇，所以說『我知言，我善養吾浩然之氣』」。「以仁弘義，以義輔仁，仁以愛人，義以持我。這種方法，孟子極力提倡，極力講究。」還說「孔子對於性命，不很多講，或引而不發」，而「孟子則堂堂正正的講性與天道，以爲是教育的根本」。〔註45〕這些論述是偏就內聖的一面言。而外王事功一面，他謂「孟子之學在經世」，「保民爲孟子經世之宗旨」，〔註46〕，徵之以《孟子》一書所載，其於政治或謂「以不忍人之心，行不忍人之政，治天下可運之掌上」(《孟子·公孫丑上》)，強調愛民保民；或謂「天子不能以天下與人」(《孟子·萬章上》)，強調民歸即天與。其於經濟或謂「無恆產而有恆心者，惟士爲能。若民，則無恆產，因無恆心」(《孟子·梁惠王上》)，主張制民之產；或謂「不違農時，穀不可勝食也」，「數罟不入洿池，魚鱉不可勝食也」，「斧斤以時入山林，材木不可勝用，是使民養生喪死無憾」(《孟子·梁惠王上》)，主張經濟管制；或謂「易其田疇，薄其稅歛，民可使富也」(《孟子·盡心上》)，主張薄收賦稅，藏富於民。其於教

〔註44〕梁啓超〈論支那宗教改革〉，《飲冰室文集》之3，頁57。
〔註45〕梁啓超《儒家哲學》，《飲冰室專集》之103，頁24～25。
〔註46〕梁啓超〈讀孟子界說〉，《飲冰室文集》之3，頁18。

育或以爲「得天下英才而教育之」爲人生最大樂事（《孟子・盡心上》）；或以爲君子之教「有如時雨化之者，有成德者，有達財者，有答問者，有私淑艾者」（《孟子・盡心上》），重視因材施教，適性啓發；或以爲「夫道若大路然，豈難知哉？人病不求耳」（《孟子・告子下》）注重感化興起。這些都顯示在外王的一面，孟子對於孔子的學說，同樣的既有繼承也有充實。

梁啓超十分推尊孟子。他認爲「孟子之言即孔子之言」，〔註47〕「孟子之學在經世」，〔註48〕「孟子所言一切仁政，皆本於《春秋》」，〔註49〕「仁義二字爲孟子一切學問總宗旨」，「保民爲孟子經世宗旨」，並謂孟子「言無義戰，爲大同之起點」，「言井田，爲大同之綱領」，「言性善爲大同之極效」。〔註50〕欲學孔子要先學孟子。梁啓超把孟子推尊爲孔子的化身，其實是有意用孟子的思想來豐富《春秋》公羊學說，以推動他的維新變法的政治目的在。梁啓超謂「《春秋》爲孔子改定制度以教萬世之書」，並申說「《春秋》爲明義之書，非記事之書」。然而《春秋》這一「記號之書」，其「義」除孔子自言之外，數千年來唯孟子言之、董仲舒言之。〔註51〕故而孔子立教的微言也就是長期的沈霾廢墜，若存若亡了。

（三）荀子傳經

孟子與荀子都自稱爲仲尼之徒，都認爲自己是儒家學派的捍衛者。但在早期的梁啓超看來，荀子只是個注疏典籍，尋章摘句傳經的小人儒，孟子才是能行孔子之教，爲孔子化身的君子儒。他在〈讀孟子界說〉一文中，說：

> 荀子之學在傳經，孟子之學在經世。荀子爲孔門文學之科。孟子爲
> 孔門政事之科。漢興，諸經皆傳自荀卿，其功最高不可誣，然所傳
> 微言大義不及孟子。〔註52〕

其實，荀子之學與孟子之學不能這樣簡化爲傳經與經世。好似荀子只談經解，不談經世，而孟子又只注重經世，而忽略典籍。荀子重學，認爲「學不可以已」，且還具體的示人：「其術始乎誦經，終乎讀禮；其義始乎爲士，

〔註47〕 梁啓超〈讀孟子界說〉，《飲冰室文集》之3，頁21。
〔註48〕 梁啓超〈讀孟子界說〉，《飲冰室文集》之3，頁17。
〔註49〕 梁啓超〈讀孟子界說〉，《飲冰室文集》之3，頁18。
〔註50〕 梁啓超〈讀孟子界說〉，《飲冰室文集》之3，頁18～19。
〔註51〕 梁啓超〈讀春秋界說〉，《飲冰室文集》之3，頁14～17。
〔註52〕 梁啓超〈讀孟子界說〉，《飲冰室文集》之3，頁17。

終乎爲聖人」，〔註53〕他固深諳於諸經，但他治學的目的仍在經世。《荀子》一書中，不是記載著荀子在秦昭王面前大談「儒效」，告訴秦詔王「儒者在本朝則美政，在下位則美俗」嗎？〔註54〕儒者不論得志與不得志，都不忘經世。荀子怎會把天下濟康視爲門外風雨？孟子一生志在承繼先聖之業，梁啓超謂其「日日以救天下爲心，實孔學之正派」，此論誠然得實。唯《孟子》一書所載孟子言行，時引《詩》據《書》，言禮道樂，讚揚《春秋》，其學亦立基於諸經且深有得於諸經，是孟子除爲孔門政事之科外，亦應兼爲文學一科。

　　晚年的梁啓超在講述《儒家哲學》論及荀子時，他又將孟子與之相比，說：

> 孔子言仁，孟子言義，荀子言禮，以禮爲修養的主要工具。孟子主
> 張內發，荀子主張外範。孟子說性是善的，隨著良知良能做去；荀
> 子說性是惡的，應以嚴肅規範爲修束身心的準繩。所以荀子的學說
> 可以說是戰國末年對於儒家思想的一大修正。〔註55〕

孔子之學至戰國時有孟子、荀子二大派。「孔子言仁，孟子言義，荀子言禮」，梁啓超以爲荀子的重禮是「對於儒家思想的一大修正」，而未被認爲他是假孔子。就論學上說，這應是「鑑定衡平」、「恰如其本來」的客觀論述。

二、從漢代到唐代

（一）兩漢經學

　　儒家學說之在先秦，本爲諸子之一。漢初，在與墨、法、道諸家的相競相爭相摩之中，因漢武帝的「君擇」遂定爲一尊；儒家所治的《詩》、《書》、《禮》、《樂》、《易》、《春秋》等典籍也成了經書。整理經書、注疏經書、闡發經義，是兩漢儒生治學的重心。大體而言，漢代歷秦火之刼後而興，典籍散佚，故初時儒生或出其藏書，考訂經文，或憑其記誦，傳於弟子，他們爭版本，辨文句。迨乎經的本子與文句確定之後，儒生乃轉而留意經書文字的注釋、古代制度、歷史事實的考訂以及經書微言大義的闡發。

　　梁啓超在其早期所撰《論中國學術思想變遷之大勢》中，指出漢儒有「說經之儒」與「著書之儒」。說經之儒可分爲：口說家、經世家、災異家、訓詁

〔註53〕　《荀子·勸學》。
〔註54〕　《荀子·儒效》。
〔註55〕　梁啓超《儒家哲學》，頁 26～27。

家。他以爲「口說家專務抱殘守缺」、「經世家衍經術以言政治」、「災異家藉災異以制君」、「訓詁家覃心箋注」。兩漢經學雖極盛，而「一亂於災異，再亂於訓詁」；「災異亂其義，訓詁亂其言」。至於著書之儒，梁啓超以爲其有一論之價值者，惟董仲舒（173B.C.～104B.C.）、司馬遷（145B.C.～86B.C.）、劉向（77B.C.～6B.C.）、揚雄（53B.C.～18）、王充（27～91）、王符（？～？）、仲長統（180～220）七人而已。七人之中，他尤其推尊董仲舒與司馬遷，謂董仲舒之《春秋繁露》「究天人相與之故，衍微言大義之傳，實可爲西漢學統之代表」；司馬遷之《史記》「集上古學術思想之大成」。〔註56〕整體而言，梁啓超以爲兩漢是儒學統一的時代，也是他學銷沈的時代，是政治力左右學術發展、思想不自由的時代，故評價不高。

　　然而更須留意的是，梁啓超早期與晚歲有許多不相同的治學論點，他十分重視兩漢經學的今古文之爭。早期以爲「今文雖不足以盡孔學，猶不失爲孔學一支流」、「古文則經亂賊僞師之改竄附託，其與孔子之意背而馳者，往往然矣」。〔註57〕貶抑古文之意十分明顯。而晚年再提及兩漢經學今古文之爭時，卻說「古文家法謹嚴」、「今文家法博大」；古文今文之不同，乃解經方法的不同，「古文家注重考釋，專講名物訓詁」、「今文家頗帶哲學氣味，講究陰陽五行」，並未對今古文有什麼高低上下的評價。他對其早期推尊的董仲舒，於晚年講《儒家哲學》時，在論述董仲舒的思想受陰陽家影響，使儒學發生變化時，卻謂「荀子反對機祥，對於迷信，在所排斥，董子迷信的話就很多，書中有求雨止雨之事」。荀子也有其可取處，可見梁啓超到了晚年在排荀的態度上已不如早期那麼激烈。

（二）魏晉南北朝儒道混合

　　魏晉南北朝是中國歷史上一個動亂不安的時代，儒學也跟著有很大的變動。魏晉學者王弼（226～249）《易注》、何晏（？～249）《論語集解》，都能跨越兩漢，拋開兩漢的訓詁、章句、讖緯之學，沈潛於先秦古籍之中，以自己的智慧去解釋典籍，尋求新義。其後南北朝分治，南朝儒生講學，以經傳與老莊並行，重義疏，留意發揮經典的義理，是西晉儒者及其學風南渡的延續。北方儒者則以劫火餘生，處佛學流行之下，爲保存並發揚民族文化，乃重明經，保留有漢學的名物訓詁樸實的學風。南北朝儒學南北分岐而各有特

〔註56〕梁啓超《飲冰室文集》之7，頁50－52。
〔註57〕《論中國學術思想變遷之大勢》，頁49。

色，南朝承襲魏晉儒道混合另闢門徑，北朝則重返漢儒治經仍受漢儒家法。

梁啓超論述魏晉南北朝時期之儒學，其論魏晉儒學，說：

> 這個時候，道家極為發達，士大夫競尚清談。研究儒學的人，亦以
> 道家眼光，看儒家典籍，擺脫從前章句訓詁的習慣，重新另下解釋。
> 〔註58〕

這是說學術隨世運而轉移。魏晉是老學時代，是道家言獨佔的時代，研究儒
學的人受其影響，也以道釋儒，將儒道兩家混合為一。而魏晉的經學家，梁
啓超則認為有：王弼、何晏、鍾會（225～264）、阮籍（210～263）、稽康（？
～？）、陶淵明（372～427）、潘尼（？～約310）、顧榮（？～312）八家；其
中尤以王弼、何晏影響最大。其論王弼《易注》，謂「《易》本卜筮之書，末
流入於讖緯。王弼乘其敝而攻之，遂能排擊漢儒，自標新學」，又謂「王弼的
解釋，是否《周易》本意，我們不得而知，但不失為獨創的哲理，在學術史
上，有相當的地位」。〔註59〕梁啓超向重思想自由，對王弼《易注》之能別開
生面，另有新義，給予高度的評價。其論何晏《論語集解》，謂何晏的思想支
配到程朱一派，「朱雖亦注《論語》，但不出何晏範圍」，於王弼、何晏對漢儒
起革命，同表推崇。

對於南北朝儒學南北學風的不同，梁啓超加以比較，一則說：「南朝另闢門
徑，王弼、何晏這派很有勢力。北朝則仍受漢儒家法，馬融、鄭康成這派很有
勢力」。再則說：「南朝的學風，專從幾部經中，求其哲理。對於漢儒家法，極
端反對」，「南朝經學家，大多數以道佛的哲理，解釋儒家的學說」；「北朝的學
風，帶點保守性，專從名物訓詁上著手，一依馬鄭以來舊法」。並歸結到：「南
朝富流動性，受佛道的影響；北朝富保守性，守漢儒的支配」。〔註60〕梁啓超這
樣的概括，可謂簡明。相較於《隋書·儒林傳》謂「南學儉約，得其英華；北
學深蕪，窮其枝葉」，以北學不如南學的價值裁決，梁啓超的論述可謂平實。

（三）隋唐儒佛調和

隋唐政治統一，南北學也趨於混同。學主調合是這個時期的特色。就學
術思想言，隋唐是佛學時代，相對的隋唐的儒學就最無光彩。梁啓超謂「隋
代儒家，不論南北，都主調合儒佛」，並以顏之推（531～？）、王通（537～

〔註58〕《儒家哲學》，頁31。
〔註59〕《儒家哲學》，頁31。
〔註60〕《儒家哲學》，頁34。

586）爲代表。其謂顏之推「他是南方人，後來遷往北方。受南方的影響不小，受北方的影響亦很大。他作《顏氏家訓》對於北方嚴正的章句訓詁，非常注意。對於北方保守的風俗習慣，亦很贊成。他的〈歸心篇〉，主張內外一體，儒佛一體，是想把兩教調和起來的」。其謂王通「他是北方人，亦受南方的影響。」「他對於佛教，一點也不排斥，並且主張調和，亦持儒佛一體的論調」〔註61〕隋代學主調和，唐代亦然。對於唐代經師孔穎達（574～678）、陸德明（566～627）、賈公彥（？～？）等人的經注、義疏，既將今文與古文、南學與北學熔爲一爐，又能對古今文經說的歧異加以融會並做裁斷。梁啓超以爲經學發展到了唐代「北派所宗之馬融（79～166）、鄭玄（127～200）、賈逵（30～101）、服虔（？～？），與南派所宗之王弼、王肅、杜預，從前取對立的形勢，至此便趨到調和的形勢。」〔註62〕

唐代的經學走的是注疏的路子，而非闡發的路子，故在義理思想上沒有什麼創發和建構。但在唐代後期，一些儒家學者卻重新思考諸如天人關係、儒、釋、道三教關係、性和情等一些重大的理論問題，成了宋代新儒學的先驅。梁啓超在其《儒家哲學》中，特別提及韓愈（768～824）、柳宗元（773～819）和李翱（772～841）。他謂韓愈「他是一個文學家，同時又是一個儒家。所著〈原道〉、〈原性〉諸文，都是站在儒家方面，攻擊佛教」，又謂韓愈「他是純文學家，對於佛教知識固然很少，對於儒家道術，造詣亦不甚深，漢魏六朝的注解工夫，宋以後的修養工夫，他都沒有做多少，所以對於儒家在建設方面，說不上什麼貢獻，但是他離開舊時的訓詁方法，想於諸經中，另得義理，則是他見解的高超處」。他認爲柳宗元學問比韓愈高，柳宗元「除研究儒家道術以外，對於周秦諸子都看都讀，有批評，有鑑別力」，又謂柳宗元是一個調和儒佛教論者，他於佛教不特不毀，且極推崇，「頗主張三教同源」。至於李翱，梁啓超則直以爲他是宋學的開山祖師。謂「他於佛教，很有心得」，想「引用佛教思想，創設自己哲學」，並謂其〈復性書〉有許多獨到的見解。〔註63〕每一種學術思想的產生，新舊學風的推移，都必有其時勢的背景，而此一時勢又必有其承自前代的影響。每一個時代，都或含有過去時代的餘波，與未來時代的萌蘗。唐代佛教稱盛，梁肅（753～793）「表面是一

〔註61〕《儒家哲學》，頁35。
〔註62〕《儒家哲學》，頁35－36。
〔註63〕《儒家哲學》，頁38－39。

個儒者，骨子裡是一個佛徒，湛然以佛釋儒」〔註64〕韓愈崇儒排佛，擺脫注疏窠臼，所著〈原道〉推尊孟子以爲得孔子之正傳，並表明自己的抱負；〈原性〉區分性與情之別；又與柳宗元有「天道能否干預人道」的爭論。李翺〈復性書〉上篇總論性、情及聖人，中篇論所以修養成聖之方法，下篇論人必須努力修養。梁啓超特稱韓、柳、李爲宋學開端，可謂能引人以入宋學之門，使人於宋以後的宋學思想內涵與精神，有所曉之者。

三、宋代與明代

（一）朱陸學說的對峙

　　宋元明，梁啓超以爲是儒佛混合的時代；〔註65〕程朱派帶中國固有思想的成分還很多，陸王派便更和印度思想接近了。〔註66〕談及宋代，梁啓超則謂儒家道術很有光彩，可謂之三教融通時代，亦可謂儒學成熟時代。〔註67〕

　　宋仁宗慶曆三年（1043），范仲淹（989～1052）由樞密副使除參知政事，召對天章閣，退而列奏十事。其於科舉主張「進士科先策論，後詩賦」，「使人不專辭賦，必明道理」。又薦胡瑗（993～1057）、孫復（992～1057）、石介（1005～1045）相繼爲國子監直講。胡、孫、石三人皆主「文以載道」，且能突破注疏藩籬，發明經旨，而言《春秋》，以是性命之學與經世之學並起。南宋王應麟（1223～1296）《困學紀聞》描述宋代的經說，謂：「自漢儒至于慶曆間，談經者守訓故而不鑿，《七經小傳》出而稍尚新奇矣，至《三經義》行，視漢儒之學若土梗」。這是說宋興八十年間，學者之治學仍襲漢唐舊轍，至慶曆改革後始超越漢唐經師、注家，而上溯孔子，學風乃爲之丕變，於是而有劉敞（約1008～1069）的《七經小傳》之「好以己意改經」，有王安石的《三經義》視漢儒之學如土梗。而終有宋一代，學者疑經、刪經、改經，甚至六經注我，離經言道，越往後而語錄的勢力越凌駕於注疏之上。《宋元學案》以爲「宋代學術之盛，安定、泰山爲之先河」。但梁啓超並不認爲胡瑗、孫復是宋學的祖師。而以爲眞正與宋學有密切關係的人是幾個道士如陳摶（？～989）、种放（955～1015）、穆修（979～1032），或文人如歐陽修（1007～1072）、

〔註64〕　《儒家哲學》，頁38。
〔註65〕　《論中國學術思想變遷之大勢》，《飲冰室文集》之7，頁3。
〔註66〕　梁啓超〈明清之交中國思想界及其代表人物〉，《飲冰室文集》之41，頁29。
〔註67〕　《儒家哲學》，頁40。

王安石（1021～1086）、司馬光（1019～1086）、蘇軾（1036～1101）。顯然的，梁啓超強調的是宋代儒學乃三教融通的這一面。

宋代儒者開性理蹊徑，胡瑗、孫復導其源，周、張、二程者揚其緒，至朱熹而大其學。其間，邵雍（1011～1077）、陸象山（1139～1192）、薛季宣（1134～1173）、陳傳良（1137～1203）、葉適（1150～1223）、陳亮（1143～1194），或言心性，或明功利，百家爭鳴、各道其道，互有發明。梁啓超於《儒家哲學》中，有清晰的論述。至於朱子與陸象山，無論在知識方面，或修養方面，兩人主張都不相同，彼此辯論，互不相服，兩家門下也彼此對抗。後人或引朱入陸，或引陸入朱。梁啓超則以爲「兩派各走各路，各有好處」，不必合而爲一，更不必援引那個，依附這個。〔註68〕這一態度很容易使人以爲梁啓超深契於章學誠（1738～1801）所言，「宋儒有朱陸，千古不可合之同異」〔註69〕之意，故既不無識的「援引那個，依附這個」，也不多事的「勉爲解紛，調停兩可」，要將朱陸合而爲一。也很容易使人以爲梁啓超不傾向於朱陸任何一方。其實，他是貶朱而揚陸的。如他在讀朱學與陸學的爲學旨趣時，謂「朱子學說得之小程者深，得之大程者淺」，明道言仁，言致良知，「開後來象山一派」；而於比較二程學風時，謂「明道是高明的人，秉賦純美」，「伊川是沈潛的人，困知勉行」，以古代的人比之，「大程近孟，小程近荀」，「大程可以解釋孟子，小程可以解釋荀子」。〔註70〕這是直把朱學比成荀學，陸學比成孟學。在朱陸學說的對峙中，他傾向陸學也就十分明確了。

（二）王陽明致良知學說的完成

漢代學者治經的目的在致用，治經爲了治事。宋代學者治經的目的在學爲聖人，治經是爲了要建構一套永恆的倫常秩序。漢儒尊經，所重在五經，尤重《春秋》，因爲《春秋》能敷衍出政治的見解。宋儒也重經，但所重在四書，而於《易》更特別留意，因爲其中有許多心性之理。這樣的價值轉換，使得宋以後的儒學型態，有異於漢唐。從周敦頤的「主敬立人極」，張載的「變化氣質」，程顥的「識仁定性」，程頤的「居敬窮理」，朱熹的「靜養動察，敬貫動靜」，一直到陸象山的「發明本心，辨義利，先立其大」，陳白沙（1428～1500）的「靜中養出端倪」，以及王陽明的「致良知，知行合一」，全是在

〔註68〕《儒家哲學》，頁47。

〔註69〕章學誠《文史通義‧朱陸》。

〔註70〕《儒家哲學》，頁44。

指點人們自覺自律，好善惡惡，以完成道德生命的修己內聖之學。這是宋明儒學的姿彩。就明中葉前言，它是朱學與陸學的對峙，就明中葉後，它是王陽明致良知學說的完成。程朱闡發性道微言，弘揚孔孟正學。陸象山以「發明本心」為宗旨，別立心學一派。入元，朱陸合流，陸學逐漸式微，而朱學突顯。明初，推崇朱學，明成祖敕編《性理大全》，且用於取士，號尊宋學，尤其是程朱一派，實則把宋學精神完全喪失。梁啓超區辨朱陸之學，他以為「程朱努力收斂身心，象山努力發揚志氣」，〔註71〕頗能掌握朱學與陸學之血脈。其論明代儒學，則以為方孝孺（1357～1042）、吳與弼（1391～1469）、薛瑄（1389～1464）、曹端（1376～1434）、胡居仁（1434～1484）是明學啓蒙時期的代表。並謂他們的學問都出自程朱，而吳與弼的學問，由朱到陸，明代陸學之盛，自吳與弼起。〔註72〕並謂明代中葉，能光大陸學的是陳白沙與王陽明，而陳白沙終不如陽明學派的發達。〔註73〕

王陽明「學凡三變而始得其門」：始泛濫於詞章，繼而服膺程朱理學，後又出入於佛老，終於通過「龍場悟道」，「轉向心學」。〔註74〕王陽明由服膺程朱，而對朱子的支離之學加以針砭，進而建立自己「致良知」的學說，「知行合一」之教。梁啓超在論述王學時，或謂「《性理大全》一派，變為迂腐凋敝，把人心弄得暮氣沈沈」，「大丈夫儘管讀宋代五子的著作，然不過以為獵取聲名利祿的工具，其實心口是不一致的」，所以陽明起來，「大刀闊斧的矯正他們」；〔註75〕或直謂陽明且標「心即理」三字為一種口號者，「正為針對朱子『天下之物莫不有理』那句話而發」〔註76〕這些都顯示王學乃朱學的糾謬、朱學的矯正。梁啓超對王陽明是極為推崇的。為了闡述王學，他批評朱子的「格物」，最少有「氾濫無所歸」、「空偽無實著」兩個錯誤〔註77〕而對於後人動輒以陽明學派玄虛，為排斥智識，為脫略實務等種種批評。梁啓超則加以辯護，謂「此在王學末流，誠不免此弊，然而陽明本旨絕不如是」〔註78〕至於他謂王陽明「在哲學上有極高超而且極一貫的理解」；謂王陽明的發明力和

〔註71〕 《儒家哲學》，頁51。
〔註72〕 《儒家哲學》，頁50。
〔註73〕 《儒家哲學》，頁50－51。
〔註74〕 《明儒學案》卷十〈姚江學案〉。
〔註75〕 《儒家哲學》，頁52。
〔註76〕 梁啓超《王陽明知行合一之教》，《飲冰室文集》之43，頁21。
〔註77〕 《王陽明知行合一之教》，《飲冰室文集》之43，頁4。
〔註78〕 《王陽明知行合一之教》，《飲冰室文集》之43，頁26。

組織力，「比朱子、陸子都強」；又謂王陽明是能將極端的唯心論者，與極端的實驗主義者，冶爲一爐，建立自己的哲學。「從中國哲學史上看，他一面像禪宗，一面又像顏習齋；從西洋哲學史上看，他一面像英國的巴克黎，一面又像美國的詹姆士」，〔註79〕則不免推崇過度。

四、清 代

　　光緒28年（1902），梁啓超撰著《論中國學術思想變遷之大勢》，勾勒兩千年中國學術發展的軌跡。但該文寫至前六章便輟筆。兩年後，梁啓超又以「近代之學術」命題，續撰討論清代學術史這一專章。文中，他謂「有清一代之學術，大抵述而無作，學而不思，故可謂之思想最衰之時代」。〔註80〕民國九年（1920），梁啓超又撰《清代學術概論》。《清代學術概論》原名「前清一代中國思想之蛻變」。梁啓超於〈序〉中，謂「此兩百餘年間，總可命爲中國之文藝復興時代」。同一個時代，或謂其爲「思想最衰」，或推許爲「文藝復興」，何以如此？蓋前者梁啓超流亡日本，國勢又危，此時他是個憂國者。憂國者，好言國民所短，使作憤激之氣，基於拯救時弊，又危而發，故梁啓超以清代爲思想最衰之時代。後者梁啓超歐遊歸來，他以爲中國亦有思想可以貢獻於世界，此時他是個愛國者。愛國者，好言國民所長，使屬進取之心，故梁啓超以爲清代是文藝復興的好時代。平實地說，梁啓超在《清代學術概論》所言的，「清代以一實字而盛，以不能貫徹一實字而衰」，求實才是清學的精神。梁啓超謂清代的儒學有建設，有破壞。其在破壞方面有以程朱爲正統而攻擊陸王者，如陸隴其；有黜王學而反程朱者，如顧炎武；有於程朱、陸王兩皆吐棄者，如顏元（1635～1704）、費密（1625～1701）；有不在道術本身下手，而在著作及解經方面挑剔的，如惠棟。惠棟一派出，朱注漸衰，漢唐注疏復活。其在建設方面，大部分在考證方面。其在道術方面還能有所建設的，有繼承王學而加以修正的，如孫奇逢（1585～1675）；有發明王學使之愈益光大者，如黃宗羲；有崇程朱而能另有所創者如顧炎武；有非朱非王

〔註79〕　《王陽明知行合一之教》，頁14。
〔註80〕　按：梁啓超於論三國六朝學術思想時，謂：「三國六朝爲道家言猖披時代，實中國數千年學術思想最衰弱之時也。」（見氏撰《論中國學術思想變遷之大勢》，頁57。今則以清代可謂之思想最衰之時代。不知梁氏之意如何？是三國六朝與清代同爲最衰？還是梁啓超「不惜以今日之我難昨日知我」，清代比三國六朝更糟。待探究。）

而能獨立成學者，如王夫之；有反朱反王而能獨立成學者，如顏元。〔註 81〕
梁啓超很肯定清初儒學的建設，認爲他們不像宋儒；單講身心性命，所以開
闢力，格外來的強大。清代學術所以能大放異彩，大部分靠他們。〔註 82〕並
推許清初這一百年，「除卻孔孟生時，像是沒有別個時代比得上。」〔註 83〕

　　總括清代的學術，梁啓超以爲是理學發生流弊之後，引起反動。清儒遂
一反明儒向內的學風，專從事客觀的研究考察，於是造成兩漢唐、先秦學術
的復活。後又因爲和歐洲交通大開，陸續受外來思想的影響，造成一種新學
風，和歐洲「文藝復興」時代有許多地方相像。〔註 84〕

五、現　代

　　文化思想之嬗變，隨時勢而推移。梁啓超以爲乾隆末年以後的中國是世
界的中國。〔註 85〕他把清代的學術放在世界文化發展的背景下，從中西文化
交匯的角度來審視。他認爲二十世紀是歐美與中華兩文明結婚的時代。〔註 86〕
現在的儒學，從型態與內涵上看，都是一種「不中不西」、「即中即西」的學
術。

　　中國不能自外於世界，儒學也必須現代化。所謂「不中不西」，所謂「即
中即西」，其實就是中西文化的融合。就是要學習西學、接受西學，以革新
中學、改造中學。使中國文化更有生機，更符合時代的需求。在儒學的現代
化中，梁啓超在《歐遊心影錄》中，曾提出他對中西文化融合的觀點。他認
爲我們應該學習西方的「自由批評」、「發展個性」、「法治精神」以及「注重
科學」。他謂「歐洲現代文化，不論物質方面、精神方面，都是從『自由批
評產生出來的』，而我中國千餘年來，學術所以衰落，進步所以停頓，則是
因爲『拿一個人的思想做金科，範圍一世人心』。」〔註 87〕又謂英法美等國
最重視國民的個性發展，「每個人的天賦良能，都發揮到十分圓滿」，「人人

〔註81〕　《儒家哲學》，頁 56～65。
〔註82〕　《儒家哲學》，頁 65。
〔註83〕　梁啓超〈明清之交中國思想界及其代表人物〉，《飲冰室文集》之 41，頁 36。
〔註84〕　梁啓超〈明清之交中國思想界及其代表人物〉，《飲冰室文集》之 41，頁 29。
〔註85〕　1901 年，梁啓超撰〈中國史敘論〉，重新區分國史的時代。他以黃帝以迄秦之
　　　　　統一爲上世史，是爲中國之中國；秦一統後至清代乾隆之末年爲中世史，是
　　　　　爲亞洲之中國；乾隆末年以至於今日爲近世史，是爲世界之中國。
〔註86〕　《論中國學術思想變遷之大勢》，《飲冰室文集》之 7，頁 4。
〔註87〕　梁啓超《歐遊心影錄節錄》，《影冰室專集》之 23，頁 25～26。

可以自立，人人各用其長」，「合起來變成強固的國家、進步的社會」；而「中國舊社會則有一個模子，將中國人一式鑄造，使得「中國人的天賦良能，決不能自由擴充到極際。」〔註88〕又謂「中國人最大的缺點，在沒有組織能力，在沒有法治精神」。〔註89〕還指出歐戰之後「科學萬能說，當然不能像從前一樣的猖獗，但科學依然在他們自己範圍內繼續進步」，科學若好好的拿來應用，「物質文明一定更加若干倍發達」〔註90〕梁啓超不但不菲薄科學，他還認為應該重視科學。中西文化融合一方面固須「採捕其本無而新之」，另一方面也應「淬厲其本有而新之」，不蔑棄傳統。梁啓超在《儒家哲學》中，就謂「古今新舊不足以定善惡是非的標準」，「有許多學說，常因時代之變遷而減少其價值」，並指出「儒家道術，外王的大部分，含有時代的居多」，「內聖的全部，外王的一小部份，絕對不含時代性」，「我們不可以為時代古，思想舊而拋棄之」。〔註91〕他在所撰《清代學術概論》預言中國會有：「科學國民」、「佛教之宗教改革」、「生計學之發展」、「民眾的文化運動」、「中國國學的整理」，數種潮流，各為充量的發展。〔註92〕如今二十世紀已過，梁啓超所寄望的，所預測的，與實際情形，是否吻合？若加梳理、探究，應也有其意義。

〔註88〕梁啓超《歐遊心影錄節錄》，《影冰室專集》之23，頁24～25。
〔註89〕梁啓超《歐遊心影錄節錄》，《影冰室專集》之23，頁28。
〔註90〕梁啓超《歐遊心影錄節錄》，《影冰室專集》之23，頁20。
〔註91〕《儒家哲學》，頁8。
〔註92〕梁啓超《清代學術概論》，頁116。

第五章　梁啓超的先秦儒學論

　　先秦儒學是儒學發展的第一個階段。孔子之時，「儒」尚未成為一派學說的專名；〔註1〕終先秦之世，儒家也只是百家爭鳴中的一家而已，並未定於一尊。梁啓超曾據群籍、審趨勢，自地理、民族等方面觀察，描述先秦學派的大勢。他謂春秋末年的學派，說：

> 要之，此全盛時代之第一期，實以南北兩派中分天下。北派之魁，厥惟孔子；南派之魁，厥惟老子。孔學之見排於南，猶老學之見排於北也。〔註2〕

先秦，是中國學術思想發展的全盛時期。梁啓超深受西方地理學者及地理決定論者的影響，將春秋末年的學術，分成南北兩派。南北二派，因地理環境不同，民情風俗不同，學說性質、精神也有所差異，彼此見排。〔註3〕其謂戰國時代的學派，說：

> 孔老分雄南北，而起於其間者有墨子焉。墨子亦北派也，顧北而稍近於南。墨子生於宋。宋，南北要衝也。故其學於南北各有所採，

〔註1〕《論語》一書，「儒」字僅見於〈雍也〉：「子謂子夏曰：『女為君子儒，無為小人儒』」一處。所指乃儒有君子儒與小人儒之目，而非孔門一派學說的專名。

〔註2〕梁啓超《論中國學術思想變遷之大勢》，《飲冰室文集》之7，頁19。

〔註3〕梁啓超曾比較南北學風之差異，他認為北學「務實際、切人事、貴力行、重經驗」，「則古昔、稱先王、內其國、外夷狄、重禮文、繫親愛、守法律、畏天命」；南學「崇虛想、主無為、重創造、喜破壞」，「探玄理、出世界、齊物我、平階級、輕私愛、厭繁文、明自然、順本性」。見氏撰《論中國學術思想變遷之大勢》，頁18。

而自成一家言。〔註4〕

這說明到了戰國，北孔南老之外又有墨家興起，形成所謂孔老墨三宗。梁啓超描述其後之發展，說：

> 南北兩派之中，北之開化先於南，故支派亦獨多。陰陽家言，胚胎時代祝官之遺也。法家言，遠祖周禮，而以管子爲繼別之大宗，申商爲繼禰之小宗，及其末流，面目大殊焉。名家言最後起，而常爲諸學之媒介者也。孔老墨而外，惟此三家蔚爲大國，巍然有獨立之姿。而三家皆起於北方。〔註5〕

孔老墨之外，其於戰國而能蔚爲大國者，梁啓超以爲只有陰陽、法、名三家而已。至於縱橫、雜、農三家不與焉。是梁啓超論先秦學派之大勢，乃採司馬談之論六家，而摒班固之敘錄九流。他盛贊先秦之時，思想言論自由，故學術思想生機勃發。

梁啓超以爲儒家不同於陰陽家之源於掌天事的祝，而與道家同源於掌人事的史。又謂中國「胚胎時代之文明，以重實際爲第一義」。因重實際，故重人事，其敬天也，皆取以爲人倫之模範；因重實際，故重經驗，其尊祖也，皆取以爲先例之典範。孔子即集此舊社會文明之大成，而爲新社會文明之創建者。其所教者，專在「世界國家之事」與「倫理道德之原」。〔註6〕孔子卒後，儒分爲八，〔註7〕而梁啓超以爲「孔子之學，本有微言、大義兩派」，「大義之學，荀子傳之」，「微言之學，孟子傳之」。「微言中最上乘，所謂太平之太平者，或顏氏之子，其庶幾乎，而惜其遺緒之湮沒而不見也」。〔註8〕是知，儒家之學，在戰國只餘孟、荀兩家最盛。梁啓超於孟子之學讚譽有加，他認爲「孟子之言即孔子之言」，學者欲學孔子，可先學孟子。〔註9〕而於荀子之學，則以其爲「尊君權」、「排異說」、「謹禮儀」、「重考據」。〔註10〕尊孔、申孟、排荀是梁啓超論先秦儒學的基本態度。

〔註4〕 《論中國學術思想變遷之大勢》，頁19。
〔註5〕 《論中國學術思想變遷之大勢》，頁21。
〔註6〕 梁啓超〈保教非所以尊孔論〉，《飲冰室文集》之9，頁52。
〔註7〕 《韓非子·顯學》云：「自孔子之死也，有子張之儒，有子思之儒，有顏氏之儒，有孟氏之儒，有漆雕氏之儒，有仲梁氏之儒，有孫氏之儒，有樂正氏之儒。」是孔子卒後，儒分爲八。
〔註8〕 《論中國學術思想變遷之大勢》，頁46。
〔註9〕 梁啓超〈讀孟子界說〉，《飲冰室文集》之3，頁21。
〔註10〕 梁啓超〈論支那宗教改革〉，《飲冰室文集》之3，頁57。

第一節　論孔子之學

梁啟超一生崇儒尊孔。然其論儒學，卻可以光緒二十八年（1902）所發表的〈保教非所以尊孔論〉一文為界，分為前後兩期。前期論學，其學「實無一字不出於南海」，〔註11〕全然步趨康有為，以為孔子是「垂法萬世事、範圍六合」，〔註12〕「全知」、「遍在」的聖人，其論學完全是配合維新變法的政治目的。後期則告別今文學，與康有為分道揚鑣，其論學也多藉西方觀念來檢證補充，予儒學以新面貌。

一、步趨南海之時

光緒十七年（1891），康有為講學於廣州長興里之萬木草堂，以「孔學、佛學、宋明理學為體，史學、西學為用」課弟子，並借《公羊》「三世說」以宣傳維新變法。梁啟超修禮，請業於康有為之門。在康有為萬木草堂教育的薰陶下，為康有為校勘《新學偽經考》，分纂《孔子改制考》，並追隨康有為借《公羊》「三世說」以宣傳變法，且實際參與維新運動。此一時期，梁啟超論孔子之學，可得而言者，有下列二端。

（一）拆除夷夏藩籬

中國自古就是一個聲明文物之邦。早在戰國時代，人們就有強烈的華夏中心觀念。然而，鴉片戰爭後，中國沒有條件再閉關自守。在西學的衝擊下，中國人「先從器物上感覺不足」，「覺得有舍己從人的必要」；後來又「從制度上感覺不足」，所以「拿『維新變法』做一面大旗，在社會上開始運動」。〔註13〕中國不足的範圍越來越大，需要取之夷狄才能救國的事物也越來越多。但康有為在《孔子改制考》裡，卻把從西方學來的思想觀念，全部貼上孔子的標籤。此或基於「夷夏之防」的自然心理防衛，但這樣的作為，無論對儒學或西學的發展，都沒有正面的意義。當時，葉德輝（1864）就曾批評「其貌則孔子也，其心則夷狄也」；〔註14〕章炳麟在《訄書‧訂孔》中，也表示孔子「聞望過情」。民國之後，錢穆（1895～1990）也以為康有為的作法不當，他謂：「康氏之尊孔，並不以孔子之真相，乃自以所震驚於西俗者尊之，特曰其之所有，孔子亦有之

〔註11〕見〈梁啟超致汪頌年函〉，《梁任公先生年譜長編初稿》，頁100。
〔註12〕梁啟超〈湖南時務學堂學約〉，《飲冰室文集》之2，頁28。
〔註13〕梁啟超〈五十年中國進化概論〉，《飲冰室文集》之39，頁43～44。
〔註14〕葉德輝〈與劉先端黃郁文兩生書〉，《翼教叢編》，頁42。

而已。是長素尊孔持其貌，其裡則亦如彼。」〔註15〕這些批評，都清楚的指出康有爲之說的弊端。

　　然而，梁啓超於康有爲「動以西學緣附古學」，神話孔子的作法，不僅不加反對，反而亦步亦趨，爲之宣揚。他認爲歐洲各國，百年以來，更新庶政，整頓百廢，議政之權，逮於民庶，「其立國之本末，每合於公理」，其實都「不戾於吾三代聖人平天下之義」。〔註16〕如果說，康有爲援西入中，托古改制，推動維新變法，仍是遮遮掩掩的「用夷變夏」，梁啓超則根本將「夷夏之防」的藩籬拆除，大大方方的爲「援西入中，改造儒學」，直接尋得理論依據。他在爲徐勤（1873～1945）寫的〈春秋中國夷狄辨序〉中，說：

> 自宋以後，儒者持攘夷之論日益盛，而夷患亦日益烈。情見勢絀，極於今日，而彼囂然自大者，且日曉曉而未有其止也。叩其所自出，則曰：是實《春秋》之義。烏乎！吾三復《春秋》，而未嘗見有此言也。吾徧讀先秦兩漢先師之口說，而未嘗見有此言也。〔註17〕

既無攘夷之說，自然無須排斥西學。因此，他說：

> 孔子之作《春秋》，治天下也，非治一國也；治萬世也，非治一時也，故首張三世之義。所傳聞世，治尚粗牝，則內其國而外諸夏；所聞世，治進升平，則內諸夏而外夷狄；所見世，治致太平，則天下遠近大小若一，夷狄進至於爵。〔註18〕

《春秋》在梁啓超看來，是「孔子改定制度以教萬世之書」，〔註19〕是「記號之書」，〔註20〕是「治萬世，非治一世」，故天下古今之學，孔子都已闡釋，西學中所有「近事新理」，孔子在《春秋》中早已昭示。吾人若能「深通六經制作之精義」，並「證以周秦諸子及西人公理公法之書」，就可以求得「治天下之理」。〔註21〕梁啓超突破「夷夏之防」的理論依據雖猶待商榷，但將夷夏觀念解放，則有其積極意義。

（二）呼應孔教運動

〔註15〕錢穆《中國近三百年學術史》，頁704。
〔註16〕梁啓超〈西政叢書敍〉，《飲冰室文集》之3，頁63。
〔註17〕梁啓超〈春秋中國夷狄辨序〉，《飲冰室文集》之2，頁48。
〔註18〕梁啓超〈春秋中國夷狄辨序〉，《飲冰室文集》之2，頁48。
〔註19〕梁啓超〈讀春秋界說〉，《飲冰室文集》之3，頁14。
〔註20〕梁啓超〈讀春秋界說〉，《飲冰室文集》之3，頁21。
〔註21〕梁啓超〈湖南時務學堂學約〉，《飲冰室文集》之2，頁28。

　　甲午到戊戌維新期間，康有爲除倡導變法外，還主張立孔教以治國。他認爲立孔教，應以復原孔學爲首務，也就是應先排斥俗學，明辨眞孔學。而在康有爲看來，「朱子知四書而不知五經，知據亂而不知太平大同」，〔註22〕「劉歆作僞，誣孔子，誤後世」，「荀子僅傳孔子小康之統，不傳孔子大同之統」，〔註23〕而孟子則得孔子性道之原，平世大同之義，「眞孔門之龍樹、保羅」。〔註24〕荀學、歆學、朱學都應加以排斥，孔學唯孟子得之。梁啟超不僅贊同其師孔教的主張，且致力於發明保教之義。

　　光緒二十五年（1899），梁啟超撰寫〈論支那宗教改革〉，闡釋孔子教旨，他說孔子之教：

> 乃進化主義，非保守主義。孔子之學是進化的，故一切典章制度，皆因時而異。乃平等主義非專制主義。孔子之學是平等的，故尊民權。乃兼善主義非獨善主義。孔子之學是兼善的，故以仁慈爲第一義。乃強立主義非文弱主義。孔子之學是強立的，故自強不息而惡文弱。乃博包主義非單狹主義。孔子之學是博包的，故涵容一切，而無門戶水火之爭，無賤彼貴我之患，此大同教之規模之所以廣大也。乃重魂主義非愛身主義。孔子之學是重魂的，故世界宗教可合一。〔註25〕

康有爲欲立孔教，取近世之新事理緣附之。梁啟超謂孔學之尊民權，迎合時局之意亦極爲明顯。而其所撰《變法通議・論不變之害》謂：「法者天下之公器也也，變者，天下之公理也」，「變而變者，變之權操諸己，可以保國，可以保種，可以保教」，將保教、保種、保國併列爲一，以呼應康有爲孔教之說，也是顯而易見的。

二、康梁分途之後

　　維新變法期間，梁啟超篤信《春秋》三世之義。其言進化，多採《春秋》三世之義說。例如他在光緒二十二年（1896）所撰《變法通議・學校總論》中，言及社會發展，謂「據亂世以力勝，升平世智力互勝，太平世以智勝」；光緒二十三年（1897）〈論君政民政相嬗之理〉，謂中國政治發展，「一日多君爲政之世，

〔註22〕康有爲〈答朴君大提學書〉，《萬木草堂遺稿外編》（下），頁671。
〔註23〕梁啟超《南海康先生傳》，《飲冰室文集》之6，頁68。
〔註24〕康有爲《孟子微》，頁100。
〔註25〕梁啟超〈論支那宗教改革〉，《飲冰室文集》之3，頁55～61。

二日一君爲政之世，三日民爲政之世」，「多君者，據亂世之政也。一君者，升平世之政也。民者，太平世之政也。」他認爲康有爲集成公羊學說，便是孔學之眞相。但戊戌變法失敗流亡日本後，他「廣搜日本書而讀之，若行山陰道上，應接不暇，腦質爲之改易，思想言論，與前者若出兩人」。〔註26〕一方面他原本篤信的《春秋》三世之義的思想，爲達爾文「物競天擇」天演公例所取代。一方面他對於其師「治學之武斷，及好引緯書，以神秘性說孔子」，〔註27〕也產生相當大的懷疑。他自承「鄙人於數年前保教之迷信」應該棄擲。〔註28〕他「我操我矛以伐我者」，由支持孔教到反對孔教。於三十歲之後「絕口不談《僞經》，亦不甚談《改制》」。〔註29〕在論學上，保有自我，「我有耳目，我物我格；我有心思，我理我窮」。在梁啓超論學與康有爲正式分途後，其論孔學，可得而言者約有下列數端。

（一）引天演公例論孔學

　　梁啓超尊孔崇儒，他認爲孔子學說，「以仁爲人生觀的中心，這是孔子最大的發明」。〔註30〕又指出孔子之學，要在人格養成，若以抽象名詞稱之，其爲「仁」；若以具體表示，則爲「君子」。他再三強調儒家思想是符合新文化的。

　　梁啓超雖尊孔，但相當反對學術定於一尊。他認爲學術若定於一尊，思想必然僵化，學問無由進步，進化就會停滯。他認爲「學說的興廢，斷不是有權勢者能夠完全支配，一定和民族性的契合反撥，有一種針芥相投的關係」。孔子學說所以能倡行千載，乃因其與民族特性相契，而不只是因爲「罷黜百家」「獨尊儒術」所致。他認爲儒家學說即便不以政治他力介入，而以學術自身「競爭淘汰、優勝劣敗」的自力，也會因合於眞理，適於民用，而大行於世。梁啓超在《論中國學術思想變遷之大勢》中，曾引天演公例，就漢代以後儒學之所以定於一尊的原因加以歸納。謂有「教競君擇，適者生存」，借助他動力者，有「物競天擇，優勝劣敗」，純由自動力者。其自動力者有二：

　　其一、盈虛消長，萬物之公例，而孔學取途甚寬，故諸統中絕，惟孔學最昌。他說：

〔註26〕梁啓超〈夏威夷遊記〉，《飲冰室專集》之22，頁186。
〔註27〕《清代學術概論》，頁138。
〔註28〕《論中國學術思想變遷之大勢》，頁101。
〔註29〕《清代學術概論》，頁63。
〔註30〕《儒家哲學》，頁19。

> 九流既苴，精華盡吐，再世以後，民族之思想力既倦，震於前此諸
> 大師之學說，以爲不復可加，不復可幾及，故有因襲，無創作，有
> 傳受，無擴充，勢使然矣。然諸家道術，大率皆得一察焉以自好，
> 承於前者既希，其傳於後也亦自不廣。孔學則祖述堯舜，憲章文武，
> 在先師雖有改制法後之精神，在後學可以抱殘守缺爲盡責。是故無
> 赴湯蹈火之實力，則不能傳墨學。無幽玄微妙之智慧，不足以傳老
> 學。至於儒術，則言訓詁者可以自附焉，言校勘者可以自附焉，言
> 典章制度者可以自附焉，言心性理氣者可以自附焉。其取途也甚寬，
> 而所待於創作也甚少，所以諸統中絕，而惟此爲昌也。〔註31〕

諸家道術，承於前者既希，傳於後者不廣，不若孔學之沿承既久，普及甚廣，
故於諸家相競中，勝出而存。

其二、孔學言等差、貴秩序、說忠孝、道中庸，以用世爲目的，其學與
帝王相依附而不可離。他說：

> 諸子之立教也，皆自欲以筆舌之力，開闢途徑，未嘗有借助於君之
> 心。如墨學主於鋤強扶弱，勢力愈盛者，則其仇之愈至。老學則芻
> 狗萬物，輕世肆志，往往玩弄王侯，以鳴得意，然則彼其學，非直
> 霸者不取之，抑先自絕也。孔學不然，以用世爲目的，以格君爲手
> 段，故孔子及身，周遊列國，高足弟子，友交諸侯，爲東周而必思
> 用我，行仁術而必藉王齊。蓋儒學者，實與帝王相依附而不可離者
> 也。故陳涉起而孔鮒往，劉季興而叔孫從，恭順有加，強聒不捨，
> 捷足先得，誰曰不宜。〔註32〕

是知，儒學所以經世也。孔學即是治國平天下的外王之學。較之墨家之以武
犯禁，不利帝王之專制；道家之與民休息，不利帝王之干涉；其或詆儒爲柔
巽，或詆儒爲虛僞繁縟，然在物競天演的公例下，與墨、道相互辨詰，競爭
淘汰中，儒家終以優強，成爲中國文化的主流。

梁啓超不僅從學術應循天演公例，任其自然、自力的競存進化。也由「一
尊定而進化沉滯」的公例，評論儒學被定於一尊的惡果。他說：

> 進化與競存相倚，此義近人多能言之矣。蓋宇宙之事理，至繁賾也。
> 必使各因其才，盡其優勝劣敗之作用，然後能相引以俱上。若有一

〔註31〕《論中國學術思想變遷之大勢》，《飲冰室文集》之7，頁41。
〔註32〕《論中國學術思想變遷之大勢》，《飲冰室文集》之7，頁41。

焉，獨占勢力，不循天則以強壓其他者，則天演之神能息矣。〔註33〕
競爭本是進步的必要動力。「競爭一日停，則文明之進步立止」。〔註34〕又說：

> 使一學說獨握人人良心之權，而他學說不爲社會所容，若是者謂之
> 學說之專制。苟專制矣，無論其學說之不良也，即極良焉，而亦阻
> 學問進步之路。此徵諸古今萬國之歷史而皆然也。〔註35〕

梁啓超雖尊孔崇儒，但卻相當反對儒學被定於一尊。

（二）駁擊建立孔教

康有爲畢生欲建立孔教。維新變法時期，梁啓超也處處呼應康有爲的保教、
立教之說。嚴復曾致書規勸梁啓超「教不可保，而亦不必保」，又提醒他「保教
而進，則又非所保之本教矣」。〔註36〕黃遵憲也曾致書梁啓超，討論教不可保的
問題，謂「孔子爲人極，爲師表，而非教主」。〔註37〕光緒二十八年（1902），
梁啓超在《新民叢報》上，發表〈保教非所以尊孔論〉，指出保教之議者有四蔽：
「一曰不知孔子之眞相」、「二曰不知宗教之界說」、「三曰不知今後宗教勢力之
遷移」、「四曰不知列國政治與宗教之關係」，〔註38〕公然揭幟反對保教。並致書
康有爲，謂「外人多以弟子等之言爲先生之言，因此累及先生，是最不可」。「莫
如先生作文數篇，發先生之宗旨，以之登於報中，則人之見者，亦可知先生非
如後輩者流，好爲急激之言矣」。〔註39〕康、梁師生論學從此分途。

孔子「述而不作，信而好古」，但康有爲卻「好引緯書，以神秘性說孔子」，
把孔子塑造成「托古改制」。梁啓超作〈保教非所以尊孔論〉，主要目的即在
將保教、尊孔區別開來，還孔子以哲學家、經世家、教育家的本來面目。他
批評中國人好依傍，說：

> 希臘諸哲之創一論也，皆自思索之，自組織之，自發布之，自承認
> 之，初未嘗依傍古人以爲重也。皆務發前人所未發，而思以易天下，
> 未嘗教人反古以爲美也。中國則孔子大聖，祖述堯舜，憲章文武，
> 述而不作，信而好古，非先王法言不敢道，非先王法行不敢行，其

〔註33〕《論中國學術思想變遷之大勢》，《飲冰室文集》之 7，頁 56。
〔註34〕梁啓超〈論學術之勢力左右世界〉，《飲冰室文集》之 6，頁 110。
〔註35〕《論中國學術思想變遷之大勢》，頁 56。
〔註36〕梁啓超〈與嚴幼陵先生書〉，《飲冰室文集》之 1，頁 109。
〔註37〕《梁任公先生年譜長編》，頁 155。
〔註38〕梁啓超〈保教非所以尊孔論〉，《飲冰室文集》之 9，頁 51。
〔註39〕見丁編《年譜》，頁 154。

學派之立腳點，近於保守無論矣。若夫老莊以破壞爲教者矣，乃孔子所崇者不過今之古，而老莊所崇者乃在古之古。此殆中國人之根性使然哉。夫先秦諸子，其思想本強半自創者也。既自創之，則自認之，是非功過，悉任其責，斯豈非光明磊落者耶？今乃不然，必託諸古，孔子託諸堯舜，墨翟託諸大禹，老子託諸黃帝，許行託諸神農，自餘百家，莫不如是。〔註40〕

中國人好依傍，以致淆混名實，裹足不前。康有爲鼓吹民權，分明是要取西學以補中學之不足，卻偏偏披著傳統的外衣，託言孔子，把孔子思想擴大爲「孔教」，導致權威論證的邏輯謬誤。光緒二十八年（1902），梁啓超除發表〈保教非所以尊孔論〉公開反對保教外，還致書康有爲，謂「弟子以爲欲救今日之中國，莫急於以新學說變其思想，然初時不可不有所破壞。孔學之不適於新世界者多矣，」而「更提倡保之，是北行南轅也」。〔註41〕以中國積千年之沉痾，而病及膏肓的晚清來說，如非大力掃蕩破除，實已不足治之。梁啓超於孔教態度，乃基此轉向，然究其爲學基調，尊孔崇儒之心則始終如一。

　　「世運者進而愈上，人智者濬而愈瑩。雖有大哲，亦不過說法以匡一時之弊，規當世之利，而決不足以範圍千萬年以後的人」。〔註42〕梁啓超從孔教的擁護者，到以言辭駁擊孔教，一則因爲孔教神化孔子，無益於澄清梳理儒學思想。再則，以孔學爲教，強一國之思想使出於一途，實悖於學術發展之常態。是以，民國初年，梁啓超撰寫〈孔子教義實際裨益於今日國民者何在？欲昌明之道何由？〉，重申他反對推挹孔子爲教主的立場。他說：

今祀孔典禮則已頒矣，國之元首既臨雍以爲倡矣。吾儕爲孔子徒者，曷嘗不誠歡誠忭。然謂此即有加於孔子，且以此卜孔道之行，則吾未之敢承。苟無道焉，以使孔子教義普及於眾，俾人人可以率由，則雖強國人日日膜拜，於孔子究何與者？〔註43〕

民國二年（1913）四月，康有爲發表〈以孔教爲國教配天議〉，得到了袁世凱的支持。梁啓超深知其師衛道之心良苦，但於其師神化孔子的作法，卻認爲無益有害，亦非尊孔之正道。

〔註40〕《論中國學術思想變遷之大勢》，《飲冰室文集》之7，頁37。
〔註41〕見丁文江編《梁任公先生年譜長編初稿》，頁153。
〔註42〕《新民說·論自由》，《飲冰室專集》之4，頁47。
〔註43〕梁啓超〈孔子教義實際裨益於今日國民者何在？欲昌明之道何由？〉，《飲冰室文集》之33，頁61～62。

梁啓超以爲孔子思想平實中正。其內容大致可分爲三類：其一、言天人相與之際，所謂性與天道，即哲學部分。其二、言治國平天下之法，即政治學、社會學的部分。其三、言個人立身處世之道，即倫理學、教育學的部分。至於應如何面對孔子之學？在言哲學方面，梁啓超說：

> 孔子之哲學，誠有其精深博大之系統，視中外古今諸大哲毫無愧色，然此當以付諸專門哲學家之研究，萬不可悉以喻全國民。夫既以供專門家客觀的研究資料，則亦不必入主出奴，惟孔子之言是尊。蓋學問之爲物，後起者勝，實其原則。後人承前人研究所得而續有發明，繼長增高，責任攸屬，重以近世科學大昌，其間接助哲學者不少。故言哲學者絕不必援孔子以自封，尤不必以今人所道或過於孔子而遂爲孔子病。〔註44〕

吾人不必以孔子爲範圍，深閉固拒。也無須因孔子思想或有不符今人之道者，而全盤捨棄，斷失傳統思想。

在言政治社會方面，梁啓超說：

> 孔子所言治平之理法，爲百世後從政家所當守者殊多，至其節文禮儀制度，在孔子原爲彼時代彼國土之人說法，未嘗以詔萬世，安能一一適於今用？且不適又安足病？〔註45〕

世異則事異，事異則備變。「孔子生於二千多年以前，其不能盡知二千年以後之事理學說，何足以爲孔子損？」梁啓超以爲摭古書片言隻語，以附會今義，謂孔子所已知已言，最易產生兩種流弊。「其一，倘所引證之義，其表裡適相脗合，則誠可以發揚國粹而瀹民慧，若稍有所牽合附會，則最易導國民以不正確之觀念，而援郢書燕說以滋流弊」。「其二，勸人行此制，告之曰，吾先哲所嘗行也。勸人治此學，告之曰，吾先哲所嘗治也。此其勢較易入，固也。然頻以此相詔，則民於先哲爲嘗行之制輒疑其不可行，於先哲未嘗治之學輒疑其不當治。無形之中，恆足以增其故見自滿之息，而障其服善擇從之明。」每個時代都有其獨特之處境，學術本當與時消息變化、因革損益。梁啓超崇儒，卻不迷信固守孔子之說，點出「孔子之言亦有不切實而不適宜者」，〔註46〕是所當是，非所當非，

〔註44〕梁啓超〈孔子教義實際裨益於今日國民者何在？欲昌明之道何由？〉，《飲冰室文集》之33，頁63。

〔註45〕梁啓超〈孔子教義實際裨益於今日國民者何在？欲昌明之道何由？〉，《飲冰室文集》之33，頁63。

〔註46〕梁啓超〈孔子教義實際裨益於今日國民者何在？欲昌明之道何由？〉，《飲冰

擇善而從，是其過人之器識。

在倫理、教育方面，梁啓超說：

> 孔子所以能爲百世師者，非以其哲學論、政治論等有以大過人。若
> 僅就此範圍以觀孔子而已，則孔子可議之處或且甚多，吾儕斷不容
> 墨守孔子之言以自足。然此等殊不足以輕重孔子。孔子所言而能涵
> 蓋近世學說耶，固足以益見孔子之大；其時或遜於近世學說耶，曷
> 嘗爲孔子之累？孔子教義，其實際裨益於今日國民者，固別有在。
> 何在？則吾前舉第三種所謂教各人立身處世之道者是已。〔註47〕

孔子所言立身處世之道，是孔子教義中，實際裨益於今日國民者。因爲孔子
養成人格之旨，其最終之鵠，在「使人人有士君子之行」，是跨越時空的永恆
價值。梁啓超此論，固然是針對力主宗祀孔子，倡言立孔教爲國教者而發，
其實也是有感於當時反儒風潮而發。在西學衝擊，變動劇烈的社會中，梁啓
超主張改革而不倡言革命，於政治如是，於文化態度亦如是。

第二節　論孟子之學

梁啓超論孟子之學，與論孔子之學頗爲類似，前後期之著眼處亦不盡相
同。前期，他關注的是「如欲平治天下，當今之世，舍我其誰」的孟子，側
重的是孟子外王的一面。後期，他更強調的是「先立乎其大者，則其小者，
不能奪也」的孟子，側重的是孟子內聖的一面。早年，他認爲孟子「實孔學
之正派」；〔註48〕晚年，他說「儒家至孟子，起一大變」。〔註49〕以下試論之。

一、維新變法期間

康有爲以經術文飾其政論。他認爲歷代各朝所崇奉的經典，都是劉歆所
編造，並非孔子之經。又認爲六經大道「萃於《春秋》」，「《春秋》微言大義
多在《公羊》」。他高揭《公羊》今文經學的旗幟，極力神化孔子，把孔子說
成改制的教主，並認爲孔子把改制的微言大義，以筆削的辦法隱寓於《春秋》

　　　室文集》之33，頁64。
〔註47〕梁啓超〈孔子教義實際裨益於今日國民者何在？欲昌明之道何由〉《飲冰室文
　　　集》之33，頁65。
〔註48〕〈讀孟子界說〉，《飲冰室文集》之3，頁17。
〔註49〕《儒家哲學》，頁25。

之中。至於孔子之後，儒學衍爲孟、荀二派，康有爲以其大同之道，唯子思、孟子得之，是以推尊孟子，重視《春秋》。梁啓超受其影響，於光緒二十四年（1898）亦撰有〈讀春秋界說〉、〈讀孟子界說〉。維新變法期間，梁啓超論孟子之學，其可得而言者有二：

（一）孟子是孔學正派

梁啓超推尊孟子，以孟子紹繼儒學正統。他說：

> 孔子之學，至戰國時有二大派：一曰孟子，二曰荀卿。《史記》特立〈孟子荀卿列傳〉，《儒林傳》又云：「孟子、荀卿之徒，以學顯於當世。」蓋自昌黎以前，皆孟子、荀卿並稱，至宋賢始獨尊孟子與孔子等。後世遂以孔孟並舉，無以孟荀並舉者矣。要之孔子乃立教之人，孟子乃行教之人，必知孟子爲孔教中一派，始可以讀《孟子》。〔註50〕

康有爲認爲「通乎孟子，其於孔子之道得門而入，可以次第升堂入室矣」，〔註51〕梁啓超承之。其實，孔孟並舉，早在漢代即然。王充《論衡·命祿》說：「孔子聖人，孟子賢人，誨人安道，不失是非。」〈逢遇篇〉謂：「或以賢聖之臣，遭欲爲治之君，而終有不遇，孔子、孟軻是也。孔子絕糧陳、蔡，孟軻困於齊、梁，非時君主不用善也，才下知淺，不能用大才也。」而唐代韓愈大倡道統論，推崇孟子爲承接孔子道統者，更確立了孟子在儒學系譜中的關鍵地位。梁啓超並進一步指出：

> 荀子之學在傳經，孟子之學在經世。荀子爲孔門文學之科，孟子爲孔門政事之科。漢興，諸經皆傳自荀卿，其功最高不可誣，然所傳微言大義不及孟子。孟子專提孔門欲立立人，欲達達人，天下有道，某不與易之宗旨，日日以救天下爲心，實孔學之正派也。〔註52〕

孟子之學由仁心而言仁政，原有內聖與外王兩面。康有爲《孟子微》將學術與現實政治結合，側重的是外王的一面。而荀子之學雖在傳經，惟其所傳微言大義不如孟子，故孟子當爲孔學正傳。

（二）孟子得《春秋》之傳

春秋之世，《春秋》有未修《春秋》與既修《春秋》兩種本子。未修《春

〔註50〕梁啓超〈讀孟子界說〉，《飲冰室文集》之3，頁17。
〔註51〕康有爲《孟子微·自序》。
〔註52〕梁啓超〈讀孟子界說〉，《飲冰室文集》之3，頁17。

秋》即魯國《春秋》，其與晉之《乘》，楚之《檮杌》一樣，都是國別史。既修《春秋》是孔子根據魯《春秋》的文字史實，所編寫的一部寓有褒貶、筆削之義的綱領性教材，亦即後世所謂的《春秋經》。梁啟超以為孔門之為教，有特別普通二者。特別者，所謂中人以上，可以語上也。普通者，所謂中人以下，不可以語上也。普通之教，曰《詩》、《書》、《禮》、《樂》，凡門弟子皆學之焉。特別之教，曰《易》、《春秋》，非高才不能受焉。得《春秋》之傳者為孟子，得《易》之傳者為莊子。〔註53〕

他說：

《詩》、《書》、《禮》、《樂》，孔子早年所定，著為雅言，荀氏一派傳之。荀子謂「凡學始於誦《詩》，終於讀《禮》」，故《荀子》一書，言禮者過半。《春秋》為獲麟以後所作，昌言制作，為後王法，孟氏一派傳之，故孟子每敘道統。於禹抑洪水，周公兼夷狄之後，述及孔子，即舍五經而言《春秋》。於舜明於庶物，禹惡旨酒，湯執中，文王視民如傷，武王不泄邇，周公思兼三王之後，述及孔子，亦舍五經而言《春秋》。〔註54〕

由上可知，荀子傳《詩》《書》《禮》《樂》，是要追求孔子所謂「周鑒於二代，郁郁乎文哉！吾從周」的文化。而孟子傳《春秋》，是要紹述孔子所謂「大哉！堯之為君也。唯天之大，唯堯則之」，「巍巍乎！舜禹之有天下也，而不與焉」的思想。梁啟超對孟子、荀子思想的分疏，細究之頗得其實。

《春秋》是孔子政治思想的總匯，孟子於六經中其所得力在《春秋》。梁啟超以為「必知孟子所言一切仁政，皆本於《春秋》，然後孟子學孔子之實乃見」。他說：「孟子於《春秋》之中，其所傳為大同之義」，〔註55〕「孟子言無義戰，為大同之起點」，〔註56〕「孟子言井田，為大同之綱領」，〔註57〕「孟子言性善，為大同之極致」。〔註58〕大同社會是孔子心目中理想的社會。這樣的社會是絕對的和平主義，絕非軍國主義，因此他以為「孟子言無義戰，為大同之起點」。又大同社會「人不獨親其親，不獨子其子，使老有所終，壯有

〔註53〕梁啟超〈論支那宗教改革〉，《飲冰室文集》之3，頁56。
〔註54〕〈讀孟子界說〉，《飲冰室文集》之3，頁18。
〔註55〕〈讀孟子界說〉，《飲冰室文集》之3，頁18。
〔註56〕〈讀孟子界說〉，《飲冰室文集》之3，頁19。
〔註57〕〈讀孟子界說〉，《飲冰室文集》之3，頁19。
〔註58〕〈讀孟子界說〉，《飲冰室文集》之3，頁19。

所用，幼有所長，鰥寡孤獨廢疾者皆有所養」，「貨惡其棄於地也，不必藏諸己；力惡其不出於身也，不必爲己」，自然要注重「不患寡而患不均」，社會經濟利益的分配。因此他以爲「孟子言井田，爲大同之綱領」。又，大同社會「謀閉而不興，盜竊亂賊而不作」，因此他以爲「孟子言性善，爲大同之極致」。梁啓超將孟子與《春秋》聯繫，並摻入《禮記・禮運》對大同世界的理想，實際上充滿了推動變法維新之政治意味。

二、歐遊歸國之後

梁啓超早年是個熱血澎湃的維新志士，時常「借經術以文飾其政論」。晚年，則是個引領風氣的文化宗師，馳騁於學術領域，博涉群籍，講學著述。在關於孟子學的論述上，他認爲儒家至孟子起一大變。孔子言政，以仁爲主，而孟子特好言義。

（一）儒家至孟子起一大變

孟子之生，在孔子後百餘年。是時，楊朱、墨翟之言盈天下，時代條件與環境氛圍，都不同於孔子之時。在百家爭鳴中，孟子承繼並發展了孔子思想。孔子言「仁」，孟子倡言「以仁弘義」，「以義輔仁」，「仁以愛人」，「義以持我」。孔子言「性與天道不可得而聞」，孟子則大談性與天道。將儒家思想擴而充之，儒家思想至孟子而起一大變。舉其要者，約有數端：

其一，孟子仁義對舉。梁啓超說：

> 孔子學說，最主要者爲「仁」。仁之一字，孔子以前，無人道及。《詩》及《尚書》二十八篇，皆不曾提到，以仁爲人生觀的中心，這是孔子最大發明。孔子所以偉大，亦全在此。《老子》書中，講仁的地方就很多。「失德而後仁，失仁而後義」，這全爲孔子而發。假使孔子不先講仁，老子亦用不著破他了。此外壓倒仁字的地方很多，如「天地不仁，以萬物爲芻狗」，「上仁爲之而無以爲」，「大道廢有仁義」，「絕仁棄義，民復孝慈」等語，可知《老子》之作，實在孔子的「仁」字盛行以後。不惟如此，義之一字，孔子所不講。孔子只講智仁勇，仁義對舉，是孟子的發明。〔註59〕

「仁」是孔子思想最重要的核心，《論語》提及「仁」雖多達一百零九處，但

〔註59〕《儒家哲學》，頁19。

並未對「仁」做出具體的界定。於弟子之問仁，也總是隨情境、對象而參差出入。既說「若聖與仁，則吾豈敢」（《論語‧述而》），又說「仁遠乎哉？我欲仁，斯仁至矣」（《論語‧述而》）；既謂「有能一日用力於仁矣乎？我未見力不足者」（《論語‧里仁》），又謂「回也，其心三月不違仁；其餘，則日月至焉而已矣」（《論語‧雍也》），究竟如何才能達到仁的境界，孔子並未有所論證。梁啓超以為孟子兼言仁義，提出「義」的觀念，提倡「以仁弘義，以義輔仁」，「仁以愛人，義以持我」的方法，對孔子思想有所補充。今觀《孟子》一書，所載孟子之言，仁義屢屢對舉，若〈離婁上〉言「仁，仁之安宅也；義，人之正路也」，以仁為體，以義為用；若〈盡心上〉謂「居惡在？仁是也。路惡在？義是也。居仁由義，大人之事備矣」，認為士當居仁由義。蓋仁是安身立命的基礎，義是循仁而生的大道，是以他說「仁，人心也；義，人路也。捨其路而弗由，放其心而不知求，哀哉！」（《孟子‧告子上》），強調「求放心」；於見梁惠王時，也勸告梁惠王明辨義利，以「仁義」治國。孟子的以義輔仁，確實將孔子的仁學，做了進一步的充實與擴展。

其二，孟子道性善。梁啓超說：

> 孔子對於性命，不很多講，或引而不發。孔子門人常說「子罕言命」，「性與天道，不可得而聞也」。當孟子的時候，道家對於這部分，研究得很深。儒家如果不舉出自己的主張，一定站不住腳，所以孟子堂堂正正的講性與天道，以為是教育的根本。《孟子》七篇中，如〈告子上〉、〈告子下〉大部分講性的問題，自有不必說，其餘散見各篇的很多。〔註60〕

人性問題，在孔子的時代還沒有被當作一個獨立的命題，被提出來討論。孔子於人性之言，除「性相近，習相遠」（《論語‧陽貨》）外，其他部分都「不可得而言」。戰國時代，人性問題在百家爭鳴中，則是一個相當重要的問題。有言「性無善無不善」者，有言「性可以為善，可以為不善」者，有言「有性善，有性不善」者，而孟子則從人皆有「仁義禮智」四端說性善。謂人只要居仁由義，存其夜氣，養其浩氣，則人皆可以為堯舜。使孔子的「為仁由己」的仁學思想，有了相當的理論基礎，因而更形圓熟。孟子以人性善來講教育的可能，梁啓超認為是合理的。但對於孟子之性善論亦有所質疑。他說：

> 孟子本身對於性字，沒有簡單的定義。從全部看來，絕對主張性善。

〔註60〕《儒家哲學》，頁 25。

性善的本源只在人身上，有仁義禮智四端，而且四端亦就是四本。〈公孫丑上〉講：「無惻隱之心非人也，無羞惡之心非人也，無辭讓之心非人也，無是非之心非人也。」說明人皆有惻隱之心，以乍見孺子將入於井爲例，下面說「非所以內交於孺子之父母也，非所以要譽於鄉黨朋友也，非惡其聲而然也。」赤顆顆的只是惻隱，不雜一點私見。這個例確是引得好，令我們不能不承認，惻隱之心人皆有之。可惜羞惡之心、恭敬之心、是非之心，就沒有舉出例來。我們覺得有些地方，即如辭讓之心，便很難解答。若能起孟子而問之，倒是一件很有趣的事情。孟子專看見善的方面，沒有看見惡的方面，似乎不大圓滿。〔註61〕

梁啓超雖然崇孟，但於人性的看法，對孟子並不全然贊同。

其三，孟子言天命。關於天，孟子有「盡其心者，知其性也。知其性，則知天矣」（《孟子·告子下》）之說；有「夫仁，天之尊爵，人之安宅也」（《孟子·告子上》）之論；也有「莫之爲而爲者，天也；莫之至而致者，命也」（《孟子·萬章上》），「舜有天下，天與之」（《孟子·萬章上》）之論，這些關於天命的論述，正是孟子天人合德的思想。然梁啓超於《儒家哲學》中，對孟子關於天的論述，隻字未提。因爲他認爲「孔子時代對於天的觀念，已不認爲超絕萬物」，「人可以主宰自然界」。並認爲「這種觀念，後來儒家發揮得最透徹的要算荀子」。〔註62〕梁啓超於孟子言天的論述，其實是扞格不入的。

關於孟子之言「命」，梁啓超說：

《孟子》有一章書，向來難解。「孟子曰：口之於味也，目之於色也，耳之於聲也，鼻之於臭也，四肢之於安佚也，性也，有命焉，君子不謂性也。仁之於父子也，義之於君臣也。禮之於賓主也，智之於賢者也，聖人之於天道也，命也，有性焉，君子不謂命也。」這段話各家的解法不同，最後戴東原出，把「不謂」作爲「不藉口」講。他說：「君子不藉口於性以逞欲，不藉口於命之限而不盡其材。」……這兩段話，很可以解釋儒家使命立命之說。〔註63〕

〔註61〕《儒家哲學》，頁 77。
〔註62〕《儒家哲學》，頁 90。
〔註63〕《儒家哲學》，頁 93。

「萬事禍爲福所倚，百年力與命相持」。〔註64〕梁啓超是一個立命論者，因此他對孔子「知命」的論點，有委婉的批評。或謂其「好處是令人心境恬適；壞處是把人類進取的勇氣減少」。〔註65〕或謂其「使爲惡的人，有所假託，吾生來如此，行爲受命運支配，很可以不負責任」。〔註66〕事實上，孔子所謂「命」，包含「命定義」與「命令義」兩個層次：「知命」是知天之所命，亦即循義之所之，至於吉凶禍福屬於「命定」者，則不是吾人所欲追求或改變的，故當安之。由梁啓超對孔子「知命」的批評看來，顯然缺乏相應的理解。而孟子言命本分內外，耳目聲色求外在者，「性也，有命焉，君子不謂性也」，要安分順命，不可妄求。仁義禮智求內在者，「命也，有性焉，君子不謂命也」，是求則得之，捨則失之，故當「修身以俟之，所以立命也」。梁啓超以戴東原能解孟子言命之眞諦，其實是在爲自己的立命觀尋求理論依據。

其四，孟子言心。孟子從人之所以爲人，「人之異於禽獸者，幾希」而論人性善。他以爲仁義禮智根於心，「盡其心者，知其性也」，故人應養心並求其放心。

梁啓超說：

> 專從心一方面拿來作學問的基礎，從孟子起。後來陸象山講「聖賢之學，心學而已」。這個話，指孟子學說是對的，謂孟本於孔亦對的。不過孔子那個時代，原始儒家不是這個樣子。孟子除講放心、操心以外，還講養心。他說：「養心莫善於寡欲。」又講存心，他說：「君子以仁存心，以禮存心。」以養存的工夫，擴大自己人格，這是儒家得力處。《孟子》全書，講心的地方極多，可謂心學鼻祖。
> 〔註67〕

孔子教人，很少離開耳目手足專講心。「仁」爲儒家舊說，「心」爲後起新說。孔子言仁，但如何才能做到修己安人，並沒有系統的理論建構。孟子講性善，並講盡心，孟子言心，充實並擴大了儒家學說，這是儒家學說與時俱進。

（二）點撥孟子仁政的真義

梁啓超早期論孟子，以爲孟子之學在經世。「仁義二字，爲孟子一切學問總

〔註64〕梁啓超〈自勵詩二首之一〉，《飲冰室文集》之45下，頁16。
〔註65〕梁啓超《孔子》，《飲冰室專集》之36，頁24。
〔註66〕梁啓超《儒家哲學》，《飲冰室專集》之103，頁94。
〔註67〕《儒家哲學》，頁98。

宗旨」。〔註68〕但晚年卻認爲讀《孟子》的目的，是爲修養受用，爲學術的研究，〔註69〕並未提及爲經世所需。此外，他早期謂孟子「所言仁政，所言王政，所言不忍人之政，皆以爲民也，泰西諸國今日之政治殆庶近之」。〔註70〕但晚年卻謂孟子的政治思想，因時代不同，其具體制度於今多不適用。〔註71〕而他早期謂孟子傳大同之學，故其書皆以民權爲主義，〔註72〕但晚年卻認爲權利觀念全由彼我對抗而生，與通彼我之「仁」的觀念，絕對不容。〔註73〕孟子的政治思想，與歐美民權思想是有差異的。

關於孟子的政治思想，梁啓超所論，約有下列數端：

其一，孟子祖述孔子大同之旨。儒家言道言政，皆植本於「仁」。孔子曰：「仁者，人也。」（《禮記·中庸》）孟子曰：「仁也者，人也。合而言之道也。」（《孟子·盡心下》）儒家理想的政治，是實現「仁」的世界，其名曰「大同」。梁啓超說：

> 孟子之政治論，祖述孔子大同之旨。其必稱堯舜者，借堯舜以寄其公天下之理想也。〔註74〕

大同者，乃宇宙之大人格完全體現之圓滿狀態。這個狀態：在政治上，是「天下爲公，選賢與能，講信修睦」。故萬章問：「堯以天下與舜有諸？」孟子告以「否。天子不能以天下與人。」（《孟子·萬章上》）這說明了國家的主權不在君主。而桃應問：「舜爲天子，皋陶爲士，瞽瞍殺人，則如何之？」孟子曰：「執之而已矣。」（《孟子·盡心上》）這表示法律之下人人平等的精神。在社會上，是「老有所終，壯有所用，幼有所長，鰥寡孤獨廢疾者皆有所養」。在經濟上，是「貨惡其棄於地也，不必藏諸己。力惡其不出於身也，不必爲己。」當滕文公問爲國，孟子告以「民事不可緩」（《孟子·滕文公上》）；當齊宣王問齊桓、晉文之事，孟子告以「保民而王」，「謹庠序之教」，「制民之產」（《孟子·梁惠王上》）。凡此都是對孔子「老者安之，朋友信之，少者懷之」（《論語·公冶長》）理想的承繼。梁啓超認爲「孟子所說，比較的多言大同主義」，〔註75〕頗能得孟

〔註68〕 梁啓超〈讀孟子界說〉，頁17。
〔註69〕 梁啓超《要籍解題及其讀法》，頁8。
〔註70〕 〈讀孟子界說〉，頁18。
〔註71〕 《要籍解題及其讀法》，頁8。
〔註72〕 〈論支那宗教改革〉，頁59。
〔註73〕 梁啓超《先秦政治思想史》，《飲冰室專集》之50，頁88。
〔註74〕 梁啓超《老孔墨以後學派概觀》，《飲冰室專集》之40，頁36。
〔註75〕 梁啓超《孔子》，《飲冰室專集》之36，頁43。

子思想之實。

其二，孟子排斥功利主義。《孟子》全書發端，記孟子與梁惠王言，孟子即昌言「上下交征利，而國危矣」（《孟子‧梁惠王上》）。宋牼將以利不利之說說秦楚罷兵，孟子謂「其號不可」（《孟子‧告子下》）。梁啓超論孟子政治思想，說：

> 孟子之最大特色，在排斥功利主義。孔子雖有「君子喻義小人喻利」之言，然《易傳》言「利者義之和」，言「以美利利天下」。《大學》言「樂其樂而利其利」，並未嘗絕對的以「利」字爲含有惡屬性，至孟子乃公然排斥之。〔註76〕

「利」字，的確如梁啓超所言，並非絕對含有惡屬性，其本質應是中性的。其實，孟子言梁惠王「上下交征利，而國危矣」，是以王道必以仁義爲基礎，來「格君心」。宋牼將以利不利說說秦楚罷兵，孟子謂「其號不可」，是要強調戰爭不義，來「正人心」。孟子著眼的是，仁義乃是生命價值的核心，是以人類所有行爲，亦應以仁義爲動機。仁義即大利。梁啓超謂孟子排斥功利主義，準確的說，應該是指孟子排斥私利而倡公義。

其三，孟子未嘗言民自爲治。孟子言治國，有謂「民爲貴，社稷次之，君爲輕」（《孟子‧盡心下》），是以後人常認爲孟子具有西方民權主義的思想。於此，梁啓超持保留態度。他在《自由書》中比較中西所言民政，說道：

> 或問曰：「孟子者，中國民權之鼻祖也。敢問孟子所言民政，與今日泰西學者所言民政，同乎？異乎？」曰：「異哉！異哉！孟子所言民政者謂保民也，牧民也。故曰若保赤子。曰天生民而立之君，使司牧之。保民者，以民爲嬰也。牧民者，以民爲畜也。故謂之保赤政體，又謂之牧羊政體。以保牧民者，比之於暴民者，其手段與用心雖不同，然其爲侵民自由權則一也。民也者，貴獨立者也，重權利者也，非可以干預者也。〔註77〕

民也者，貴獨立者也，重權利者也。言保全人者，侵人之自由。望人之保全我者，放棄自己的自由。保牧民者，比之於暴民者，其手段與用心雖不同，然其爲侵民之自由權則一。梁啓超澄清孟子所言民政與今泰西之民政根本不同。其後於《老孔墨以後學術概觀》中，又說：

〔註76〕《先秦政治思想史》，頁85。
〔註77〕梁啓超《自由書‧保全支那》，《飲冰室專集》之2，頁41。

> 滕文公問爲國，孟子告以「民事不可緩」。齊宣王問齊桓晉文之事，
> 孟子告以「保民而王」。此皆反抗當時之政治潮流，爲民權之先河。
> 但孟子僅言「保民」、「牧民」，未嘗言民自爲治。近世所謂 Of the
> people、 For the people 、By the people 之三原則，孟子僅發明 of
> 與 for 之兩義，而未能發明 by 之義，此其缺點也。〔註78〕

梁啟超認爲孟子之論，只有「民有」、「民享」兩義，缺乏「民治」一義。然
而，以千年後之觀點批評古人，是否有厚誣之嫌，本文此處不擬細論。撇開
梁啟超說法的偏失，其言下之意，是要強調中國政治急須補進「民自爲治」
的概念，這是吾人應該留意的。

其四，孟子排斥權利思想。梁啟超認爲歐美的權利觀念，其妙諦吾儕無
從理解。權利思想，在孟子看來，簡直就是「上下交征利」、「懷利以相接」、
「不奪不饜」。他說：

> 權利觀念，全由彼我對抗而來。與通彼我之「仁」的觀念絕對不相容。
> 而權利之爲物，其本質含有無限的膨脹性，從無自認爲滿足之一日，
> 誠如孟子所謂「萬取千焉千取百焉，不爲多矣，苟爲後義而先利，不
> 奪不饜」者，彼此擴張權利之結果，只有「爭奪相殺謂之人患」之一
> 途而已。置社會組織於此觀念之上而能久安，未之前聞。〔註79〕

梁啟超以爲歐美權利觀念的精神在交爭，與傳統儒家通彼我的觀念，頗爲相
悖。他評論孟子排斥權利思想，說：

> 孟子既絕對的排斥權利思想，故不獨對個人爲然，對國家亦然。由
> 孟子觀之，則今世國家所謂軍政、財政、外交與夫富國的經濟政策
> 等等，皆罪惡而已。何也？孟子以爲凡從權利觀念出發者，皆罪惡
> 之源泉也。惟其如此，故孟子所認定之政治事項，其範圍甚狹。舍
> 民事外無國事也。〔註80〕

孟子言仁政，言保民。其政治目的在提高國民人格，故謹庠序之教。又「仁
政必自經界始」（《孟子・滕文公上》），故重制民之產。由是觀之，孟子言政
治，殆不出國民生計、國民教育兩者之範圍。究其言下之意，顯然認爲孟子
所論的政治規模，實有待開展。梁啟超一生致力於興民權，企盼能實現「全

〔註78〕《老孔墨以後學派概觀》，頁 37。
〔註79〕《先秦政治思想史》，頁 88。
〔註80〕《先秦政治思想史》，頁 88～90。

民政治」。在甲午到戊戌維新變法期間，其論學、論政步趨南海，以爲孟子傳孔子大同之義，《孟子》全書皆以民權爲主義，〔註81〕泰西諸國今日之政，殆庶近之。但晚年梁啓超卻深惡「動以西學緣附中學」。〔註82〕他信仰民權，卻也直言「民權之說，中國古無有也」，〔註83〕並指出「不願採擷隔牆桃李之繁葩，綴結於吾家松杉之老幹，而沾沾自鳴得意」。既然中國古代缺乏西方民權、平等思想，就應思索移植之，而不應淆亂名實。歐遊歸國以後，梁啓超擺脫早年之依傍比附，點撥孟子思想之眞義，及其可以轉化與欠缺之處，不只是他個人在論學上的進步，也是儒學啓蒙道路上的指引。

第三節　論荀子之學

　　荀子之學，在宋代被認爲是「悖于聖人」(《河南程氏遺書》卷二)、「喜爲異說」(蘇軾〈荀卿論〉)的異端之論，遭到學界的貶黜。此一現象，直到清代才稍有轉機。汪中「六藝之傳賴以不絕者，荀卿也」〔註84〕的歷史考證，以及「周公之作，孔子述之，荀子傳之，其揆一也」〔註85〕的推許；加上錢大昕利用訓詁方法，對荀子書中「僞」字本義的釐清，荀學終於撥雲見日，得到學界的正視。然而，梁啓超論學卻依然申孟絀荀，且一再提及他和夏曾佑、譚嗣同發起過排荀運動。〔註86〕

　　梁啓超早期排荀的言辭相當激烈。晚年論荀學，態度趨於溫和，但其一生申孟絀荀的立場卻從未改變。其論荀學，早期基本上乃本康有爲之論，晚期則著重於儒學的整理，旨在介紹儒家學說。以下試從梁啓超維新變法期間，與歐遊歸國後兩個時期，梳理他對荀學的論述。

一、維新變法期間

　　孔子是中國兩千年來信仰的圖騰。康有爲利用它，以推動其維新變法，

〔註81〕　〈論支那宗教改革〉，《飲冰室文集》之3，頁59。
〔註82〕　《清代學術概論》，頁75。
〔註83〕　梁啓超論儒、法、道、墨諸家政治思想，他以爲「法家尊權而不尊民，儒家重民而不重權，道墨兩家此問題置諸度外，故皆無稱焉」，見氏著《先秦政治思想史》，頁177。
〔註84〕　汪中〈荀卿子通論〉，《述學補遺》，頁5。
〔註85〕　汪中〈荀卿子通論〉，《述學補遺》，頁5。
〔註86〕　梁啓超於〈亡友夏穗卿先生〉、《清代學術概論》中，都曾提及此事。

而欲復原孔教，則勢必排斥荀學。因爲荀學僅傳孔子小康之統，不傳孔子大同之統。梁啓超早期受康有爲影響，也以爲「中國自漢以後的學問全要不得」。他在擔任湖南時務學堂總教習時，即以「傳教」爲學約，〔註87〕謂「孔子之教，非徒治一國，乃以治天下」。「當共矢宿願，以傳孔子太平大同之教於天下」。在所撰的〈讀西學書法〉一文中，亦告訴學者讀經「當知秦漢以後皆行荀卿之學」，而荀卿之學爲「孔教之孽派」。務將孔孟儒學與荀子之後的儒學加以區分，以免紫之奪朱。

（一）荀子爲孔教孽派

梁啓超以孟子能傳孔子大同之教，是孔學的正派。而荀子所傳的只是小康之學，其學有所偏，爲孔教的孽派。他絀荀申孟，正是要爲儒學定向，希望儒學的發展能回到「正軌」。而荀學何以爲孔教的孽派呢？梁啓超歸因於下列四端：

其一，尊君權。梁啓超說：

> 小康派以尊君權爲主義，大同派以尊民權爲主義，大同小康之名，見於《小戴記・禮運篇》，其言曰：大道之行也，天下爲公，選賢與能，人不獨親其親，不獨子其子，使老有所終，壯有所用，幼有所長，是謂大同。天下爲家，大人世及以爲禮，以正君臣，以篤父子，以睦上下，以和夫婦，是謂小康。故小康者，專制之政也。大同者，平等之政也。〔註88〕

梁啓超以爲孟子傳大同之學，故其書皆以民權爲主義，如「民爲貴、社稷次之、君爲輕」之類是。荀子傳小康之學，其徒李斯傳其宗旨，行之於秦，爲定法制。自漢以後，君相因而損益之。二千年所行，實秦制也，此荀子之流毒，故荀子爲孔教的孽派。荀子尊君抑民，此說行而眞孔學乃絕。這樣的觀點，譚嗣同《仁學》中亦屢言之。〔註89〕實則，梁、譚之說，乃於其論學中

〔註87〕 光緒二十三年（1897）八月，湖南時務學堂正式成立。以熊希齡爲總理，王先謙、張祖銅、黃自元爲學董，聘梁啓超爲總督教習。時務學堂的學約共十條：一曰立志，二曰養心，三曰治身，四曰讀書，五曰窮理，六曰學文，七曰樂群，八曰攝生，九曰經世，十曰傳教。見梁啓超〈湖南時務學堂學約〉，《飲冰室文集》之2，頁23～28。

〔註88〕 梁啓超〈論支那宗教改革〉，《飲冰室文集》之3，頁59。

〔註89〕 譚嗣同曾云：「二千年來之政，秦政也，皆大盜也；二千年來之學，荀學也，皆鄉愿也。惟大盜利用鄉愿，惟鄉愿工媚大盜，二者交相資，而罔不托之于孔。」

寄寓其自由、平等、民權等政治理想，並非嚴謹的學術論述。

　　其二，排異說。梁啓超說：

　　　　思想之自由，文明發達之根源也。聽其諸說雜起，互相競爭，而世
　　　　界自進焉。〈中庸〉「道並行而不相悖」之義，即本於《春秋》三世
　　　　並立之義，而孔子之眞相也。自漢以後，定於一尊，黜棄諸子，名
　　　　爲尊孔子，而實則背孔子之意甚矣。〔註90〕

梁啓超向來重視思想之自由。但自漢以後，學術定於一尊，導致代代因循舊
範，徒作典籍詮釋。他認爲荀子〈非十二子篇〉，即專以攘斥異說爲事。漢初
傳經之儒，皆出於荀子，故襲用其法，日以門戶水火爲事，是以其力倡排荀。
然而，孟子滔滔雄辯，不是也以「能言距楊墨者，聖人之徒也」排異說爲志
嗎？梁啓超一方面認爲，認爲荀子排異說，門戶主奴之見太深。另一方面，
卻認爲孟子之距楊墨，於傳教有功。〔註91〕同樣是排異說，一則以貶，一則
以褒，其立論判準之不一，竟至於是。

　　其三，謹禮儀。梁啓超說：

　　　　荀子之學，不講大義，而惟以禮儀爲重，束身寡過，拘牽小節，自
　　　　宋以後，儒者皆蹈襲之。〔註92〕

梁啓超以爲《六經》爲經世之書，孔子思想爲經世之學。但荀學詳於小節，
略於經世，故爲孔教孽派。他並認爲宋儒之謹小愼微，無益於家國民生，亦
襲荀子之謹禮儀而來。梁啓超憎惡荀學，將宋以後儒者的輕於事功，全算在
荀子頭上，實際上可能是針對王先謙（1842～1917）之表彰荀子而發。〔註93〕

　　其四，重考據。梁啓超說：

　　　　荀子之學，專以名物制度訓詁爲重。漢興，群經皆其所傳，斷斷考
　　　　據，寖成馬融、鄭康成一派。至本朝（清）而大受其毒。

梁啓超早歲曾肄業於學海堂，接受過訓詁名物的教育。但由於國難家危，用
世心切，在問學康有爲後，毅然捨棄舊學，於乾嘉考據學評價也不高。〔註94〕

〔註90〕梁啓超〈論支那宗教改革〉，《飲冰室文集》之3，頁60～61。
〔註91〕〈讀孟子界說〉，《飲冰室文集》之3，頁20。
〔註92〕〈論支那宗教改革〉，《飲冰室文集》之3，頁57。
〔註93〕王先謙撰有《荀子集解》，此書是清代漢學家有關《荀子》研究的集大成之作。
　　　　王先謙認爲「荀子論學論治，皆以禮爲宗，反復推詳，務明其旨趣，爲千古
　　　　修道立教所莫能外。」見氏撰《荀子集解・序》。
〔註94〕梁啓超早年不喜訓詁考據之學，即使到了1904年發表《近世之學術》，他仍
　　　　然認爲「惠戴之學無益於國人」。

他認爲清代考據學蔚然成風，是荀子之學，專以名物制度訓詁爲重的流毒。誠如他自己所說「我們要把當時壟斷學界的漢學打倒，便用『擒賊擒王』的手段，去打倒他們的老祖宗—荀子。」〔註95〕這透露出一個訊息，原來梁啓超排荀只是手段，反漢學才是其目的。

　　總之，梁啓超排荀有其政治上的因素，也有其學術上的考量。其絀荀申孟，最主要的原因在於，他認爲荀學未得孔子思想之正，而排荀之意則在掌握孔學之本旨。

（二）荀子不知有《春秋》

　　梁啓超把孔門之學區分爲經世與傳經。他認爲荀子之學在傳經，孟子之學在經世。荀子爲孔門文學之科，孟子爲孔門政事之科。他雖肯定荀子的傳經之功，但卻認爲荀子所傳微言大義不及孟子。何以故？蓋因荀子不知有《春秋》。梁啓超說：

> 孔門之爲教，有特別普通之二者。特別者，所謂中人以上，可以語上也。普通者，所謂中人以下，不可以語上也。普通之教，曰《詩》、《書》、《禮》、《樂》，凡門弟子皆學之焉。《論語》謂之雅言，雅者通常之稱也。特別之教曰《易》、《春秋》，非高才不能受焉。得《春秋》之傳者爲孟子，得《易》之傳者爲莊子。普通之教，謂之小康，特別之教，謂之大同。然天下中才多而高才少，故傳小康者多而傳大同者少。大同小康，如佛教之大乘小乘，因說法有權實之分，故立義往往相反。耽樂小乘者，聞大乘之義而卻走，且往往執其偏見以相攻難，疑大乘之非佛說。故佛說《華嚴經》時，五百聲聞，無一聞者。孔教亦然，大同之教，非小康弟子之所得聞，既不聞矣，則因而攻難之。故荀卿言，凡學始於誦《詩》，終於讀《禮》，不知有《春秋》焉。《孟子》全書，未嘗言《易》，殆不知有《易》焉。蓋根器各不同，而所授亦異，無可如何也。而自秦漢以至今日，儒者所傳，只有小康一派，無怪乎孔子之眞面目，不可得見也。〔註96〕

梁啓超以爲荀子不知有《春秋》，其所傳爲《詩》、《書》、《禮》、《樂》等普通之教。此說解釋了《史記·孔子世家》所述「孔子以《詩》、《書》、《禮》、《樂》

〔註95〕梁啓超〈亡友夏穗卿先生〉，《飲冰室文集》之44，頁22。
〔註96〕〈論支那宗教改革〉，《飲冰室文集》之3，頁56。

教弟子，蓋三千焉」，而「身通六藝者七十有二人」。蓋普通之教人人受之，惟才高者得受特別之教，身通六藝之學。梁啓超認爲荀子不知有《春秋》，主要是批評荀子不明《春秋》所重者在義，而不在事與文，是以希望藉由紬荀申孟，朗現大同精義。相較於梁啓超因爲維新變法之需而排荀，並時的章炳麟卻因爲維新改良而尊荀。章氏《訄書》原刻本，以〈尊荀〉始，以〈獨聖〉終，孔荀並稱，宣稱荀子所謂「法後王」，實爲效法「素王」。其實，無論是梁啓超的排荀，或是章炳麟的尊荀，政治意義都大於學術意義。

二、歐遊歸國之後

梁啓超變法期間，謂荀子「舍大同而言小康，舍微言而言大義，傳之李斯，行教於秦」，使孔子之教一變。並認爲荀學之偏，致使孔學不明，是應該加以剗除的非種。〔註97〕但在歐遊歸國後，卻又說「荀子與孟子，爲儒家兩大師。雖謂儒家學派得二子然後成立亦不爲過」，〔註98〕且認爲《荀子》是青年學生「最低限度之必讀書之一」。他除了在《儒家哲學》、《先秦政治思想史》、《老孔墨以後學派概觀》、《要籍解題及其讀法》中，論及荀子學說外，還撰有〈荀子評諸子語彙解〉、〈讀書示例－荀子〉等。他以爲荀子學說於儒家思想有所修正，亦有所補充。

（一）修正對荀子思想的看法

《史記‧孟荀列傳》稱：「荀卿嫉濁世之政，亡國亂君相屬，不遂大道而營於巫祝，信機祥，鄙儒小拘，如莊周等，又滑稽亂俗，於是推儒墨道德之行事，興壞序列，著數萬言。」梁啓超以爲這段話，頗能概括荀學發生的動機。〔註99〕荀子思想修正儒學，首見於他創建了儒家的知識論，補充了儒家理論上的缺乏。其次，是其天論徹底否定了人格天，而其性惡論也對孟子之性善論提出了補充。現在分別論述如下：

其一，荀子創構了儒家知識論。梁啓超說：

> 墨家長處，在以知識爲立腳點。荀子很受他們的影響，對於知識，以有條理有系統爲必要。他的〈解蔽〉、〈正名〉諸篇，所討論都是知識的問題。譬如論理的憑藉是什麼？知識的來源是什麼？這類問

〔註97〕 梁啓超〈新學僞經考敘〉，《飲冰室文集》之2，頁61。
〔註98〕 梁啓超〈要籍解題及其讀法〉，《飲冰室專集》之72，頁43。
〔註99〕 《儒家哲學》，頁26。

題，孔孟時所不注重，到了荀子就不能不注重了。這是荀子受墨家的影響而創爲儒家的知識論。〔註100〕

「凡在學界，有學必有問，有思必有辯。論理者，講學家之劍冑也。」但中國人於外界客觀事物的認知，向來習於直觀、意會的體悟，而缺少概念式的思維。梁啟超十分重視論理學，他在《論中國學術思想變遷之大勢》中，於論述「先秦學派之所短」時，首列「論理思想之缺乏」。〔註101〕他在爲「國民常識學會」所擬編輯的「國學常識講義」之目，也以「論理學」冠首。〔註102〕他認爲荀子的〈解蔽〉、〈正名〉諸篇，討論的都是知識的問題，正好補足了孔孟儒學沒有注意到的部分。他尤其推崇〈正名〉，認爲荀子的邏輯觀念，條理綿密，讀之益人神智。〔註103〕梁啟超以爲荀子之學，自有其門庭堂奧，不特與孟子異撰，且其學有非孔子所能賅者，荀子的知識論應是其中之一。可惜梁啟超於荀子的知識論，並未詳細解析，而〈儒效〉所謂「聞」、「見」、「知」、「行」四個認識步驟，梁啟超亦未提及，此或許是有待於後學者之以三隅反吧！

其二，荀子言天道。梁啟超說：

> 墨子有天志明鬼論，最信鬼神。《荀子》的〈天論〉等篇，正是對墨子持反對的論調。〔註104〕

季路問事鬼神，孔子告以「未能事人，焉能事鬼」。梁啟超以爲孔子所持是相對的無鬼論。孔子所說的鬼神，全是哲學上的意義，沒有宗教上的意義。〔註105〕至於天，梁啟超則認爲「古代的天，純爲有意識的人格神」，「孔子少有說天，但孔子曾經說過『天何言哉！四時行焉，百物生焉，天何言哉！』這是把天認爲是自然界的一種運動流行，並不是超人以外，另有主宰。」〔註106〕荀子論天，明於「天人之分」，強調人的自我作爲，與自然天是兩回事。此與孔子「未能事

〔註100〕《儒家哲學》，頁 26。
〔註101〕梁啟超以爲先秦學派之所短有六：一曰論理思想之缺乏，二曰物理實學之缺乏，三曰無抗論別擇之風，四曰門戶主奴之見太深，五曰崇古保守之念太重，六曰師法家數之界太嚴。見氏著《論中國學術思想變遷之大勢》，《飲冰室文集》之 7，頁 33～37。
〔註102〕參見黃得時〈梁任公與國民常識學會〉，《東方雜誌》復刊第一卷第三期，1967年 9 月。
〔註103〕《要籍解題及其讀法》，頁 46。
〔註104〕《儒家哲學》，頁 26。
〔註105〕參見梁啟超《儒家哲學》，頁 25。
〔註106〕《儒家哲學》，頁 90。

人，焉能事鬼」，是一脈相傳的精神。梁啟超推許荀子的「天論」，認為荀子之天論，否定先天前定之說，主張人力征服天行，是荀子思想中極有力量的一部份。他說：

> 《荀子·天論篇》說：「天行有常，不為堯存，不為桀亡。」天按照一定的自然法則運行。沒有知覺感情。我們人對於天的態度應當拿作萬物之一，設法制他。所以〈天論篇〉又說：「大天而思之，孰與物畜而制之；從天而頌之，孰與制天命而用之。」荀子認天不是另有主宰，不過一種自然現象，而且人能左右他。〔註107〕

治亂完全在於人為，與天無關。荀子是先秦儒家中擺脫天命思想最徹底的一個。

其三，荀子道性惡。梁啟超說：

> 荀子之最大特色，在其性惡論。性惡論之旨趣，在不認人類為天賦本能所支配，而極尊重後起的人為。故其教曰「化性起偽」。偽字從人從為，即人為之義。〔註108〕

又說：

> 惟其如是，故深信學問萬能。其教曰「習」、曰「積」。謂習與積之結果，能使人盡變其舊，前後若兩人。若為向上的習慣，則「積善成德而聖心備」，是即全人格之實現也。〔註109〕

又說：

> 學問如何然後能得？荀子以為全視其所受教育何如。故主張「隆師」，而與孟子「雖無文王猶興異」。〔註110〕

荀子的性惡論，是為了修正孟子的性善論而發。孟荀二人都重視人禽之別，所不同者，荀子不以禮義為性，孟子則以禮義為性。孟子說性善，主盡性，故其教育思想偏重「自得」；荀子說性惡，主化性，故其教育思想趨向「積善」。梁啟超認為孟、荀二人，雖一主性善，一主性惡，然皆以其人性論的基本預設，衍為教育的手段。孟子所言乃教育之可能，荀子所論乃教育之必要，都是可以成立的。他對於孟子極端的性善論，和荀子的極端性惡論，都認為有修正的空

〔註107〕 《儒家哲學》，頁 90。
〔註108〕 《要籍解題及其讀法》，頁 44。
〔註109〕 《要籍解題及其讀法》，頁 44。
〔註110〕 《要籍解題及其讀法》，頁 44。

間。

其四，荀子言心。梁啓超說：

> 《荀子》全書講心學的有好幾篇。最前〈修身篇〉講治氣養心之術。
> 他說：「血氣剛強，則柔之以調和；知慮漸深，則一之以易良；勇膽
> 猛戾，則輔之以道順；齊給便利，則節之以動止；狹隘褊小，則廓
> 之以廣大；卑濕重遲貪利，則抗之以高志；庸眾駑散，則刦之以師
> 友；怠慢僄棄，則炤之以禍災；愚款端愨，則合之以禮樂。凡治氣
> 養心之術，莫徑由禮，莫要得師，莫神一好。夫是之謂治氣養心之
> 術也。」這一套完全是變化氣質，校正各人的弱點。與孟子所謂將
> 良心存養起來，再下擴大工夫不同。〔註111〕

孟子主性善，故要求其放心，要以「仁」存心，以「義」存心，以「禮」存心，
以「智」存心，要以「寡欲」養心，從而修養自己的人格。荀子主性惡，故要
變化氣質，化性起僞。孟、荀都言養心，然孟子以爲「養心莫善於寡欲」，荀子
則以爲「治氣養心」。梁啓超比較二人言心之異同，說：「孟子把心與耳目之官
分爲二，荀子把他們連合起來。」〔註112〕孟子以心爲第一義，將耳目之官屏爲
第二層；荀子卻將耳、目、口、鼻、形體加上心，統稱爲六官，當作是認知的
途徑。梁啓超指出荀子所謂的六官，與佛家的六根、六塵相類，但心有其特別
之處，「心有徵知。徵知，則緣耳而知聲可也，緣目而知行可也」，心比其他五
官更多了判斷的功能。他認爲荀子論心的作用，要比孟子更爲合理。實際上，
荀子論心較之孟子論心，亦更符合現代認知論的原則。孟子注重內發，是以強
調德行之知，荀子注重外範，故其講究聞見之知的累積。梁啓超的論述，於分
疏孟、荀心性論頗得其實，也證明了荀子之心性論，別開儒學之新面目。

（二）分析荀子禮治主義的得失

梁啓超早年論荀子，以爲荀子尊君權，啓專制之政也。但晚年卻特別提
及「荀子生於二千餘年前，其言有專爲當時之社會而發者，自當分別觀之」，
「不可以今日眼光繩之，遂抹殺其在當日之價值」，〔註113〕顯示他對荀子有了
基本的同情了解。關於荀子的政治思想，他晚年關注的是荀子的禮治主義。

其一，禮治主義得荀子而大成。禮治主義是儒家思想中，相當重要的特

〔註111〕《儒家哲學》，頁98。
〔註112〕《儒家哲學》，頁98。
〔註113〕梁啓超《要籍解題及其讀法》，《飲冰室專集》之72，頁47。

色。它是對「賢人政治」專以聖君賢相之存沒為興替的補偏。「禮者，因人之情而為之節文以為民坊者也。」(《禮記‧坊記》)禮的作用，一方面在節人之情，一方面在文人之情。荀子說：「離居不相待則窮，群而無分則爭。窮者患也，爭者禍也。救患除禍，莫若明分使群矣。」(《荀子‧富國》)又說：「禮起於何也？曰：人生而有欲，欲而不得，則不能無求；求而無度量分界，則不能不爭。爭則亂，亂則窮。先王惡其亂也，故制禮義以分之，以養人之欲，給人之求。使欲必不窮乎物，物必不屈於欲，兩者相持而長，是禮之所起也。」(《荀子‧禮論》)荀子以為人皆有欲，若無節制而任其馳騁，則人與人必相爭，故「先王制禮義以分之」。梁啓超以為儒家之禮治主義，得荀子然後大成。他說：

> 生活不能離開物質，理甚易明。孔子說「富而教之」，孟子說「恆產恆心」，未嘗不見及此點。荀子從人性不能無欲說起。由欲有求，有求有爭，因此不能不有度量分界以濟其窮，剖析極為精審。〔註114〕

《論語》言禮，大率都由修養層面立言，荀子則關照到物質層面，且不以「欲望」為必然之惡，只是需加繩墨以範圍之。

其二，禮治主義至荀子而滋流弊。荀子言禮主「分」，教人「各安本分」。荀子生當戰國末期，時法家思想已興，在學說相互融攝影響下，荀子的「禮」很容易因強化其權威性而流於「法」。梁啓超指出禮法質性本相近，禮之名義容易被人盜用，飾禮之貌而無禮之實者，其在當時所在多有。「禮」本是與時推移，有相當彈性的。《易傳》曰：「通其變，使民不倦，神而化之，使民宜之。」惟「不倦」故「宜」，此禮之所以可尊也。換言之，禮之所尊，端在其義，至若具體之禮的內容，則是可以因革損益的。可惜荀派論禮，「禮隆以為極，而天下莫之能損益」。他認為此固由於當時法家者流，主張立固定的成文法以齊一其民，其說壁壘甚堅，治儒術者不得不提出一物與之抗衡，遂以己宗夙所尚之禮充之。但如此一來，禮便逐步僵化。禮，本是一種完善人生的工具，其著眼點應在引導，而非立「禮」以限事。若禮固定成人人必須遵從的條文，則其「法」的質性便遠大於禮，將使人失去自然的彈性，流於僵化的虛文。梁啓超謂儒家之禮治主義，至荀子而漸滋流弊，應是就此而論。

〔註114〕《先秦政治思想史》，頁93。

第六章　梁啓超的漢唐儒學論

　　漢代，儒學定於一尊。孔子所治典籍若《詩》、《書》、《禮》、《樂》、《易》、《春秋》，被尊奉爲「經」。「經也者，恆久之至道，不刊之鴻教」(《文心雕龍・宗經》)。自是而後兩千年來，儒學成爲歷朝推尊之聖道，孔子也成了中國人文化信仰上的圖騰。

　　經學是學者對於儒家典籍的研究。歷代學者或著眼於經書文字的訓釋，或關注於制度規章的考訂，或究心於義理的闡發。由於不同的時代各有其側重，因而不同時代的經學，也就有各自的特色。大體而言，東漢經學嚴守師法家法，「訓詁相傳，莫敢同異」；魏晉經學「各自論說，不相統攝」；宋代經學「擺落漢唐，獨研義理」；元代及明初經學「務定一尊」、「見異不遷」；晚明經學「機而橫絕」、「各抒心得」；清初經學則「徵實不誣」，而「要其歸宿，則不過漢學、宋學兩家互爲勝負」。〔註1〕本章所論漢唐儒學，乃指漢代到唐代這一段時期的儒學發展。

第一節　論兩漢儒學

　　漢代儒學以經學爲主要表現型態。儒學在漢武帝時定於一尊，君臨於思想文化領域。梁啓超以爲漢代人對於儒家的貢獻主要在於整理工作。又指出「漢儒治經分今文、古文兩派」，「西漢爲今文獨盛時代，東漢爲今文古文互爭時代」，「今文雖不足以盡孔學，然猶不失爲孔學一支流；古文則經亂賊僞師之改竄附託，其與孔子之意背道而馳者，往往然也。」很明顯的貶抑古文經學。以下分

〔註1〕　《四庫全書》，經部卷一，〈經部總敘〉。

別考察梁啓超對「儒學定於一尊」及「今古文經學」兩個問題的論述。

一、論儒學定於一尊

梁啓超早年受《春秋》三世之義的影響，後則又喜愛達爾文（Charles Robert Darwin, 1809～1882）「天演論」的學說。他相信人類社會的發達與時俱進，「數千年之歷史，進化之歷史」，「數萬里之世界，進化之世界」。〔註 2〕他終身服膺先秦孔孟儒家思想學說，但對於儒學在漢代由「九流之一家」，而定於一尊之學，則深感遺憾，認爲這使得此後中國學術思想沉滯不前。他對於儒學定於一尊的形成，有獨到的分析，於儒學定於一尊的影響，也有強烈的抨擊。

（一）由進化論析儒學定於一尊

一般人提及漢代儒學統一整個學術思想，往往以爲是董仲舒之議，漢武帝罷黜百家之故。梁啓超則認爲除了漢武帝的尊孔重儒，以政治力左右學術發展的外緣因素外，儒家思想比諸子百家，更契合於中國人之民族性與時代需求。換言之，儒學本身有其內在的競爭優勢。

1. 本於自力

「競爭爲進化之母。」〔註 3〕學術原是一種在多元環境中發展的文化活動。學術由分而合，由合而分，學者各抒己見，互相辯詰，互相競爭淘汰，優勝劣敗，其最切合於眞理，最適宜於民用者存，原是學術發展中自然而然的現象。梁啓超從漢初儒家在與墨家、道家、法家之競爭中，說明儒家具有自力而尊的條件。

（1）在與墨家之爭上

「墨子學儒者之業，受孔子之術。以爲其禮煩擾而不悅，厚葬靡財而貧民，久服傷生而害事，故背周道而用夏政。」（《淮南子‧要略》）墨家於儒家思想多所詰難，先秦孟、荀亦對墨學加以批判，或責「墨氏兼愛，是無父也。」（《孟子‧滕文公下》），或斥「墨子蔽於用而不知文」（《荀子‧解蔽》）。梁啓超論墨家不敵儒家，說：

（墨家）蓋承戰國「武士道」之餘習，四公子之遺風，猶赫赫印入
耳目，故重然諾鋤強扶弱之美德，猶爲一世所稱羨。尚氣之士，每

〔註 2〕 梁啓超《新民說‧論國家思想》，《飲冰室專集》之 4，頁 16。
〔註 3〕 梁啓超〈論學術之勢力左右世界〉，《飲冰室文集》之 6，頁 110。

不惜觸禁網以赴之，而詆儒爲柔異者有焉矣。雖然，其道最不利於

霸者，朝廷豪族，日芟而月鋤之。文景以降，殆萎絕矣。〔註4〕

墨子之學以「興天下之大利，除天下之大害」爲旨，在戰國時代號稱顯學，然入漢以後卻驟衰，此中原因甚多。梁啓超只就墨家以武犯禁，「其道最不利於霸者，朝廷豪族，日芟而月鋤之」之一面立說，並未就儒墨兩家思想加以比較，說明墨家何以萎絕。細究梁啓超之所以如此，或許是因爲他本「心醉墨學」，〔註5〕故刻意避之。

（2）在與道家之爭上

老子之學說，荀子批評之，莊子稱述之，韓非子解之喻之，戰國遊說之士引之用之，其在戰國亦爲顯學。〔註6〕司馬談在〈論六家要旨〉一文中，謂道家「因陰陽之大順，采儒墨之善，撮名法之要」，是道家思想總貫諸子之義，兼有各家之長，是當時最好的一家之學。實際上，道家在漢初，殆奪孔席。蓋公以之教曹參，黃生以之事竇后，此倡之自上；淮南王著《鴻烈解》，司馬談作〈論六家要旨〉，都反映這種事實。梁啓超論儒道之爭，說：

戰爭喪亂之後，與民休息，其道術固有適宜於當時之天擇者，故氣

焰驟揚，而詆儒爲虛僞繁縟者有焉矣。雖然，帝者之好尚變，而其

統之盛衰亦與之俱變。〔註7〕

漢之初興，與民休息，乃時代所需，故黃老之說爲帝者所鍾。及文景之世，社會富庶，生氣轉蘇，道家清靜守柔的思想，就很難與儒家經濟淑世之理想爭鋒相較了。

（3）在與法家之爭上

古者治國之術，惟禮與法。禮所以正人心，法所以齊民行，禮失其用而後法行。儒家言禮治，法家主法治。梁啓超比較儒法兩家，說：

儒法兩有利於世主，而法家之利顯而近，儒家之利隱而長。景武之

時，急於功名，法語斯起，而詆儒爲迂腐不切者有焉矣。然當時儒

法勝負之數，頗不在世主而在兩造之自力。蓋法家之有力者，不能

善用其術，緣操切以致挫敗，而儒家養百年來之潛勢力，人才濟濟，

〔註4〕　《論中國學術思想變遷之大勢》，頁43。

〔註5〕　梁啓超曾自述：「我是心醉墨學的人，所以自己號稱『任公』，又自命爲『兼士』。」見氏撰〈亡友夏穗卿先生〉，《飲冰室文集》之44，頁22。

〔註6〕　參見馮友蘭《中國哲學史》，頁213。

〔註7〕　《論中國學術思想變遷之大勢》，頁43。

頗能不畏強禦以伸其主義，故朝野兩途，皆占全勝也。〔註8〕

儒家「祖述堯舜，憲章文武」，「助人君，順陰陽，明教化」（班固《漢書・藝文誌・諸子略序》）強調化民成俗。然而石門晨門曾譏孔子「知其不可而爲之」（《論語・憲問》）；秦昭王曾質疑儒家能否「益人之國」（《荀子・儒效》）；墨子也「用夏政」以矯孔子之「吾從周」。儒學之所以能成爲一套博大可行的思想體系，乃得力於長期與諸子百家相互激盪，反覆錘鍊，修正、補充、更新以致。梁啓超以爲「墨家主於鋤強扶弱，勢力愈盛者，則其仇之愈至；道家芻狗萬物，輕世肆志，往往玩弄王侯，以鳴得意，然則彼其學，非直霸者不取之，抑先自絕也」。又謂「孔學說忠孝，道中庸，與民言服從，與君言仁政，其道可久，其法易行，非如法家之有術易以興，無術易以亡」。〔註9〕漢代儒學能定於一尊，本有其儒家內部的自力因素使然，梁啓超的觀察可稱慧識。

2. 憑藉他力

漢代儒學成爲獨尊之學，除了儒學「適者生存」的條件外，帝王的提倡，他力的助長，也是極爲重要的關鍵。梁啓超勾勒從魏文侯到漢武帝，儒學定於一尊的歷史。嘗謂魏文侯，曰：

> 孔子之在世，其學未見重於時君也。及魏文侯受經子夏，繼以段干木、田之方，於是儒教始大於西河。文侯初置博士官，實爲以國力推行孔教之始。〔註10〕

子夏在孔門弟子中，長於文學。居西河教授，爲魏文侯師。文侯置博士官以國力推行孔學。此儒學藉他力而流傳者一。

嘗言秦始皇，曰：

> 始皇焚坑之虐，後人以爲敵孔教，實非然也。始皇所焚者，不過民間之書，百家之語。所坑者，不過咸陽諸生侯生、盧生等四百餘人，未嘗與儒教全體爲仇也。豈惟不仇，且自私而自尊之。其焚書之令云：「有欲學者，以吏爲師。」非禁民之學也，禁其於國立學校之外，有所私業而已。所謂吏者何？則博士是也。秦承魏制，置博士官，伏生、叔孫通、張蒼，史皆稱其故秦博士。蓋始皇一天下用李斯之

〔註8〕 《論中國學術思想變遷之大勢》，頁43。
〔註9〕 《論中國學術思想變遷之大勢》，頁40～41。
〔註10〕 《論中國學術思想變遷之大勢》，頁42。

　　策，固已知辨上下定民志之道，莫善於儒教矣。〔註11〕
一般人提及秦始皇之焚書坑儒，往往認爲他毀儒，是儒學發展的一大災劫。
梁啓超以爲「以吏爲師」，乃廢私學，其實是思想統一而非廢儒學。其所置博
士雖非專掌六藝，然若伏生之治《尙書》，叔孫通之精於《禮》，張蒼受《春
秋》之學於荀子，都傳弟子以六藝，是知儒學於秦未衰，秦始皇所置博士亦
傳儒學。

　　嘗論漢高祖，說：

> 漢高祖蚤年最惡儒。有儒冠者輒溲溺之，其吐棄也至矣。而酈食其、
> 叔孫通、陸賈等，深自貶抑，包羞忍垢以從之。及天下既定，諸將爭
> 奪喧譁，引爲深患。叔孫通乃緣附古制，爲草朝儀，導之使知皇帝之
> 貴，然後信孔學之眞有利於人主。陸賈獻《新語》，益知馬上之不可
> 以治天下，於是過魯以太牢祠孔子，喟然興學，以貽後昆。〔註12〕

儒家之學，本爲用世之學。儒者有其抱負則必期其有以見於行事。漢高祖本
惡儒，叔孫通乃採古禮與秦儀雜之，起朝儀導高祖以識儒學。陸賈以客從高
祖定天下，時時爲高祖說詩書，論秦之所以失天下，漢所以得之者。是以高
祖「過魯以太牢祠孔子，喟然興學，以貽後昆」，這也是以國力扶植儒學者。

　　嘗道漢武帝，曰：

> 自魏文侯以後，最有功於儒學者，不得不推漢武帝。然武帝當竇后
> 未歿以前，不能實行所志。彼其第一次崇儒政策，以武帝之雄才大
> 略主持於上，竇嬰以太后之親爲丞相，田蚡以帝舅爲太尉，趙綰爲
> 御史大夫，王臧爲郎中令，皆推崇儒術，將迎申公於魯，設明堂，
> 制禮作樂，文致太平。然太后一怒，綰、臧下吏，嬰、蚡罷斥，遂
> 以蹉跌。卒至后崩，蚡復爲相。董仲舒對策賢良，請表章六藝，罷
> 黜百家，凡非在六藝之科者絕勿進。自茲以往，儒學之尊嚴，迥絕
> 百流。遂乃興學校、置博士、設明經射策之科。公孫弘徒以緣飾經
> 術，起家布衣，封侯策相。二千年來國教之局，乃始定矣。〔註13〕

「教競君擇，適者生存」，梁啓超以爲儒學在漢代被定於一尊，是符合天演公
例的。

〔註11〕 《論中國學術思想變遷之大勢》，頁42。
〔註12〕 《論中國學術思想變遷之大勢》，頁42。
〔註13〕 《論中國學術思想變遷之大勢》，頁44。

（二）儒學定於一尊之批判

漢武帝順著學術思想發展的大勢，把儒學推上獨尊的地位。爲了獨尊儒學，且於建元五年（136B.C.），置五經博士。自是以後，「諸子傳記博士」者，遂見罷黜。〔註14〕元朔五年（124B.C.）又置博士弟子員。自是以後，儒學與利祿結合，儒學成爲士子進入仕途的敲門磚。〔註15〕對於漢代儒學的興盛，梁啓超雖然肯定藉由儒學的教化，使漢人重名節、風俗美，也使得漢代民志定、國小康。〔註16〕但儒學定於一尊之後，學術思想之發展亦趨於單一化。梁啓超對這種現象有不少批判。

1. 一尊定而進化絕

儒學定於一尊後，學術走向一元化。儒學少了其他學說的競勝激盪，遂很難開闢波瀾壯闊的新局。梁啓超說：

> 進化與競爭相倚，此義近人多能言之矣。蓋宇宙之事理，至繁賾也，必使各因其才，盡其優勝劣敗之作用，然後能相引以俱上。若有一焉，獨佔勢力，不循天則以強壓其他者，則天演之神能息矣。故以政治論，使一政黨，獨握國權，而他政黨不許容喙，苟容喙者，加以戮逐，則國政未有能進者也。若是者謂之政治之專制。學說亦然，使一學說獨握人人良心之權，而他學說不爲社會所容，若是者謂之學說之專制。苟專制矣，無論其學說之不良也，即極良焉，而亦阻學問進步之路，此徵諸古今萬國之歷史而皆然也。〔註17〕

所謂「一尊」，其實就是專制的別名。是以梁啓超於儒學自漢定於一尊，深感遺憾，他認爲中國學術思想之僵化，實自此起。

2. 一尊定而門戶見

儒學定於一尊，他學即爲異端即爲邪說。爲防「鄭聲」之亂「雅樂」，爲

〔註14〕《漢書・百官公卿表》：「博士，秦官，掌通古今。」又《續志》：「博士，掌教弟子，國有疑事，掌承問對。」漢景帝以前所置博士，著眼的是「通古今」，而不是「專經」。其時諸子百家皆得爲博士。漢武帝則以「專經」爲博士，「諸不在六藝之科，孔子之術者，皆絕其道，勿使並進。」

〔註15〕漢景帝以前，博士也有弟子。此時，弟子乃自從其師，與朝制無關。武帝時所置弟子五十人，由太常擇補。郡國有好文學，亦得舉詣太常，受業如弟子。一歲輒課，能通一藝以上，補文學掌故缺，高弟可以爲郎中。是漢武帝以後，儒學成爲士子進入仕途的敲門磚。

〔註16〕《論中國學術思想發展之大勢》，頁53～54。

〔註17〕《論中國學術思想變遷之大勢》，頁56。

避「紫」之奪「朱」，必嚴立門戶，以辨黑白。梁啓超說：

> 思想之自由，文明發達之根源也。聽其諸說雜起，互相競爭，而世
> 界自進焉。《中庸》「道並行而不悖」之義，即本於《春秋》三世並
> 立之義，而孔子之眞相也。自漢以後，定於一尊，黜棄諸子，名爲
> 尊孔，而實則背孔子之意甚矣。遂使二千年來，人人之思想不能自
> 由。有發明一奇論者，則群然以非聖無法目之，此智識所以不能發
> 達也。今當發明並行不悖之義，知諸子之學即孔子之學，尊諸子即
> 所以尊孔教，使天下人人破門戶之意見，除保守之藩籬，庶幾周秦
> 古學復興而人智發達矣。〔註18〕

泰山不讓土壤，故能成其大；河海不擇細流，故能就其深。儒學定於一尊，門
戶之見遂生。於儒學則申之、惜之、護之，於他學則逕以儒學爲標準，貶之、
斥之、難之。如是而他學因之消沉，而儒學亦未能自進。梁啓超將中國學術與
世界史合觀，謂「上世史時代之學術思想，我中華第一也。中世史時代之學術
思想，我中華第一也。惟近世史時代，則相形之下，吾汗顏矣。」〔註19〕中國
學術合世界史觀之，何以今不如古？依梁啓超的說法，關鍵即在儒學定於一尊，
而門戶之見生也。

3. 一尊定而甘爲古人之奴隸

漢代學者傳經，嚴守師法和家法。他們株守一先生之言，「非惟詁訓相傳，
莫敢同異，即篇章字句，亦恪守所聞」。梁啓超描述儒學定於一尊後的學界，說：

> 師也者，師其合於理也。……中國不然，守一先生之說，則兢兢焉
> 不敢出入，不敢增損，稍有異議，近焉者則曰背師，遠焉者則曰非
> 聖，行將不容於天下矣。以故孔子之後，儒分爲八，墨離爲三，而
> 未聞有一焉能靑於藍而寒於水者。〔註20〕

中國人號稱守師說，其所得不過師之一體，而又不敢有所異同增損，更傳其
弟子，所遺者不過一體之一體，其學安得不陵夷衰微日甚一日耶？不僅此也，
師法家數之界太嚴，亦流爲崇古保守，甚至甘爲古人之奴隸。梁啓超說：

> 我中國學界之光明，人物之偉大，莫盛於戰國，蓋思想自由之明效
> 也。及秦始皇焚百家語，坑方術之士，而思想一室。及漢武帝表章

〔註18〕 〈論支那宗教改革〉，頁 60～61。
〔註19〕 《論中國學術思想變遷之大勢》，頁 2。
〔註20〕 《論中國學術思想變遷之大勢》，頁 38。

六藝，罷黜百家，凡不在六藝之科者絕勿進，而思想又一窒。自漢
以來，號稱行孔子教二千餘年於茲矣，而皆持所謂表章某某，罷黜
某某者，以爲一貫之精神，故正學異端有爭，今學古學有爭。言考
據則爭師法，言性理則爭道統，各自以爲孔教，而排斥他人以爲非
孔教，於是孔教之範圍，益日縮日小。〔註21〕

儒學定於一尊，學者治學甘作古人奴隷，嚴守師法家法，「師所不言，則一字
不敢更」。由崇古而泥古，以致於古人所論範圍之外者，鮮少言及，遑論研究。

4. 一尊定而易爲政治所操縱

漢代儒學定於一尊，固因學術發展之趨勢所然，但漢武帝以政治力統一
思想，確立儒學的獨尊，也是至爲重要的關鍵。梁啓超說：

一尊既定，尊經逾篤，每行一事，必求合於六藝之文。哀平之間，
新都得政，因緣外戚遂覬非常，然必附會經文，使足以箝盈廷之口。
求諸古人，惟有周公可以附合。爰使劉歆，制作僞經，隨文竄入，
力有不足，假借古書。古人削竹爲篇，漆書其上，今之一卷，古可
專本，其爲工也多，故傳書甚少。其轉徙也艱，故受燼甚易。其爲
費也不資，故白屋之士不能得書者甚眾。以此三者，故圖書悉萃秘
府。歆既親典中書，任意抑揚，縱懷改竄，謂此石渠秘籍，非民間
有也。人孰不從而信之？即不見信，又孰從而難之？況有君權潛爲
驅督，於是鴻督太學，承用其書，奉爲太師，視爲家法。苫人滅鄐、
呂種易嬴，自茲以往，而儒之爲儒，又非孔子之舊矣。〔註22〕

漢代儒學因政治而確立獨尊的地位。董仲舒以通《公羊》折獄，平當以明〈禹
貢〉治河，漢代人通經解經原來是爲了現實政治而服務的。如此一來，經學
也就成了不同的政治勢力爭權奪利的工具。梁啓超即謂劉歆改竄經書，幫助
王莽進行政治操縱而篡漢。政治既介入了學術，學術便會遭到扭曲。

二、論今古文經學

漢代經學有今文與古文的分別。西漢爲今文獨盛的時代。西漢末年，古
文始出，於是今古文有爭。古文家自以爲孔派的眞傳，斥今文爲狂妄；今文
家自詡爲儒學的正宗，斥古文爲僞作。今古文之爭，至鄭玄（127～200）雜

〔註21〕〈保教非所以尊孔論〉，頁55。
〔註22〕《論中國學術思想變遷之大勢》，頁44。

用今古文，其壁壘乃混。梁啓超早年追隨康有爲，積極倡導今文學派的變法主張。他撰有專門的今文經學論著《論語公羊相通說》，爲維新變法創造聲勢。他謂「孔子有義理之學，有經世之學。義理爲本，經世爲用。《論語》多言義理，《春秋》多言經世，要知其原一也。」這樣鮮明的今文經學立場，當然會影響到他論述漢代今古文經學的結論。以下討論其有關今古文經學的觀點。

（一）今文經學爲荀學齊學

今文經學盛行於西漢。但自西漢末年古文經學興起後，二者即因經書文字、排列順序、經文說解、孔子評價等諸多問題的差異，形成所謂的今古文之爭。梁啓超論漢代今文經學，可得而言者約有下列兩點：

1. 今文經學爲荀子之學

西漢十三家博士、東漢十四家博士所傳的經書，是由秦代直接流傳下來的，流傳的形式或私藏、或私援、或是出於記憶和口授，演變而爲今文的經傳。稱其爲今文經者，是因爲這些經傳的字體都是西漢流傳的隸書。在古文經流行之後，爲便於區別因有此稱。梁啓超以爲漢代今文經學乃荀子之學，所傳的是孔子小康之統，而非大同之統。他說：

> 孔學在戰國，則固已僅餘孟荀兩家最爲光大。而二派者，孔子之時，便已參商。殆及末流，截然相反。孟子治《春秋》，荀子治《禮》；孟子道性善，荀子道性惡；孟子稱堯舜，荀子法後王，此其大端也。若其小節，更僕難終。孟子既歿，公孫丑、萬章之徒，不克負荷，其道無傳。荀子身雖不見用，而其弟子韓非、李斯等，大顯於秦，秦人之政，壹宗非、斯。漢世六經家法，強半爲荀子所傳，而傳經諸老師，又多故秦博士，故自漢以後，名雖爲昌明孔學，實則所傳者，僅荀學一支派而已。此眞孔學之大不幸也。〔註23〕

漢世六經家法，強半爲荀子所傳，而荀子所傳乃小康之統。小康者，乃是「天下爲家」，「各親其親，各子其子，貨力爲己，大人世及以爲禮」，「以正君臣，以篤父子，以睦兄弟，以和夫婦，以設制度，以立田里，以賢勇知，以功爲己」，不同於大同之統的「天下爲公」。大同世界「謀閉而不興，盜竊亂賊而不作」，小康之世「謀用是作，而兵由此起」。孟學不傳而傳荀學，故梁啓超

深嘆「此眞孔學之大不幸也」。

2. 今文經學多齊派學風

　　孔子弟子以魯國人最多，其次衛國，再次齊國。〔註 24〕所遊歷過的地方只有周、齊、衛、陳，未曾出過現在的山東、河南兩省境外。〔註 25〕漢初儒者主要的也有齊、魯兩支，漢代經書的今文寫本，時經儒生整理，也就有了齊學與魯學之分。梁啓超以爲漢代今文經學多齊派學風。他說：

> 西漢經學共立十四博士，〔註26〕計《易》有施、孟、梁丘三家，均
> 出田何，爲齊派。《書》有歐陽、大小夏侯三家，均出伏生，爲齊派。
> 《詩》有魯、齊、韓三家，齊詩出於齊派。《禮》有大小戴及慶氏三
> 家，與齊無關，爲魯派。《春秋》有嚴、顏兩家，均出《公羊》，爲
> 齊派。總觀十四博士之中，九家出齊。此外《論語》有《齊論語》
> 及《魯論語》。以此言之，西漢儒學，大部屬齊，魯學很衰。《春秋》
> 之穀梁學屬魯派，然西漢時無博士，其學不昌。惟魯詩極發達。齊
> 詩、韓詩，俱不能及。〔註27〕

齊派學風恢奇駁雜，多方士及陰陽家語。漢代今文經學家衍經術以言政治，其好言陰陽災異，始則因孔子小康之義，唯恐君權無限，暴君爲虐，於是乎思所以制之，乃於《春秋》特著「以元統天，以天統君」之義。及其末流則於諸經皆好言陰陽災異，於字句之間牽合附會，馳騁虛論，憑心而斷，而亂經義。梁啓超以爲漢代學者好言災異，馴至讖緯之學，支離誕妄，不可窮詰，駸駸競起，以奪孔席，可謂罪矣。

〔註24〕孔子弟子以魯衛兩國人居多，再次爲齊。其爲魯國人者，若顏回、閔損、冉
　　　耕、冉雍、冉求、宰子、有若、公西赤、原憲、漆雕開、公伯僚等皆是。其
　　　爲衛國人者，若端木賜、高柴、子晳皆是。而公冶長、公晳哀、樊須、叔魚、
　　　子里、子車等則爲齊人。
〔註25〕參梁啓超《孔子》，《飲冰室專集》之 36，頁 2。
〔註26〕漢武帝時立五經博士，時五經七家博士，包括齊魯韓三家《詩》、歐陽氏所傳
　　　習的《書》、高堂生所傳習的《禮》，田何所傳習的《易》和公羊《春秋》。宣
　　　帝時的五經十二家博士中，《詩》有齊魯韓三家，《書》有歐陽氏、大小夏侯
　　　氏三家，《禮》有小戴所傳習的后氏一家，《易》有施氏、孟氏、梁丘氏三家，
　　　《春秋》有公羊、穀梁二家。元帝時又增立《易》京氏一家，使五經博士多
　　　至十三家。東漢時《禮》后氏改稱小戴，又增立大戴《禮》，於是五經博士共
　　　有十四家。馬端臨《文獻通考》卷40，學校一，「光武建武年」條，謂「後漢
　　　初立十四博士」，可參證。
〔註27〕《儒家哲學》，頁 28。

（二）古文經學為歆學魯學

古文經學是相對於今文經學而言的。有別於今文經傳之直接由秦代流傳下來，他們的經傳出自於出土。漢代經學的今古文之爭，始見於西漢末年劉歆請建《左氏春秋》、《毛詩》、《逸禮》、《古文尚書》於學官；而其最著者則為東漢章帝時的白虎觀議奏。梁啓超於古文經學上的論述，主要的論點也有二：

1. 古文經學為劉歆之學

梁啓超如同其師康有為一樣，也認為古文經是劉歆所偽造。他說：

> 古文興於西漢之末，新莽篡國劉歆校書時所晚出者也。今文雖不足以盡孔學，然猶不失為孔學一支流；古文則經亂賊偽師之改竄附託，其與孔子之意背而馳者，往往然矣。古文雖不盛於漢代，然漢末魏晉間，馬融、鄭玄、王肅之徒，大揚其波，逾六朝以及初唐，泐定《五經正義》，皆為古文學獨佔時代。〔註 28〕

又說：

> 劉歆媚莽，贗為古文，摭潰亂之野文，儱口說之精義，指《春秋》為記事之史，目《大易》為卜筮之書，於是孔子之教又一變，東漢以後之學者，視孔子如史官矣。〔註 29〕

梁啓超雖然曾經表示他於三十歲之後，不再談《偽經》，且還將《偽經》視為「實思想界之一大颶風」，〔註 30〕但在他心中，東漢古文經學仍然是劉歆之學，並非真孔學。民國九年（1920），他在所撰的《孔子》一書中，於論及「《春秋》的性質」時，仍堅持「治《春秋》當宗《公羊傳》」，仍相信左氏不傳《春秋》，《左氏傳》是劉歆所竄改。劉歆之學較之荀子之學，離孔學之更遠。

2. 古文經學多魯派學風

「一方水土一方人，十方嗩吶十片天」，不同的地理環境，有不同的地域文化。梁啓超以為漢代的古文經學多魯派學風。他說：

> 漢時所謂今古文之辯，各部經都有，而《周禮》、《左傳》，辯論最烈。其後馬融、賈逵、服虔、許慎、劉歆皆從古文，是以古文大盛。今文家專講訓詁微言大義，討論古書的一字褒貶；古文家專講訓詁名物，對於古書的章句制度，皆求了解。古文家法謹嚴，與魯派相近；

〔註 28〕《論中國學術思想變遷之大勢》，頁 49。
〔註 29〕梁啓超〈新學偽經考敘〉，《飲冰室文集》之 2，頁 61。
〔註 30〕《清代學術概論》，頁 19。

今文家法博大，與齊派相近。〔註31〕

魯派學風純謹篤守師說。古文經學與魯派相連，注重考釋，專講名物訓詁。梁啓超比較兩漢今古文經學家之解經，說：

> 漢初大師之傳經也，循其大體玩經文，不為章句訓故，舉大義而已。故讀一經通一經之義，明一義得一義之用。自莽歆以後，提倡校勘詁釋之學，逮東都之末，則賈馬許鄭，益覃心於箋注，以破碎繁難相夸尚，於是學風又一變。〔註32〕

今文經學家好言陰陽災異以推論時事，梁啓超稱其傳經，在循其大體玩經文中，能於經中尋出並闡發微言大義，故讀一經通一經之義，明一義得一義之用。古文經學家專講名物訓詁，梁啓超則謂其破碎害道，買櫝還珠，去聖愈遠。在梁啓超心目中，古文經學不如今文經學，是相當清楚的。

第二節　論魏晉南北朝儒學

魏晉南北朝是道家之言復盛的時代，也是儒佛兩宗過渡的時代。這一時期，儒學雖然中衰，但學術尚有傳統，人物尚有規模。南學北學雖然分歧，但學術聲息仍多相通，南北都特重禮學。儒學在危機之中，於儒家文化之體系仍有傳承與關建。以下論述梁啓超對魏晉南北朝儒學的觀察。

一、儒學衰微的原因

魏晉南北朝四百年，政治腐敗，篡亂相乘，兵戎迭起，有五胡亂華，有南北分裂，有種族之融合，也有外族之侵入。此一時期，儒學不振，梁啓超從五個方面討論其原因。

（一）訓詁之反動力

漢武帝以政治權力統一思想，獨尊儒家，儒學大盛。又置五經博士，博士弟子能通一藝者，得補文學掌故缺，說經既與利祿結合，章句之學乃逐漸興起。所謂章句之學，即是離章辨句，對各章各句做詳細的文字解說。其在漢世，學者之說經，於《尚書》，僅篇名「堯典」二字，便可論說十萬言，對「曰若稽古」四字，就可解釋三萬言，瑣碎至極。此一學風至漢末馬融、鄭

〔註31〕《儒家哲學》，頁 28～29。
〔註32〕《論中國學術思想變遷之大勢》，頁 51。

玄之遍注群經，而臻於極盛。然「盛極或伏其衰」，漢代經師的章解句釋，隨
著黃巾亂起之後的社會動亂，亦轉趨衰微。梁啓超論魏晉南北朝儒學之衰落，
首列「訓詁之反動力」。他說：

> 漢季學者，守師說，爭門戶，所謂「碎義逃難，便辭巧說，說五千
> 之文，至於二三萬言，幼童而守一藝，白首而不能通」。學問之汨沒
> 性靈，至是已極，物極必反，矯往過直，故降及魏晉，人心厭倦，
> 有提倡虛無者起，則群率而趨之，舉一切思想，投入懷疑破壞之渦
> 中。殆物理恆情，無足怪者。〔註33〕

梁啓超論學術思潮的演變，喜以前代學風之反動來立說。此謂魏晉學風之嬗
變，是對漢代「訓詁之反動力」如此，爾後論清代學術之為宋明理學一大反
動，亦如是。這可以說是梁啓超討論學術變遷，慣有的思維方式。後代學術
於前代學術有所修正，此誠然也。但是，學術發展原是一有機整體，有其連
貫性與不可分割性。魏晉時代老莊思想雖有蓬勃的發展，但儒生注經仍始終
未絕。

（二）曹魏之提倡惡俗

漢代，朝廷以經術取士，儒者以經術教學。東漢光武尊崇節義，敦厲名
實，士大夫必須經明行修，方能見重於鄉里，進身於仕途。儒學之盛，士風
之淳，為東漢兩百年之特徵。及桓靈之世，於朝廷有外戚宦官與世族名流之
爭，於地方有豪門巨室操持選舉，人心紛亂。迨曹操（155～220）當權，用
人但求其才，不問其德。梁啓超直把矛頭對準曹操，認為魏晉儒學之不振，
世風日下，乃「由曹魏之提倡惡俗」〔註34〕使然。他說：

> 晉泰始元年，傅玄上疏曰：「近者魏武好法術，而天下貴刑名。魏文
> 慕通達，而天下賤守節。」孟德既有冀州，崇獎跅弛之士，下令再
> 三至於求「負污辱之名，見笑之行，不仁不孝，而有治國用兵之術
> 者。」於是風俗大壞，人心一變。顧亭林所謂「經術之治，節義之
> 防，光武明章數世為之而未足；毀方敗常之俗，孟德一人變之而有

〔註33〕 《論中國學術思想變遷之大勢》，頁57～58。

〔註34〕 曹操在建元十五年、建元十九年以及二十二年，分別頒布了「求賢令」、「有
司取士毋廢偏短令」、「舉賢勿拘品行令」，即世謂之魏武三詔令。此三通令曾
被顧炎武痛斥為只求其才不問其德。其實，曹操之求賢三詔，旨在求才而不
在廢德。若細觀三詔令內容，則可發現曹操視德行為人才中之一科，是將德
行與才能並列，並非重才輕德。

餘。」誠哉其知言也，儒術之亡，半坐是故。〔註35〕

梁啓超引顧亭林《日知錄》「兩漢風俗」條，說明曹操用人多稱力不稱德，於是風俗敗壞，人心大變，儒術衰微。儒家孔子向有「驥不稱其力，稱其德也」（《論語·憲問》）之教，而曹操用人唯才，不問其德。梁啓超於此頗不以爲然，甚且認爲儒家的理想人生價值，因之產生動搖，而亂世人心亦自是起。

（三）殺戮過甚人心惶惑

魏晉南北朝四百年、內禍外患相尋，戰爭黨禍不斷，分裂、割據、對峙、動盪、文士動輒得咎，性命朝不保夕。梁啓超描述這段社會背景，說道：

> 漢世外戚宦官之禍，連踵繼軌。兩漢后妃之家，著聞者四十餘氏，大者夷滅，小者改竄，其身家俱全者，不得四五。宦官弄權，殺人如草。一朝爲董袁所襲，亦無孑遺，人人漸覺骨肉之間，皆有刀俎。若乃黨錮之禍，俊顧廚及，一網以盡。其學節冠一世，位望至三公者，亦皆駢首闕下，若屠豬羊。天下之人，見權勢之不可恃也如彼；道德學問之更不可恃也如此。人心徬徨，罔知所適，故一遁而入於虛無荒誕之域，芻狗萬物，良非偶然。〔註36〕

儒家既言內聖，也強調外王。儒者向來被要求「仁以爲己任」，既要立己也要立人。但魏晉之世，殺戮過甚，權勢、道德、學問皆不足以爲恃。若阮籍、嵇康乃退守自保，「蔑棄典文，不遵禮度，游辭浮說，波蕩後生」，於是「縉紳之徒翻然改轍，洙泗之風緬焉將墜」（《晉書·儒林傳》）。士風既變，則學術思想亦隨之起伏。

（四）天下大亂民苦有生

東漢末葉以後，政治紊亂，其害不僅及於士大夫，更禍及百姓蒼生。「白骨露於野，千里無雞鳴」（曹操〈蒿里行〉），「路有饑婦人，抱子棄草間，顧聞號泣聲，揮淚獨不還」（王粲〈七哀詩〉）的人間悲劇，不是單一的特殊個案，而是當時數以萬計人共同的命運。梁啓超描述當時士大夫的處境，說：

> 漢末自張角、董卓、李催、郭汜、曹操、袁紹、孫堅、劉備以來，四海鼎沸，原野厭肉，谿谷盈血。繼以晉代八王、五胡之亂，中原喋血，一歲數見。學者既無所用，亦困於亂離，無復有餘裕以研究

〔註35〕《論中國學術思想變遷之大勢》，頁 58。
〔註36〕《論中國學術思想變遷之大勢》，頁 58。

　　純正切實之學，但覺我生靡樂，天地不仁，厭世之觀，自然發生。
〔註37〕

儒學本爲濟世之學，但東漢末葉以後，社會不安定，士人生命失去了著力點，
無復爲用，儒學自然衰微不振。

（五）帝王儒者崇尚讖緯

　　孔子不語怪力亂神。然而，兩漢今文經學家汲取陰陽五行之說，喜言災
異。而帝王又崇尚讖緯，如王莽（45B.C.～23）用讖緯以收攬民心，以爲篡奪
之資；劉秀（6B.C～23A.D）戡定變亂，中興漢室，即位後讀圖讖、講經藝，
依據舊典，參以五經讖記之文，定制度服色；漢章帝大會諸儒於白虎觀，史
臣所撰之《白虎通義》亦多讖緯之說。梁啓超以爲讖緯之說的流行，使得儒
學沾染了神仙、丹鼎、符籙等色彩。他說：

　　　　兩漢帝王儒者，崇尚讖緯，迷信休咎。所謂陰陽五行之謬説，久入
　　　　人心，而權勢道德，既兩無可憑，民志惶惶，以爲殆有司命之者存，
　　　　吾祈焉禳焉，煉養焉，服食焉，或庶可免，於是相率而歸之。〔註38〕

帝王儒者崇尚讖緯，影響所及，若揚雄（53B.C.）之著《太玄》以擬《易》，
著《法言》以擬《論語》，桓譚（24B.C.～56）在《新論》中，講養生無益及
形神分合，都開啓了魏晉以後學者雜揉道家以論儒學的先聲。這是梁啓超從
思想變遷的縱線上，觀察魏晉儒學不振的原因。

二、論南學與北學

　　魏晉南北朝儒學消沉。梁啓超於魏晉儒學的論述相當簡略。他對於以老
莊思想注《易》的王弼，以及撰寫《論語集解》而爲世所推重的何晏，都輕
輕一筆帶過。於王肅之解經，也不加著墨。其於南學、北學的論述，也極爲
簡略。他只根據《隋書・儒林傳序》：「大抵南人約簡，得其英華；北學深蕪，
窮其枝葉」的概括，對南北朝經學提出觀察。

（一）南學說經重義疏

　　永嘉之亂，晉室南遷，偏安江左。西晉儒者及其學風南渡延續於東晉，
宋、齊、梁、陳。梁啓超論南學，說道：

〔註37〕　《論中國學術思想變遷之大勢》，頁58。
〔註38〕　《論中國學術思想變遷之大勢》，頁58。

> 南朝的學風，專從幾部經中，求其哲理，對於漢儒家法，極端反對。
> 如《南史・儒林傳》所稱何承天、周弘心、雷次宗、劉瓛、沈麟士、
> 明山賓、皇侃、虞喜、周撫、伏曼容一流，十分之九，皆信仰老莊，
> 或崇拜佛法。《南史》常用「緇素並聽若干人」等字句，可見得每次
> 講演，和尚道士，前往聽講的很多。所以南朝經學家，大多數以道
> 佛的哲理，解釋儒家的學說。〔註39〕

南朝儒生講學，以經傳與老莊並行，受佛道影響，好玄言，善談名理。何晏、
王弼這派在南學很有勢力。南學說經重義疏，強調發揮經典的義理，是漢學
中微言大義的傳統。他們承襲的是魏晉時儒道融合的玄學。

（二）北學說經守章句

相較於清談之風靡於江左，北方儒學則劫火餘生，仍受漢儒家法，仍守
漢儒舊轍，馬融、鄭玄這派很有勢力。他們重明經，保留著漢儒訓詁名物的
樸實學風。

梁啓超說：

> 北朝的學風，帶點保守性，專從名物訓詁上著手，一依馬鄭以來舊法。
> 如《北史・儒林傳》所稱盧玄、刁沖、劉蘭、張吾貴、李同軌、徐遵
> 明、熊安生、劉焯、劉炫一流，大體皆墨守漢儒家法，釋經極其謹嚴。
> 後來唐代陸德明作《經典釋文》、孔穎達作《五經正義》、賈公彥作《周
> 禮儀禮疏》，以及徐彥的《春秋公羊傳疏》、楊士勛《春秋穀梁傳疏》，
> 皆有底本，出自本人者極少。徐遵明、熊安生、劉焯他們的底本，由
> 孔穎達、賈公彥等整理一番，成爲現在的《十三經注疏》。〔註40〕

也就是說，北學能傳漢儒薪火，釋經極其謹嚴。梁啓超論南學、北學，只著
眼於北人篤守章句訓詁，南人善談名理，各有不同的學術風格。至於南北經
學的源流、傳承則付之闕如，對基於門閥制度的需要，禮學成爲顯學，南學、
北學都重三禮，梁啓超亦未加論述。

第三節　論隋唐儒學

由於隋代的政治一統，南北學亦由分歧趨向混同。唐代是經學史上「漢

〔註39〕《儒家哲學》，頁34。
〔註40〕《儒家哲學》，頁34。

學階段」的最後一個時期。唐代三百年，一方面結束了漢代以來今古文經學的對立、南北學的分歧，同時也開啓了「捨傳求經」直探聖賢的治學途徑。另一方面，唐代也是個佛教鼎盛的時代，但由於沙門入朝不拜君主，歸家不拜父母，土地不納稅，僧眾不服役，因而儒者也時有「尊王討番」、「崇儒排佛」之聲起。〔註41〕又，唐代還是個老子的時代。老子被尊爲太上玄元帝，道士與僧眾同樣享有免租權利。唐代雖然儒道佛三者並尊，國家政令以儒家思想爲據，但是佛學之盛卻遠逾儒學。梁啓超以爲「唐朝一代，頭等人物都站在佛教及文學方面，純粹講儒家哲學的人，不過是二三等腳色」。〔註42〕又謂「當時儒家者流，除文學外，一無所事」，「其最錚錚於學界者，如王通、陸德明、孔穎達、韓愈之流，其於學術史中，雖謂無一毫之價值焉可也」。〔註43〕唐代儒者在儒學思想上，確實沒有太多建樹，但平情而論，唐代是儒學由漢學轉向宋學，使儒學重回中國學術主流的過渡時代。梁啓超於隋唐儒學的論述，約有下列二端：

一、論隋代及唐初學風

（一）隋代學風由分歧轉趨調和

自漢末黃巾之亂（西元184），漢室四百年大一統的帝國漸次演爲魏、蜀、吳三分天下之局起，中國就長期處於一個分分合合，且易分難合的狀態。這種局面直到隋代統一天下，才有了改變。學術世運彼此相因，學術常隨政治的分合而離合。梁啓超論隋代學風，說：

> 隋朝統一天下，南北混同，車馬往還，絡繹不絕，因政治上交通上
> 的統一，全部文化，亦帶著調和色彩。〔註44〕

隨著政治上的統一，學術思想也產生合流、調融的現象。他特別舉顏之推（531

〔註41〕　唐高祖時，太史令傅奕曾七次上疏，請求廢除佛教。其理由一是僧人「遊手遊食，易服以逃租賦」；二是「漢譯胡書，恣其假託」；三是僧人「踰城出家，逃背其父，以匹夫而抗天子，以繼體而悖所親」。見《舊唐書》卷79，〈傅奕傳〉。而中唐韓愈，也從富國論、夷狄論和儒家倫理道德幾個方面來反對佛教。他在〈原道〉一文中，主張「人其人，火其書，廬其居，明先王之道以道之」，用政治的力量和手段來消滅佛教。

〔註42〕　《儒家哲學》，頁35。

〔註43〕　《論中國學術思想變遷之大勢》，頁63。

〔註44〕　《儒家哲學》，頁34。

～？）、王通（537～586）爲例，其謂顏之推：

> 他是南方人，後來遷往北方，受南方的影響不小，受北方的影響亦
> 很大。他作《顏氏家訓》對於北方嚴正的章句訓詁，非常注意，對
> 於北方保守的風俗習慣，亦很贊成。他的〈歸心篇〉，主張內外一體，
> 儒佛一體，是想把兩教調和起來的。〔註45〕

其謂王通，說：

> 他是北方人，亦受南方的影響。這個人，事事模倣，很像揚雄一樣。
> 生平以孔子自命，曾作《禮論》二十五篇、《樂論》二十篇、《續書》
> 百五十篇，《詩》三百六十篇，《元經》五十篇、《贊易》七十篇，謂
> 爲《王氏六經》。後來門弟子尊稱他叫文中子。……他不同徐劉一派，
> 專做名物訓詁的工夫，而能另闢蹊徑，直接孔子，這是他獨到的地
> 方。他對於佛教，一點不排斥，並且主張調和，亦持儒佛一體的論
> 調。

顏之推，其先瑯琊臨沂人，南渡之後，世仕江左。之推早年成學於南方，但
二十四歲以後長羇北地，歷事周齊，齊滅始居關中。顏之推崇儒，他在所撰
《顏氏家訓·勉學篇》中，以「務先王之道，紹家世之業」勉其子孫。時，
釋道兩家興盛，顏之推不加排斥，而主張以儒調和。《顏氏家訓·歸心篇》，
認爲儒家爲外，佛家爲內，「內外兩教，本爲一體」，不可偏廢，「若歸周孔而
背釋宗，何其迷也」。且將佛教的五戒與儒家的五常相比附，謂「仁者，不殺
之禁也；義者，不盜之禁也；禮者，不邪之禁也；智者，不酒之禁也；信者，
不妄之禁也」。同時他又主張調和儒道，在〈養生篇〉中，數引莊子之說，認
爲「神仙之事，未可全誣」。王通，是個專論修己治人的儒者。〔註46〕他雖然
是個北方人，但對於北方名物訓詁、注疏之學，卻不甚感興趣，認爲「經師
興而《易》道微；《三傳》作而《春秋》散；齊、韓、毛、鄭，《詩》之末也；
《大戴》、《小戴》，《禮》之衰也；《書》殘於古今，《詩》失於齊魯。」故而
排斥經師與注家而直溯孔子。梁啓超以爲隋代儒學，無論南北，都主調和，
顏之推、王通即是代表人物。

〔註45〕《儒家哲學》，頁35。
〔註46〕章炳麟以爲「漢以後之儒家，概而言之，須分兩派：一則專務修己治人，不
　　　　求高遠；一則顧亭林所謂明心見性之儒。」又謂：「漢以後專論修己治人者，
　　　　隋唐間有文中子、王通。」見氏著《國學略說》，頁145。

（二）初唐學風延續調和態勢

梁啓超認爲初唐的學風，也延續著調和的態勢，孔穎達與諸儒所撰定的《五經正義》，就是學術調和的結晶。他說：

> 專就儒學而論，唐代最無光彩。初唐時有名經師，如陸德明、孔穎達、賈公彥等，仍遵漢學家法，十三經注疏中重要之疏，皆爲所作，在經學界很有名，但是實際上都不能算是他們作的，不過根據前人成績，加以整理而已。唐人所講各經正義及義疏，大半采自熊安生、劉炫、劉焯等著作。這一派北朝學者，對於各經的疏，考據得很有成績，唐人把它聚集起來，加以整理，不能說是獨創。其中稍值得注意的，就是因政治的南北統一，而學術上的南北混合亦隨而成立。北派所宗之馬融、鄭玄、賈逵、服虔，與南派所宗之王弼、王肅、杜預，從前取對立的形勢，至此便趨到調和的形勢。〔註47〕

唐太宗以儒學多門，章句繁雜，令顏師古於秘書省考定五經，又詔國子祭酒孔穎達與諸儒撰定《五經義疏》一百七十卷，名曰「五經義贊」，又詔改爲「五經正義」。《五經正義》，《毛詩》取鄭玄箋，《尚書》取孔安國傳，《易》取王弼、韓康伯注，《禮記》取鄭玄注，《左傳》取杜預注。高宗永徽四年（653），又詔中書門下，國子館博士、宏文館學士刊正孔穎達《五經正義》。功畢進呈，詔頒天下，每年明經依此考試。自是，經學統一。孔穎達《五經正義》出自官方，這是繼漢武帝表彰六經之後，中國人第一次的大規模國故整理。《五經正義》的編纂，是學術趨向調和的象徵，然而官修之書雜出眾手，未能自成一家，學術在統一之中，同時也正醞釀著變化。

二、論中唐儒學的轉折

中唐以後，儒者無論在解經的型態，或是所關切的問題，都出現了一些變化。梁啓超於此，有簡要的討論。

（一）解經方法的開拓

從漢代到唐代，經學雖有變遷，但基本上沒有逾越漢代今古文經說的學術範圍。這種學術型態，到了中唐以後，開始有了變化。梁啓超說：

> 中唐以後，所謂經學家，如啖助、趙匡一流，尚能開點新局面。對

〔註47〕《儒家哲學》，頁35。

於漢魏六朝以來，那種瑣碎支離的解經方法，認爲不滿，要脫去陳舊束縛，專憑自己聰明，另求新意，韓愈送盧仝的詩說道「春秋三傳束高閣，獨抱遺經究終始」這兩句話，很可以代表當時的一般精神。〔註48〕

《五經正義》將眾說紛紜的經義熔於一爐。啖助（724～770）、趙匡（？～？）等治《春秋》，卻反身求經，另求新意，這可以說是對於《五經正義》統一經義的一種反省。啖助、趙匡等人「舍傳求經」，是當時摒棄傳注舊說，追尋原典新義的學術反映。梁啓超評論啖、趙等人「另求新意」的治學方法，說道：

他們雖有另求新意的傾向，可惜沒有把門路創出來，不如近人研究經學這樣的切實、精密。清朝像王念孫，是很革命的，在小學上、文法上，另外找根據。近人如王國維，亦是很革命的，在鐘鼎上、龜甲上，另外找根據，這種精神，很合科學。啖助、趙匡等，沒有好的工具，但憑主觀見解，意思不合，隨意刪改。這樣方法，容易武斷，在經學上，佔不到很高的位置。〔註49〕

又說：

漢人解經，注重訓詁名物。宋人解經，專講義理。這兩派學風，截然不同。啖、趙等在中間，正好作一樞紐。一方面把從前那種沿襲的解經方法，推翻了去；一方面把後來那種獨斷的解經方法，開發出來。啖、趙等傳授上與宋人無大關係，但見解上很有關係，承先啓後，他們的功勞，亦自不可埋沒。〔註50〕

梁啓超肯定啖助、趙匡等人之治學，不爲舊說所縛，而能另闢新局。但又深惜其缺乏近人「饒有科學之精神」的治學方法，〔註51〕故而在具體的學術成績上，沒有太多的創獲，也易流於主觀武斷。這樣的批評，實際上與《四庫全書總目》中，謂啖、趙之學「生臆斷之弊」、「開異說之萌」〔註52〕是相承的。而他謂啖、趙摒棄傳統經學箋注形式，是經學史上由漢學轉向宋學的樞紐，也和四庫館臣以啖、趙之「捨傳求經」，爲宋學前導的說法一致。也就是說，梁啓超對中唐以後解經方法開拓的論述，基本上沒有超出四庫論點的範

〔註48〕《儒家哲學》，頁 36。
〔註49〕《儒家哲學》，頁 36。
〔註50〕《儒家哲學》，頁 36。
〔註51〕《論中國學術思想變遷之大勢》，頁 91。
〔註52〕《四庫全書總目》，經部，卷 26，《春秋集傳纂例》。

圍，而其以清代王念孫、王國維之學術成績，衡諸唐代啖、趙，而謂啖、趙解經不夠切實、精密，則實在有欠公允。蓋學術發展，本是前修未密，後出轉精，層層積累而來，若以後世之精，責前代之疏，未免厚誣古人，且昧於學術發展之勢。

（二）儒家學術的開創

隋代及唐初，學風趨於調和，這一方面表現在孔穎達之以《五經正義》統一經義，另一方面也表現在唐代之統治者儒、釋、道三教並立，於儒學之外，兼容佛教與道教。梁啓超以為唐代儒學，因佛教禪宗的興起，沾染禪宗的氣息，在治經方法、研究內容上完全改變。「北朝時專講注疏，中唐以後則要把《春秋三傳》，束之高閣」；「北朝時專講訓詁名物，中唐以後則主張明心見性」。〔註53〕儒學因為釋、道二家的相互摩盪，中唐以後，儒者無論在解經的方法，或思想的內容上，都開始有了不一樣的思考。就儒家學術的開創言，梁啓超以為韓愈、柳宗元、李翱是其中重要的人物。其謂韓愈：

> 他是一個文學家，同時又是一個儒家。所著〈原道〉、〈原性〉諸文，都是站在儒家方面，攻擊佛教。竟因諫迎佛骨，謫貶潮洲。但他純是文學家，對於佛教知識，固然很少，對於儒家道術，造詣亦不甚深。漢魏六朝的注解工夫，宋以後的修養工夫，他都沒有做多少，所以對於儒家，在建設方面，說不上什麼貢獻。但是他離開舊時的訓詁方法，想於諸經之中，另得義理，所謂獨抱遺經究終始，這是他見解高超處。〔註54〕

其謂柳宗元，說：

> 他亦是一個文學家，但是他在學問方面的地位，比韓愈高。除研究儒家道術以外，對於周秦諸子都看都讀，有批評，有鑑別力。他所著關於討論諸子的文章，篇篇都有價值。……韓是一個反對佛教論者，柳是一個調和儒佛教論者。子厚於佛教，較有心得，不特不毀，且極推崇，頗主張三教同源。〔註55〕

其謂李翱，說：

> 唐末，有一個很重要的人，為宋學開山祖師，就是李翱，字習之。

〔註53〕《儒家哲學》，頁37。
〔註54〕《儒家哲學》，頁39。
〔註55〕《儒家哲學》，頁39。

> 他在文章方面，是韓愈的門生，在學問方面，確比韓愈高明多了。
> 他的言論很徹底，很少模糊籠統的話。他於佛教很有心得，引用佛
> 教思想，創設自己的哲學。這種事業，至宋代才成功，但是最初發
> 動，往創作的路子上走，還是靠他。他最主要的文章，是〈復性書〉，
> 分上中下三篇，很有許多獨到的見解。〔註56〕

韓愈是個文學家，對於佛教的認識有限，於儒學的思想闡發也不深入。但他的〈原道〉爲對治佛教的「祖統」說，提出了儒學的「道統」論；〈原性〉一文，反對佛教的滅情見性，道家的聽任自然，而主張性三品之說，把「性」、「情」統一起來，都成了邇後宋儒重要的論學主題。其於儒學發展，自有不容抹殺的啓導之功。梁啓超論柳宗元，頗爲推崇，尤其推許柳氏三教同源的主張，這應該與梁啓超自己於佛學亦有精深的研究有關，是以特別能相契於柳宗元的觀點。至於李翱，梁啓超則譽其爲宋學開山祖師，並稱其〈復性書〉有許多獨特見解。而李翱於理學之啓發地位，也幾乎成爲學界公認的事實。

宋代學者之治學，「擺落漢唐，獨言義理」，於儒家經典的神聖性，及漢儒經說的權威性都表示相當的懷疑。此一疑經風氣，早在中唐啖、趙之治《春秋》，「捨傳求經」已啓其端。就儒學思想的發展言，由於道、佛的激盪、詰難，始有韓愈排佛衛儒，倡導道統，推尊孟子的主張，以及柳宗元、李翱等人，對於天人關係、三教關係、性情問題的討論。入宋之後，儒者繼此命題，予以深化、擴充，從而建構出一套有別於傳注訓詁的思想體系，漢宋儒學自此分途。而韓、柳、李之所以被稱爲宋學先驅，正緣乎此。唐代後期，儒學發展產生了重要的轉折，而儒學進入宋代以後，則開啓了另一規模。

〔註56〕《儒家哲學》，頁39。

第七章　梁啓超的宋明儒學論

　　儒家思想，原本著重於解決現實人生的問題，重視禮樂，講究人文化成，以求經世致用，於宇宙本體論並不多涉。但宋代以後，儒者於天人相與之際，所謂性與天道，性命道德之學卻多所闡發，形成宋明學術思想的一大特色。梁啓超說：

> 那時候的思想界，全部份精力耗費在新哲學之建設上頭。這一派的新哲學，是努力將印度思想和中國固有思想相調和。他們自己標一個名叫做「理學」—專從形而上方面探求宇宙和人生的原理，所以叫理學。〔註1〕

又說：

> 理學界重要人物，前有程頤、朱熹、陸九淵，後有王守仁，因此又分程朱和陸王兩支派。程朱派帶中國固有思想的成分還較多；陸王派便更和印度思想接近了。自理學興後，唐以前許多文化事業都很受打擊，再加以那種八股考試制度，把學界的活氣越發腐蝕了。〔註2〕

宋明是儒佛混合的時代，理學是儒家思想與佛家思想激盪調融之後，所形成的一種思想型態。〔註3〕梁啓超以爲理學主要有程朱、陸王兩支派，也就是含括整個宋代以來所形成的心性義理體系，並非僅限於《宋史·道學傳》所言

〔註1〕　梁啓超〈明清之交中國思想界及其代表人物〉，《飲冰室文集》之41，頁29。
〔註2〕　梁啓超〈明清之交中國思想界及其代表人物〉，《飲冰室文集》之41，頁29。
〔註3〕　關於理學的思想型態，梁啓超以爲是儒佛思想調和之後的產物，馮友蘭於《中國哲學史》中，亦以爲是儒釋的混合。而錢穆於所撰《中國思想史》，則以爲是儒佛的對抗。

之伊洛一脈。梁啓超向來重視思想自由，與學界生氣，因此對於理學興起後，學術文化因專精而乏宏大的現象，深致惋惜。並且對元代科舉考試，「明經內四書五經，以程子、朱晦庵註解爲主」，於是從鄉學到太學，「咸尊以爲師者，爲朱文公」；「明初科舉之制，大略承元舊制，宗法程朱」，以所編修之《性理大全》，作爲取士之用，於是天下之士，「非朱氏之言不尊」，也認爲並不妥當。

宋明儒者之論學，大抵相信「聖人之道，吾性自足」，循理便是善，動氣便是惡，於是成聖成賢的形上本體與人生實踐工夫，闡發得極爲精微。相對於清代學者所謂的漢學，宋明理學又被稱爲宋學。梁啓超早年於宋學，雖曾有「宋學淺」、「僅言孔子修己之學」的批評，且於語學者以經學時，要人「當知宋學末流，束身自好，有乖孔子兼善天下之義」。〔註 4〕但其用意旨在強調經世致用，而非本質上否定宋明理學。相反的，他極爲重視治心治身的性命道德之學。他自幼即從祖父那裡聞知宋明儒義理名節之教；〔註 5〕及長，於爲康有爲萬木草堂弟子時，康有爲又授以陸王之學。〔註 6〕光緒二十三年（1897），他在湖南時務學堂擔任總教習時，將「養心」、「治身」、「窮理」列爲學約；光緒三十一年（1905），他於倡導新民說時，抄錄中國先儒言治心治身之學說，編述而爲《德育鑑》；節鈔《明儒學案》重新釐定，編爲《節本明儒學案》；民國十五年（1926），他在北京學術演講會及清華學校演講「王陽明知行合一之教」；民國十六年（1927），他在司法儲才館講「陸王學派與青年修養」，對儒學人格修養加以闡述。由此觀之，梁啓超終其一生皆服膺於宋明理學修身治心的內涵。以下試論梁啓超之宋明儒學研究。

第一節　論宋代儒學

宋儒與漢儒，雖皆重視聖賢義理。但在求道的思維，及其所循之門徑，卻有很大的不同。大體而言，漢儒重視師法、家法，章解句釋，詳於傳注訓詁，以經議政；宋儒則舍傳求經，直接從經文中尋覓義理，認爲治學的目的

〔註 4〕 梁啓超〈西學書目表後序〉，《飲冰室文集》之 1，頁 126。
〔註 5〕 梁啓超〈哀啓〉一文，述其家世謂：「吾家自始遷新會，十世務農，至先王父教諭公，始肆志於學，以宋明儒義理名節之教貽後昆。」見《盾鼻集》附錄〈哀啓〉，《飲冰室專集》之 33，頁 127。
〔註 6〕 萬木草堂學科分爲四類：義理之學、考據之學、經世之學、文字之學。其中義理之學共有五目，分別是孔學、佛學、周秦諸子學、宋明理學、泰西哲學。

在於「觀聖人所以作經之意」、「聖人所以用心」、「聖人所以至聖人」，以及「吾之所以未至者」，以求成德希賢。在宋儒言，正因爲從漢至唐之學者治學，無論是講微言大義的今文經學，或是講訓詁名物的古文經學，都不能眞正得聖賢眞傳，以致孟子之後道學中絕，宋儒所致力者，正是企圖上接孔孟之傳。梁啓超討論宋代儒學，首先談到理學興起與宗派問題，當然也言及宋儒關注的一些命題。

一、論理學之興起與宗派

（一）理學興起的另類論斷

　　理學是性理之學的簡稱。其學以接續聖賢道統爲旨歸，故又稱爲道學。《宋元學案》以「安定學案」開篇，繼之以「泰山學案」，將胡瑗、孫復當作宋學之開山。梁啓超對此持有不同意見，他認爲胡瑗、孫復在宋代初葉，不過是開始講學，與宋代學風，其實相去甚遠。宋學之興，學風改轍，反倒是因歐陽修、王安石、司馬光、蘇軾等政治文章之士的影響。其論歐陽修，說：

> 他是宋代文學的開創者，詩文皆開一代風氣。但他在思想界有很大的貢獻，在勇於疑古。他不信《繫辭》，對於《詩》《書》及其他諸經，亦多所疑難。所疑難對不對，另一問題。但這種讀經法，確能給後學以一種解放。他著有〈本論〉一篇，繼承韓愈〈原道〉那一派闢佛論調，亦宋儒學術淵源所自。〔註7〕

宋初，仁宗慶曆改革後，學界形成一股不信經師舊說的思辨之風。歐陽修於《春秋三傳》、《易傳》、《河圖》、《洛書》，都提出了許多大膽的懷疑。梁啓超以爲這對學風有引領啓導的作用。另外，歐陽修〈本論〉，指出佛教盛大的理由：一是中國「王政闕、禮義廢」；一是佛教有一套極爲精緻的心性論系統。是以欲戰勝佛教，自當「修本」，而這個「本」就是儒家的「禮義」。梁啓超認爲此說乃承韓愈闢佛論調，亦是宋儒學術淵源之所自。其實，歐陽修突破傳注勇於疑古，修禮義以勝佛，返本以開新，不僅是宋學的淵源，也有助吾人釐清宋學的眞精神。

　　其謂王安石，說：

> 他是一個大政治家，同時又是一個大學者，所著各種新義，頗能破

〔註7〕 《儒家哲學》，頁41。

除前漢唐人的講經方法，自出心裁。他的文章精神酣暢，元氣蓬勃。

文集中，關於心性的文章很多，其見地直影響到二程。〔註8〕

王安石是政治家也是學者。他講性命之學，也致力於經世濟民。梁啓超認爲他不汨於章讀箋詁，常有別出心裁的可觀之處。又心性之學，隋唐以來幾乎爲釋家的擅場。韓愈闢佛，然於心性理論所涉不深。歐陽修排佛，但偏重於人事，於心性問題也沒有更深一層的討論。但王安石則有不少涉及心性命題的文章。如其〈原性〉中，謂「性生乎情，有情然後善惡形焉，而性不可以善惡言也」，主張性不可言善惡，善惡只是情之成名。在〈性情論〉一文中，反對性善情惡說，謂「性情一也」，世之論性善情惡者，「是徒識性情之名，而不知性情之實」。梁啓超謂其見地直影響到二程。這都有助與吾人瞭解理學的發生與形成。

其謂司馬光，道：

> 溫公全部精力，都用在史學方面。所著《資治通鑑》貫穿諸史，爲編年體中一大創作。文集中，關於討論哲學問題的文章很多，可見得他在儒學方面，亦是異常的努力。他著有《疑孟》一書，對孟子學說頗多不滿。這也難怪，其實溫公學術有點近於荀子。〔註9〕

司馬光與王安石並時而起，但在政治與學術上則都相非難。王安石推尊孟子，撰有《揚孟》，於孟子之性善說多所闡釋，且於變法時，科舉以《孟子》試士；司馬光則貶抑孟子，著有《疑孟》，對孟子學說多所批評，並於神宗駕崩，再度秉政時，盡廢新法，取消科舉以《孟子》試士。這說明北宋初期仍然是個學術多元，學者可以各自立說的時代。

其謂蘇軾，說：

> 蘇氏父子，都是大文學家。有《戰國策》縱橫馳驟之風。在學問上，亦能創立門戶。後來蜀學與洛學，立於對抗的地位。東坡對於佛教，不客氣的承認，禪宗尤其接近，所作詩文，往往有禪宗思想。他對於道教，亦不排斥。晚年生活，完全變爲道家的氣味。〔註10〕

北宋儒學有洛學、蜀學的對立。洛學以程頤爲首，蜀學以蘇軾爲首。他們都推尊孟子，也讚揚主張承接道統的韓愈。但蘇軾對於程頤將天理人欲截然二

〔註8〕 《儒家哲學》，頁42。
〔註9〕 《儒家哲學》，頁42。
〔註10〕 《儒家哲學》，頁42。

分，理欲對立，「欲存天理必先去人欲」的觀點，卻不以為然的批評其「不近人情」，他說「聖人之道，自其本觀之，則皆出於人情」，〔註11〕又謂「禮之初，始諸人情」。〔註12〕是否「近人情」，是洛、蜀思想的分歧，也是理學與反理學之間爭論的焦點。蜀學與洛學相對現象，說明宋代理學奠基之時，反理學之聲已伴隨而生。

（二）理學宗派的重新置位

1. 論北宋五子

宋代儒學復興。理學是儒學復興中諸多派別中的一家。《宋史・道學傳敘》說：

> 孔子歿，曾子獨得其傳，傳之子思，以及孟子，孟子歿而無傳。兩漢而下，儒者之論大道，察焉而弗精，語焉而弗詳，異端邪說起而乘之，幾至大壞。千有餘載，至宋中葉，周敦頤出於舂陵，乃得聖賢不傳之學，作《太極圖說》、《通書》，推明陰陽五行之理，命於天而性於人者，瞭若指掌。張載作《西銘》，又極言理一分殊之旨，然後道之大原出於天，灼然而無疑焉。仁宗明道初年，程顥及弟頤寔生。及長，受業周氏，已乃擴大其聞，表章《大學》、《中庸》二篇，與《語》、《孟》並行，於是上自帝王傳心之奧，下至初學入德之門，融會貫通，無復餘蘊。……邵雍高明英悟，程氏時推重之。

《宋史》將周敦頤、邵雍、張載、程顥、程頤、朱熹六人，及其門徒的傳記，從一般的「儒林」概念中分離出來，獨闢一章〈道學傳〉，肯定他們在道統傳承上的地位，表示他們才是儒學的正宗，也標誌著「理學」系譜的建立。

梁啟超對於宋人所謂儒學正宗，專指五子，以及南宋朱學一派，頗不以為然。他認為五子思想各不相同，泛指為一派，其實有待商榷。其謂周敦頤，說：

> 《周子・通書》，與程朱一派有相當的關係，但極簡單，可以有種種解釋。《太極圖說》，與程朱關係很深。在南宋時，曾因此起激烈的辯論。朱子贊成《太極圖說》，且認為濂溪所作；陸子反對《太極圖說》，且認為非濂溪所作。依我看來，許是周子所作，但是對於內容，我持反對論調，與象山同。象山以為《太極圖說》無什道理，定非

〔註11〕蘇軾《蘇東坡全集・中庸論中》，頁 761。
〔註12〕蘇軾《蘇東坡全集・禮以養人為本論》，頁 567。

周子所作，想把這篇劃開，周仍不失其偉大。晦翁以爲《太極圖說》，

極爲精微，周之所以令人崇拜，完全在此。〔註13〕

周敦頤由太極言人極，認爲人人可學爲聖。朱子以爲周敦頤《太極圖說》有
「無極而太極」之言，此言乃形容太極之爲無形而有理。陸象山以爲《易·
繫辭》只言太極，不應在太極之上，復加無極，故而懷疑《太極圖說》或非
周子所爲，或是其學未成時所作。梁啓超以爲《太極圖說》可能是周敦頤所
作，但其內容卻並非朱子推許的精微。由此觀之，梁啓超在程朱、陸王兩系
中，於程朱一脈缺乏相應的理解，而於陸王一脈較爲契近。

其謂邵雍，說：

他以爲宇宙萬有，皆生於心，所以說：「先天之學心也，後天之學迹
也，出入有無死生者道也。」又說：「先天學，心法也。圖皆從中起
萬化萬事生於心。」我們看邵子這種主張，實際上不是儒家，亦不
是道家，自成一派。邵子言性，亦主性善，以爲仁義禮智，性中固
有，所以說：「性者，道之形體也。道妙而無形，性則仁義禮智具而
體著矣。」但是他的主張，又與孟子不同。凡孔孟所講治學方法，
他都沒有遵行。〔註14〕

邵雍是宋代理學象數學的創始者。梁啓超認爲邵雍不依傍佛、道，事事憑空創
發，而後世人不若其才，是以未能傳其學問之眞義，故其於理學發展影響不大。

其謂張載，說：

橫渠爲宋代大師，在學術界開闢力極強大。哲學方面，他與二程同
時，互相師友，互相發明，不能說誰出於誰。朱派把他認爲二程門
下，是不對的。橫渠不靠二程，二程不靠橫渠，關洛各自發達，可
以算得一時豪傑之士。他對於自然界用力觀察，想從此等處建設他
的哲學的基礎，但立論比二程高。二程爲主觀的冥想，很帶玄學色
彩；他是客觀的觀察，很富於科學精神。他主張氣一元論，由虛空
即氣的作用，解釋宇宙的本體及現象，與周子的《太極圖說》、邵子
的《先天論》皆不相同。〔註15〕

又說：

〔註13〕《儒家哲學》，頁42。
〔註14〕《儒家哲學》，頁43。
〔註15〕《儒家哲學》，頁43。

修養方面，他直追荀卿，專講禮，並以禮爲修養身心的唯一工具。《理窟‧氣質篇》說：「居仁由義，自然心和而體正。更要約時，但拂去舊日所爲使動作皆中禮，則氣質自然全好。」宋代學者於開發後來學派最有力的人，當推橫渠及二程，其重要約略相等。橫渠死得早，門弟子不多，流傳未廣。南宋的朱子，受其影響極大。朱自命繼承二程，其實兼承橫渠。朱子的居敬格物，皆從橫渠的方法，模倣得來。〔註16〕

張載撰有《正蒙》、《理窟》，又有〈東銘〉、〈西銘〉。梁啓超謂其主張「氣一元論」與周敦頤的《太極圖說》、邵雍的《先天圖》皆不相同。又認爲北宋五子各有規模，並不相屬於彼此。梁啓超對於朱子《伊洛淵源錄》中所謂的理學系譜，是存疑的。

其謂二程，曰：

向來的人，都把二程混作一塊說，其實兩人學風，全不一樣。明道是高明的人，秉賦純美，不用苦工，所得甚深。伊川是沉潛的人，困知勉行，死用苦工，所得亦深。以古代的人比之，大程近孟，小程近荀，所走的路，完全不同。大程可以解釋孟子，小程可以解釋荀子。明道的學問，每以綜合爲體；伊川的學問，每以分析立說。伊川的宇宙觀是理氣二元論，明道的宇宙觀是氣一元論，這是他們弟兄不同的地方。〔註17〕

程顥由泛覽諸家，出入釋老，返求六經，而於「天理」有所體貼。他言仁，說「學者須先識仁，仁者渾然與物同體」；言性，謂「生之謂性，性即氣，氣即性，生之謂也」。程頤言涵養須用敬，以爲「入敬之道始於威儀，而進於主一」；言進學在致知，以爲「窮理即是格物，格物即是致知」。梁啓超十分重視二程思想異同的比較，他將程顥比之爲孟子，將程頤比之爲荀子。二程之間，梁啓超很明顯地較近於大程。

2. 論南宋四子

梁啓超以爲南宋最著名的儒者有四家，相對於北宋五子而言，可稱爲南宋四子。四子即指朱熹、張栻（1133～1180）、陸象山、呂祖謙（1137～1181）。四家中，朱陸尤爲重要。宋代新儒家由朱陸集其大成。

〔註16〕　《儒家哲學》，頁 44。
〔註17〕　《儒家哲學》，頁 44。

其論朱熹，說：

> 朱子學派祖述程子──二程中之小程，即伊川。伊川有兩句很要緊的
> 話，「涵養須用敬，進學在致知」。……朱子的學問具見於《文集》、
> 《語錄》及《性理大全》，可以把上面這兩句話概括之。〔註18〕

一般認爲，北宋五子，周、邵自成一家，二程所不多言。張載〈西銘〉雖爲
二程推譽，然其《正蒙》則與二程不契。即令二程之間，所論亦各有勝場。
至朱子則兼包五家，集北宋理學大成。然而，梁啓超卻指出朱子之學，實宗
程頤，所衍乃程頤「涵養須用敬，進學在致知」之論。

其論張栻，說：

> 他是朱學的附庸，死得很早，沒有多大成就，與朱子併爲一派無妨。
> 南軒生在湖南，〔註19〕湖湘學派與朱子學派，實在沒有什麼區別。

湖湘學派是與朱子之學並起的一個學派。這個學派由胡安國（1074～1138）於
南宋紹興年間，隱居湖南衡山一帶治學、講學所形成，主要的代表人物有胡
寅（1099～1157）、胡宏（1105～1161）、張栻。他們既講伊洛之學，也重經世
致用。張栻，字敬夫，又字樂齊，號南軒。從學胡宏，胡宏以爲「河南之門
有人繼起」。宋孝宗乾道元年（1165），張栻主教岳麓書院，期間撰有《論語說》、
《孟子說》、《南軒書說》，充實了胡宏奠基的理學思想體系，湖湘士子也紛紛
求學於此。湖湘學派在當時，也成爲和朱熹的閩學、陸象山的江西學、呂祖
謙的婺學並盛的四大理學學派之一。可惜張栻早逝，學術思想尚未充分發展。
梁啓超以爲張栻的學風，與朱子十分相近，其規模格局又不及朱子，與朱子
併爲一派無妨。

其論陸象山，道：

> 陸子學派有點像大程，即明道。最主要的，就是立大、義利之辯和
> 發明本心。〔註20〕

梁啓超以爲立大是陸學根本。而義利之辯與發明本心，則爲其用功的工夫。
陸象山爲學與朱子路數不同，鵝湖之辯，陸以自己的「切己反省」、「發明本
心」、「學苟知本，《六經》皆爲我注腳」的爲學之方，爲「易簡工夫」，而以

〔註18〕《儒家哲學》，頁46。
〔註19〕按：張栻，廣漢人，遷衡陽，是四川人，並非生在湖南。胡安國也非湖南人，
　　　　而是福建人。但因爲他們主要學術活動在湖南，故歷史上稱他們爲「湖湘學
　　　　派」。
〔註20〕《儒家哲學》，頁46。

朱熹的「格物窮理」為「支離事業」。梁啓超為之解說，謂在知識方面，朱子以為「天下之物，莫不有理」，而其精蘊，則已具於聖賢之書，故必由是求之。陸子以為學問在書本上找，沒有多大用處，如果神氣清明，觀察外界事物，自然能夠清楚。在修養方面，朱子教人用敬，謹嚴拘束，隨時隨事檢點。陸子教人立大，不須仔細考察，只要人格提高，事物即難搖動。並認為朱陸之不同，是一宗小程，一承大程的結果。

其論呂祖謙，說：

> 呂家世代，都是有學問的人。所以呂家所傳中原文獻之學，一面講
> 身心修養，一面講經世致用。……朱陸偏於內聖，東萊偏於外王。

〔註21〕

宋代儒學，於北宋有王安石的新學、張載的關學、二程的洛學、邵雍的象數之學、蘇軾的蜀學等諸學說同時並興，眾說並呈。靖康之亂，宋室南遷，洛學獨盛，朱、陸並峙。朱陸兩家於為學或修養方法上均有所不同。呂祖謙於講身心修養之外，更講經世致用；祖謙雖然早逝，但其門弟子甚多，形成永嘉學派。而薛季宣、陳傅良、陳亮、葉適等浙派人士，更提倡事功之學，重視國計民生實際問題的研究，於北宋周程之學有不少批評。陳亮主張「王霸雜用，義利雙行」，既反對朱子的窮理格物，也反對陸子的義利之辯。宋學於南宋亦有理學、心學以及經世事功之學之爭。梁啓超指出他們的爭論，主要關鍵在於朱陸偏向內聖，東萊偏向外王。

梁啓超對宋代理學興起與宗派的論述，扼要的鉤勒出理學興起、發展及其學派的概貌，於各家之間的詰難，也作出了精簡適切的評論。至於宋人「學問有正統與異端的爭執」，則明言「最是討厭」。〔註22〕這反映出梁啓超重視思想自由，主張學術多元的一貫立場。〔註23〕

二、析理學之重要命題

儒學思想的全幅規模，原本是兼及內聖與外王。但宋儒之論學除有朱陸之殊外，更有浙東事功學派之別。朱陸之異，是儒學內聖方面「易簡工夫」、

〔註21〕《儒家哲學》，頁48。
〔註22〕《儒家哲學》，頁41。
〔註23〕梁啓超向來反對學術定於一尊，以為這會束縛思想。其謂漢代儒學「一尊定而進化沉滯」如此；其以保教非所以尊孔，反使「孔教之範圍益日縮日小」如此；其以宋代言性理則爭正統，以「儒學正宗，專指五子」為「最是討厭」亦如此。

「支離事業」，尊德性與道問學的爭執；浙東事功學派的異幟，則是儒學外王一面的開展。理學是道德性命之學，故理學家談心性、談道器、談理氣、談天人、談知行、也談理欲，提出許多具體的哲學命題。關於宋代理學討論的命題，梁啟超論及者有下列幾個：

（一）性之善惡

性之善惡，先秦時孟子、荀子即多所討論。唐代李翱〈復性書〉以為性本至善，一切不善，皆原於情。到了宋代周、張、二程、朱熹論性雖都出於李翱，但卻都有變化，而有性兩元論的說法。他們認為人性大抵可分為「義理之性」與「氣質之性」。義理之性純乎善，氣質之性雜有善惡。他們不僅就性論性，更向宇宙論尋求根據。性兩元論，始於張載，精於程頤，大成於朱熹。周敦頤雖未曾明言性有兩元，但亦傾向於兩元論。

梁啟超討論宋代理學家人性善惡的問題，其論周敦頤，曰：

> 《通書》：「誠無為，幾善惡」，這是解性的話。他主張人性二元，有善有惡。《太極圖說》又云：「無極而太極，太極動而生陽，動極而靜，靜而生陰。」他以為有一個超絕的東西，無善無惡，即誠無為。動而生陰，即幾善惡。幾者，動之微也。動了過後，由絕對的一元，變為陰陽善惡的二元。〔註24〕

周敦頤講「誠」，誠即人所受於天的本然之性。誠是純粹至善的，乃一切道德之本原。講「幾」，幾是動之微，方動便失了本然的狀態，而有善有惡。誠是至善而超乎善惡的相對者，幾則是善惡之所由分。

其論張載，說：

> 張載《正蒙·誠明篇》：「形而後有氣質之性，善反之則天地之性存焉，故氣質之性，君子有弗性者。」形狀尚未顯著以前，為天理之性；形狀顯著以後，成為氣質之性。天理之性，是一個超絕的東西。氣質之性，便有著落、有邊際。李翱以前，情性對舉是兩個分別的東西。橫渠知道割開來說不通，要把喜怒哀樂去掉，萬難自圓其說，所以在性的本身分成兩種，一善一惡，並且承認氣質之性是惡的，比李翱又進一步。〔註25〕

性兩元論，是張載提出的。氣質之性，形而後方有。天地之性則非形而後始

〔註24〕 《儒家哲學》，頁83。
〔註25〕 《儒家哲學》，頁83。

有。人之偏駁不善，皆由於氣質；天命之性，則本純而不偏。氣質雖有惡，但學即能移。變化氣質之性，同時善反以存天地之性，便是作聖的工夫。其主張變化氣質，同於荀子；主張善反以存本性，則近於孟子，唯孟子講擴充，與善反不同。

其論二程，說：

> 明道亦是個善惡二元論者。他説：「生之謂性，性即氣，氣即性，人生氣稟，理有善惡，然不是性中元有此，兩兩相對而生。有自幼而善，有自幼而惡，氣稟有然也。善，固性也。然惡亦不可不謂之性。」從前儒家論性，極其平實。到明道時，變成不可捉摸，持論異常玄妙。結果生之謂性是善，不用説了。有了形體以後，到底怎麼樣，他又不曾説清楚，弄得莫名其妙。伊川的論調，又自不同。雖亦主張二元，但比周、張、大程都具體得多。《近思錄·道體類》説：「性出於天，才出於氣。氣清則才清，氣濁則才濁。氣則有善有不善，才則無善無不善。」這種話與橫渠所謂天理之性、氣質之性，立論的根據，很相接近。《全書》卷十九又説：「性無不善，而有善有不善者才也。性即是裡，理則自堯舜至於途人一也。才稟於氣，氣有清濁，清者爲賢，濁者爲愚。」名義上，説是宗法孟子，實際上同孟子不一樣。孟子説：「若夫爲不善，非才之罪也。」主張性、情、才全是善的。伊川説：「有善有不善者，才也。」兩人對於才的見解，相差多了。伊川看見絕對一元論，講不通，所以主張二元，但他同習之不一樣。習之很極端，完全認定情爲惡的。他認定性全善，情有善有不善。才，即孟荀所謂性。性才並舉，性即是理。理是形而上物。這是言性的一大革命。〔註26〕

程顥論性的言論並不多。梁啓超説他一面主張孟子的性善説，一面又主張告子的性有善惡説，持論玄妙不易理解。程顥論性，渾淪不晰；程頤論性，則頗簡明。程頤以爲性有二，一是天理之性，一是氣質之性。天理之性亦僅稱理，無不善；氣質之性亦稱爲才，有善有不善。程頤析性爲二，但與張載所言並不相同。張載所講天地之性與氣質之性，理氣二者並非截然兩橛，只不過理乃一切所共者，而氣則爲聚散成形之有限者。程頤所言之性，則理氣二分，天命之性是理，氣質之性是氣。

〔註26〕　《儒家哲學》，頁83～84。

其論朱熹，道：

> 從大體看，晦翁與二程主張相似，一面講天之理，一面講天之氣。
> 單就氣質看，則又微有不同。二程謂氣質之性有善有不善，屬於董
> 子一派。晦翁以爲純粹是惡的，屬於荀子一派。〔註27〕

又說：

> 朱亦分天地之性，氣質之性。氣質是不好的，要設法變化他，以復
> 本來之性。《大學章句》說：「明德者，人之所得乎天而虛靈不昧，
> 以具眾理而應萬事者也。但爲氣稟所拘，人欲所蔽，則有時而昏，
> 然本體之明，則有未嘗息者。故學者，當因其所發而遂明之，以復
> 其初也。」恢復從前的樣子，這完全是李翱的話，亦即荀子的話。
> 周程張朱這派，其主張都從李翱脫胎出來，不過理論更較完善精密
> 而已。〔註28〕

朱子綜合張載、程頤之說，亦分天地之性與氣質之性。理是純善的，氣則清
濁不齊，人的聖愚賢不肖種種不齊，皆由於氣質之性。梁啓超指出周程張朱
之兩元論，都從李翱脫胎出來，而其變化氣質的主張，則爲荀子一派。

　　總括宋儒之論性，梁啓超以爲除了王安石比較特別，反對李翱性善情惡
說之外，周程張朱之論性，大抵出於李翱的系統。至於陸象山及永嘉學派，
於「性」則較少討論。梁啓超論述宋儒人性論，雖多不脫成說，但也算清楚
的交代了宋儒性論的發展脈絡。

（二）心體問題

　　心體問題，孔子時代不十分講，至孟子則大論其心學。宋代，周程張朱
闡發「性道微言」，謂性即理。陸象山則以「發明本心」爲論學宗旨，與朱子
一派分道。梁啓超說：

> 陸象山講「聖賢之學，心學而已」，這個話指孟子學說是對的。謂孟
> 本於孔亦對的。不過孔子那個時代，原始儒家不是這個樣子。孟子
> 除講放心操心以外，還講養心。他說：「養心莫善於寡欲。」又講存
> 心，他說：「君子以仁存心，以禮存心。」以養存的工夫，擴大自己
> 的人格，這是儒家得力處。《孟子》全書講心的地方極多，可謂心學
> 鼻祖。陸象山解釋孟子以爲只是「求放心」一句話。後來宋儒大談

〔註27〕《儒家哲學》，頁84。
〔註28〕《儒家哲學》，頁85。

心學，都是宗法孟子。

也就是說，宋儒論心宗法的是孟子「養心」、「存心」的道德之心，而非荀子所謂「人何以知道，日心」的認知之心。又說：

> 朱陸兩家，都受禪宗影響。朱子釋明德說：「明德者，人之所得乎天，
> 而虛靈不昧，以具眾理而應萬事者也。」所謂虛靈不昧，以應萬事，
> 即明鏡拂拭之說。陸子稱「聖賢之學，心學而已矣。」又即禪宗「即
> 心是佛」之說。據我看來，禪宗氣味，陸子免不了，不過朱子更多。
> 陸子嘗說「心即理」、「明本心」、「立其大者」，大部份還是祖述孟子
> 「求其本心」、「放其良心」的話，所以說孟子同孔子相近，象山是
> 孟子嫡傳。象山不談玄，講實行，沒有多少哲學上的根據。〔註29〕

梁啓超謂朱陸兩家都受禪宗影響，且謂朱子僅止於神秀的境界，陸象山則為孟子的嫡傳。由此觀之，梁啓超鍾於陸學，不言可喻。其實，朱陸治學途徑的主要區別，在於朱講積漸，而陸主立大，以儒學內部的荀孟二派即可分疏清楚，為何定要以禪宗漸、頓二支來比附？所謂「受禪宗影響」，究竟影響於何處？理學在受佛學浸透的過程裡，儒佛的主客屬性應該如何區判？梁啓超都沒有進一步的討論。況且，如果「朱陸兩家，都受禪宗影響」的全稱肯定命題成立的話，那麼「象山是孟子嫡傳」的結論便不可能成立。

（三）天道思想

　　孔子罕言天。梁啓超以為儒家講「人能弘道，非道弘人」，也就是「乾元統天」，「先天而天弗違」思想的表現。而漢代董仲舒所言「道之大原出於天」，天能主宰一切，與原始儒家的本意有所扞格。關於宋儒天道思想，梁啓超所論不多。他說：

> 宋代以後，漸漸恢復到原樣，惟太支離玄妙一些。如濂溪的《太極
> 圖說》，橫渠的氣一元論，明道的乾元一氣論，伊川的天地化育論，
> 晦翁的理氣二元論，大概以天為自然法則，與孔子的見解尚不十分
> 背謬。〔註30〕

梁啓超並未具體解釋周程張朱之天道思想，何以與孔子見解不相背謬。其實，中國先秦儒家早就有天人相通的思想。如孟子即言「盡其心，知其性也；知其性，則知天矣。」（《孟子・盡心上》）《中庸》亦言：「唯天下至誠，為

〔註29〕《儒家哲學》，頁101。
〔註30〕《儒家哲學》，頁92。

能盡其性。能盡其性，則能盡人之性。能盡人之性，則能盡物之性。能盡物之性，則可以贊天地之化育。可以贊天地之化育，則可以與天地參矣。」又說：「誠者，天之道。誠之者，人之道。」換言之，天道與人道是互相貫通的。周程張朱包括象山，也都講「天人合一」。例如張載《正蒙》即言：「儒者則因明致誠，因誠致明故天人合一。」又言：「天人異用，不足以言誠；天人異知，不足以盡明。所謂誠明者，性命天道不見乎大小之別也。」程顥也認爲「天人本無二」，「道未始有天人之別，但在天則爲天道，在地則爲地道，在人則爲人道」（《二程語錄》卷二）。道、天、心、性、命，只是一事，人之心性與天之道理是相通一貫的。而朱子有「天人一物，內外一理，流通貫徹，初無間隔」（《朱子語類》卷 15）之說；陸象山也有「宇宙內事，是己分內事；己分內事，是宇宙內事」，「宇宙便是吾心，吾心便是宇宙」（《陸九淵全集・雜說》）之論。依此觀之，從孔孟到朱陸，其所言之天，都是義理之天。

　　宋明理學無論程朱、陸王，其爲學宗旨皆在「同植綱常，同扶名教，同宗孔孟」，然在天理的體認上，程朱主張「格物窮理」，陸王主張「發明本心」；程朱所重在「外求」，陸王所重在「內省」。理學所探討的問題，及所提出的命題甚多，但梁啓超眞正論及的有限。即以理欲問題來說，自北宋即有洛蜀之爭，清代戴震更開啓激烈的理欲之辨，然而梁啓超卻並未詳細論述。究竟是其無暇顧及，還是刻意避之，頗堪玩味，似乎有待細究。〔註31〕

第二節　論明代儒學

　　明代儒學是宋代儒學的延續。明初，宗朱學者多。中葉以後，陳獻章（1428～1500）承陸學遺緒，提出「靜中養出端倪」、「隨處體認天理」以及「以自然爲宗」等爲學方法，開啓心學先河。王陽明龍場悟道繼起，專以「致良知」教人，且桃李滿天下，朱王對峙，宗王學者多。洎乎明末，王學末流，束書不觀，游談無根，東林諸子若高攀龍（1562～1626）、顧憲成（1550～1612），於朱學與王學，皆各有反思。他們或謂宗朱學者有「病實」之弊，宗王學者有「病虛」之陋，而權衡得失，畢竟「實病易消，虛病難補」（高攀龍《高子

〔註31〕按：梁啓超《論中國學術思想變遷大勢》，於宋明部份，始終懸缺，終其一生未補。

遺書》附錄〈景逸高先生行狀〉）；或謂「以考亭爲宗，其弊也拘；以姚江爲宗，其弊也蕩」，「拘者人情所厭，順而決之爲易；蕩者人情所便，逆而挽之爲難」（《顧涇陽集》，頁 5），乃奮然而起，以朱學修正王學。另一方面，劉宗周（1578～1645）則專提「愼獨」代替「良知」，以王學本身恢復王學。黃宗羲編修《明儒學案》凡六十二卷，上起明初方孝孺（1357～1402）、曹端（1376～1434），下迄明亡劉宗周、孫奇逢（1585～1675），系統的論述了有明一代的儒學。梁啓超自受業萬木草堂後，即長期以《明儒學案》爲常課。他認爲「求之古書，此書最良」。〔註 32〕

　　梁啓超高度肯定《明儒學案》。他認爲其書符合撰寫學術史必要的條件：首先，該書雖以陽明學派爲中堅，但對於陽明以外各學派，都能各還其相當位置，不以愛憎好惡爲去取；其次，是書於敘述某家學說時，能將其特點提契出來，令人讀之能有清晰觀念；再則，是書交代時代、經歷等資料，可以見出人物的全幅人格之養成，〔註 33〕在學術史的撰著上極有價值。又，黃宗羲以有明學術，「白沙開其端，至姚江而始大」，「無姚江則古來之學脈絕矣」，〔註 34〕把陽明學認爲是孔子道脈之所繫。梁啓超亦承其意，以陽明之學直接孔子思想，其謂「陽明之心猶孔子之心」，「陽明之言猶孔子之言」，〔註 35〕並認爲明代中葉以後，陽明學襲掩天下，「《明儒學案》實不啻王氏學案也。前夫子王子者，皆王學之先河，後夫子王子者，皆王學之與裔；其並時者，或相發明，或相非難，而其中心點則王學也」。〔註 36〕此外，也常勸人多讀《陽明全集》和《傳習錄》。〔註 37〕以下試論述梁啓超於明代儒學的發展之考察。

一、論明代儒學之發展

（一）論明初儒學

　　明初儒學承元代尊朱餘緒，依然推尊朱學。梁啓超描述當時之儒學，說道：

　　　　明太祖初年，規模全屬草創，對於文化，未能十分提倡。到永樂時，始漸注意。《性理大全》即於是時修成，以五子（周程張朱）學術爲

〔註 32〕梁啓超《節本明儒學案・凡例》，見夏曉虹輯《飲冰室合集集外文》，頁 286。
〔註 33〕參見梁啓超《中國近三百年學術史》，頁 73～74。
〔註 34〕黃宗羲《明儒學案》卷 10，〈姚江學案〉，頁 1。
〔註 35〕梁啓超《德育鑑》，《飲冰室專集》之 26，頁 41。
〔註 36〕梁啓超《節本明儒學案・凡例》，見夏曉虹輯《飲冰室合集集外文》，頁 286。
〔註 37〕梁啓超《節本明儒學案・凡例》，見夏曉虹輯《飲冰室合集集外文》，頁 286。

主。此書編得很壞，純屬官書，專供科舉取士之用，使學者考八股時，辨黑白而定於一尊，除五子外，旁的俱所排斥。明人編修《性理大全》，用以取士，號尊宋學，尤其是程朱一派，實則把宋學精神，完全喪失。宋學注重修養，何嘗計及功名呢？〔註38〕

又說：

中間有幾個著名大師，爲明學啓蒙期的代表。如方孝孺、吳與弼、薛瑄、曹端、胡居仁，俱在科舉盛行時代，一心研究學問，不圖獵取功名，這種精神極可佩服。而方孝孺風烈尤著，仗義不屈，爲成組誅其十族。他們幾個人的學問都出於程朱。薛、胡諸人，比較平正通達。

吳康齋的學問，由朱到陸。明代陸學之盛，自康齋起。〔註39〕

明初儒學，大抵以朱學爲主流。但由於朱學與科舉密切結合，沾染利祿色彩，漸漸失去學術的客觀性與多元論述。其中梁啓超特別標舉方孝孺，著眼點應在於其人品氣節上，而非學術成就。至於所謂「薛、胡諸人，比較平正通達」，「吳康齋的學問，由朱到陸」，則說明薛、胡、吳雖同宗紫陽家法，但薛、胡謹守繩墨，於朱學無所逾越，吳康齋則由朱轉陸，走出朱學的格局，其學風並不盡相同。綜括來說，梁啓超論明初儒學，大體偏於陳述，所論唯在貶斥當時儒學以朱學爲一尊的現象。蓋「一尊定而進化絕」，梁啓超最重視思想的生機活力和多元論述，這也是他一貫的學術立場。

（二）明中葉儒學

《明史·儒林傳》云：「明初諸儒，皆朱子門人之支流餘裔，師承有自，矩矱秩然，謹繩墨，無敢改錯。學術之分，則自陳獻章、王守仁始。宗獻章者曰江門之學，其傳不遠。宗守仁者曰姚江之學，別立宗旨，顯與朱子背馳。門徒遍天下，流傳逾百年，其教大行，其弊滋甚。嘉隆而後，篤信程朱不遷異說者，無復幾人矣。」明代中葉以後，陽明學掩襲天下，梁啓超曾有「試思明代學術，舍陳王外更有何物」之問。〔註40〕其論陳獻章，曰：

他是吳康齋的弟子。他的學問，在宋代幾位大師中，有點像大程子，又有點像邵康節。〔註41〕

〔註38〕《儒家哲學》，頁50。
〔註39〕《儒家哲學》，頁50。
〔註40〕梁啓超《中國近三百年學術史》，頁74。
〔註41〕《儒家哲學》，頁50。

又說：

> 白沙叫人用功的方法，就在「靜中養出端倪」一句話，端倪二字太
> 玄妙。我們知道他的下手工夫在用靜就得了。白沙方法與程朱不同，
> 與象山亦不同。程朱努力收斂身心，象山努力發揚志氣，俱要努力。
> 白沙心境與自然契合，一點不費勁。端倪二字實在不易解，或者可
> 以說是老莊的明白自然，常常脫離塵俗，與大自然一致。其自處永
> 遠是一種鳶飛魚躍，光風霽月的景象。人格是高尚極了，感化力偉
> 大極了，可惜不易效法，不易捉摸，所以一時雖很光明，後來終不
> 如陽明學派的發達。〔註42〕

又說：

> 他有一個弟子，湛若水號甘泉，亦是廣東人，與他齊名，當時稱陳
> 湛之學，或稱湛王之學。……甘泉比陽明稍長，甘泉三十餘歲，陽
> 明二十餘歲，同在北京作小京官，一塊研究學問，陽明很受甘泉的
> 影響，亦可以說很受白沙的影響。〔註43〕

綜上所述，梁啓超論陳獻章，有幾個要點。其一，強調陳獻章為吳與弼（1391
～1469）的弟子，旨在說明吳與弼雖宗朱學，但其學實質上與朱學並不相類。
其修養工夫重在「涵養」，而不似朱子之「窮理」。陳獻章承之，開啟明代中
葉以後心學之先河。其二，點出陳獻章治學圭臬，「在靜中養出端倪」，但又
指出「端倪」二字過於玄妙，不易為人所契解。其三，陽明之學受湛若水（1466
～1560）的影響，而湛若水師事陳獻章，其思想直接發源於陳獻章，嶺南白
沙之學因湛若水而昌大，是陽明學亦受陳獻章之影響。惟梁啓超都僅於點到
為止，並未加以詳論其究竟。

其論陽明學之興，說道：

> 陽明的學問，得力於龍場一悟。……這種悟法，是否與禪宗參禪
> 有點類似，我們也不必強為辯護。但是他的方法，確能應時代的
> 需要。其時《性理大全》一派，變為迂腐凋散，把人心弄得暮氣
> 沉沉的，陽明起來，大刀闊斧的矯正他們，所以能起衰救敝，風
> 靡全國。〔註44〕

〔註42〕　《儒家哲學》，頁51。
〔註43〕　《儒家哲學》，頁51。
〔註44〕　《儒家哲學》，頁52。

梁啓超篤信佛教。他早年在康有爲的影響下，即涉獵佛教義理。又與陳千秋、夏曾佑、譚嗣同等好佛之士，相與治佛學。他從不諱言宋明學者之援佛入儒，因此對於陽明龍場一「悟」，是否近禪也就不須辯護。至於王學何以能代朱學而大興，梁啓超則認爲是其求道方法直接易入手，符合當時的時代需求，而有以致之。

他論陽明之學，說：

> 陽明的主要學說，即「致良知」與「知行合一」二事。前者爲對於《大學》格物致知的問題。朱子講格物，教人「即凡天下之物，莫不因其已知之理而益窮之，以求至乎其極」……（陽明）主張格物致知即是誠意……慎獨即是致知。致知的解釋，不是客觀的知識，乃孟子所謂「人之所不學而知者其良知也」的良知。致的意思是擴充。……陽明既主張致良知，更不能不主張知行合一。……朱子以爲先要致知，然後實行，把做學問的工夫，分成兩橛。陽明主張，方說一個知，已自有行在；方說一個行，已自有知在，只是一件，決不可分。陽明教人下手方法，與朱子教人下手方法不同。〔註45〕

「格物致知」與「知行合一」，都是儒學重要的認識論。在認識論上，陽明和朱子有明顯的分歧。就格物致知說，朱子教人「即凡天下之物，莫不因其已知之理而益窮之，以求至乎其極」；陽明則以爲慎獨即是致知，致知之「知」並非指客觀的知識，而是孟子所說的良知，所謂致良知，也就是擴充本心之良知。換言之，陽明的格物論就是他致良知說。在陽明言，心外無物，理是從擴充「良知」而來的。至於知行的關係，朱子以爲「須是識在行之先」，「論先後，知爲先」；而陽明則以爲「方說一個知，已自有行在；方說一個行，已自有知在」，知行只是一件，不可二分。梁啓超以爲陽明之說，是針對朱子將工夫割裂爲「知先行後」所發。其實，王陽明的「知行合一」說，不僅是對應於朱子知行觀而來，也是對於陸象山由「明理」而「發明本心」而「學做人」，知先行後之修養步驟的改造。

其論陽明後學，說：

> 王學的昌大，可分兩處：一是浙江，是他生長的地方；一是江西，是他宦遊的地方。所以陽明門下，可分爲浙江及江西兩派。前次講象山生在江西而其學盛於浙江，陽明生在浙江而其學卻盛於江西，

贛浙文化有密切的關係。傳陽明的正統，爲江西幾位大師，如鄒守益、羅洪先、歐陽德，頗能代表江西王學。陽明死後，就是這幾個人，最得陽明眞諦。但是王學的擴充光大，仍靠家鄉。浙派幾位大師，有早年的，有晚年的。最初是徐愛、錢德洪，他們二人得陽明正宗。徐早死，《傳習錄》有一部份是他作的。錢壽較長，其傳頗盛。稍後是王畿，他是陽明的老門生，年壽最長，陽明的學派的光大自他起，陽明學派的變態亦自他起。〔註46〕

明代中葉以後，陽明學興，王門弟子滿天下。黃宗羲於王門弟子，最推重江右王門以爲他們得陽明的薪傳。梁啓超承認王學盛於江西，陽明卒後，江右王門若鄒守益（1491～1564）、羅洪先（1504～1564）、歐陽德（1496～1554）等人，頗能推原陽明未盡之意。但他特別強調，實際擴充發揚王學的，仍然是浙中王門，徐愛（1487～1517）、錢德洪（1496～1574）、王畿（1498～1583）諸人。唯其認爲王畿雖使陽明學風行天下，引領風騷，但在與錢德洪的「四句教」之辯，將陽明「無善無惡心之體，有善有惡意之動，知善知惡是良知，爲善去惡是格物」的四句教，說成是「心無善無惡，意無善無惡，知無善無惡，物無善無惡」的心意知物「四無說」。陽明之四句教，本來極爲容易理解，但經過王畿創造性的詮釋之後，其實已經全然走了樣，以致王學末流與禪宗末流相混，而儒非儒禪非禪。

（三）晚明儒學

明初儒學，朱學獨尊，學者於述朱外，少有創新。中葉以後，王學興起，朱學雖式微，卻仍有羅欽順（1465～1547）、王廷相（1474～1544）等治朱學者奮起傳之。而王門後學，若浙中王畿之不加防檢，泰州王艮之隱怪，形成良知的傲慢，而流於「僞良知」。傳至羅汝芳（1515～1588）、周汝登（1547～1624）之狂禪，何心隱（1517～1579）之邪僻，王派心學雖盛已衰。梁啓超論晚明儒學，說：

在晚明時候，有這樣幾個人，周汝登、陶望齡、李贄。周、陶變爲禪宗，李更狂肆。他們主張「酒色財氣，不礙菩提路」。陽明學派愈變愈狂妄，到晚明時，本身起很大的變化。又可以分爲二派：第一派參酌程朱學說，糾正末流的偏激。東林二大師，顧憲成、高攀龍

就是代表。他們覺得周、李、陶一派，太放肆了，須以朱學補充之。他們的學問仍從王出，帶點調和色彩。第二派根據王學的本身，恢復陽明的眞相。劉宗周就是代表。他排斥二王二谿甚力，專提愼獨，代替良知，以爲做愼獨的工夫，可以去不善而繼於至善。顧、高以程朱修正王學，蕺山以王學本身恢復王學，主張雖有出入，都不失爲陽明的忠臣。〔註47〕

晚明儒學逐漸從朱王對峙，走向朱王合流。吾人除留意顧、高於朱王學術之調和，與義理之開展以外，更應關注他們強調實踐，論學不主空無而主有爲，所謂東林學風，所透露出人生價值轉換的訊息。此外，劉宗周之以誠意救致良知，即本體即工夫，即工夫即本體，使王學末流空疏之弊，得以復返回篤實踐履的道路。治學方向與價值追尋的改變，正意味著新時代即將來臨。梁啓超也以理學反動，來說明清初的學術轉向。

二、釋王陽明的「知行合一」說

在宋明六百年的新儒學中，梁啓超尤爲重視王陽明「知行合一」之說，也積極倡導「知行合一」之教。光緒三十一年（1905），他編述《德育鑑》，謂王陽明之「致良知」，乃千古學脈，「爲聖之道，『致良知』三字具足無遺矣，然子王子以其辭旨太簡單，恐學者或生誤會，故又撰知行合一之旨以補之」，〔註48〕「知行合一」是致良知的注腳。〔註49〕民國十五年（1926），他在北京學術演講會及清華大學，講演「王陽明的知行合一之教」，認爲陽明全部的學說，若「心理合一」、「致良知」、「萬物一體」、「知行合一」、「究竟話頭」，都可以由「知行合一」來概括。「知行合一」是陽明學術的重心。爲針砭當時口頭愛國者流，知而不行，甚至假名以濟私的現象，梁啓超於《德育鑑》、《儒家哲學》及〈王陽明知行合一之教〉中，對知行合一說的內容，在哲學上的根據，與致良知的關係等問題，都有不少論述。

〔註47〕《儒家哲學》，頁54。

〔註48〕梁啓超《德育鑑》，《飮冰室專集》之26，頁34。

〔註49〕按王陽明三十七歲龍場悟道，講「心理合一」、「求理於心」，第二年，應貴州提學副使席之聘，主貴州書院，開始講「知行合一」；至五十歲居南昌時，始揭「致良知」之教。陽明「知行合一」之說，應是「心理合一」、「求理於心」的注腳，而非「致良知」的注腳。唯梁啓超以爲「良知」二字，陽明早年亦已屢屢提及，不過五十歲始專以此爲教耳。故有是論。

（一）知行合一的內容

宋明儒學是中國思想史上第二大「主系思想」。〔註50〕宋明儒學從周程張朱一直到王陽明，所講的雖然都是心性理氣等命題，但在探尋義理的門徑，朱陸便有相當大的分歧。朱子格物窮理，泛觀博覽，而後歸之約，著重的是修；陸象山發明本心，先立其大，強調的是悟。及至王陽明龍場悟道，以為理在心中、心理合一，為矯「知先行後」說的錯謬，乃開始講「知行合一」。他認為「知行同在」、「知行同時」，「聖學只有一個工夫，知行不可分作兩截用功」。梁啓超非常推崇王陽明的「知行合一」說，他早年編述《德育鑑》，尚且只以「知行合一」為致良知的注腳；到晚年講演王陽明之學時，更將之擴展，認為「知行合一」可以代表王陽明全部的學術，「一部《王文成全書》，其實不過這四個字的注腳。」〔註51〕依梁氏之見，陽明之學就是知行合一說的輻射與建構。

關於知行合一的內容，梁啓超從王陽明的許多話頭中，歸納出三個要點：一是「未有知而不行者，知而不行，只是未知」；二是「知是行的主意，行是知的工夫，知是行之始，行是知之成」；三是「知行原是兩個字說一個工夫。知之真切篤實處便是行，行之明覺精察處便是知」。前兩個話頭都出自徐愛因「今人僅有知父當孝、兄當弟者，卻不能孝、不能弟」，因而有「知行分明是兩件」之問，陽明所做的回答。這是個「知」、「行」關係的詰問。對陽明的第一個話頭，梁啓超以西洋教育學的感覺與反應來詮釋，他認為「陽明以為凡人有某種感覺，同時便起反應作用。反應便是一種行為，感覺與反應，同時而生，不能分出個先後」，故而「知行同時而生，無分先後」。「知而不行，只是未知」是陽明知行合一的宗旨。對於陽明的第二個話頭，梁啓超先詮釋「知是行的主意」，「知是行之始」，再詮釋「行是知的工夫」，「行是知之成」，並說：「這兩句尤為重要，陽明所以苦口說個知行合一，其著眼點實在於此」。不行不得謂之知，梁啓超以為陽明所重者其實在於「行」，且以「未有不行而

〔註50〕梁啓超把中國兩千多年的學術思想，分成主系、閏系、旁系三類。主系是中國民族自己發明組織出來，有價值有權威的學派，對於世界文化有貢獻的。閏系是一個曾做主系的學派出來以後，繼承他的。旁系則是外國思想輸入以後，消納之後的產物。他以為中國幾千年的學術思想，主系思想有價值的，不過兩個時代：一是先秦，一是宋明。見氏著《中國歷史研究法補編》，《飲冰室專集》之99，頁144。

〔註51〕梁啓超〈王陽明知行合一之教〉，《飲冰室文集》之43，頁5。

知者，不行而求知，終久不會知」〔註52〕來補充陽明的說法。

第三個話頭，才是梁啓超論證知行合一眞義之所在。梁啓超引述陽明之言：

> 凡謂之行者，只是著實去做這件事。若著實作學問思辨的工夫，則
> 學問思辨亦便是行矣。學是學做這件事，問是問做這件事，思辨是
> 思辨做這件事，則行亦便是學問思辨矣。若謂學問思辨了然後去行，
> 卻如何懸空去學問思辨？行時又如何去得個學問思辨的事。行之明
> 覺精察處便是知，知之眞切篤實處便是行。若行而不能精察明覺，
> 便是冥行，便是學而不思則罔，所以必須說個知。知而不能眞切篤
> 實，便是妄想，便是思而不學則殆，所以必須說個行。原來只是一
> 個工夫。古人說知行，皆是就一個工夫上，補偏救弊說，不似今人
> 分作兩件事做。某今說知行合一，雖亦是就今時補偏救弊說，然知
> 行體段，亦本來如是。

這是王陽明〈答顧東橋書〉的一段話。朱子論學，以爲學問思辨屬於知，篤行屬於行，知先行後，知行是兩件事。王陽明反對這種說法，他認爲學問思辨都是行的範圍。「知」中包含「行」，「行」中包含「知」。知與行，爲方便計，可有先後的區別，「知是行之始，行是知之成」，知行工夫本不可相離。梁啓超在《德育鑑》中，謂王陽明「知行合一」說與朱子的「即物窮理」說，前者守本後者逐末。〔註53〕在〈王陽明知行合一之教〉中，又謂朱子的「即物窮理」之說，有「氾濫無歸宿」與「虛僞無實著」兩個毛病。〔註54〕可見梁啓超相當推崇陽明的「知行合一」之教。

（二）知行合一的哲學根據

梁啓超以爲王陽明知行合一說，是從他的「心理合一說」、「心物合一說」演繹出來的。〔註55〕儒家的心體問題，到了王陽明的知行合一說，才眞正發揮透徹，成一家言。梁啓超之所以推許王陽明的「知行合一」甚於朱子的「即物窮理」，是因爲他認爲陽明之說較接近原始儒家，而且其「知行合一」說，也比象山的「心即理」、「明本心」、「立其大者」圓滿，其入手工夫平易切實，

〔註52〕梁啓超〈王陽明知行合一之教〉，頁8。
〔註53〕梁啓超《德育鑑》，頁36。
〔註54〕梁啓超〈王陽明知行合一之說〉，頁4。
〔註55〕梁啓超〈王陽明知行合一之教〉，頁15。

不涉玄妙。〔註56〕

梁啓超認爲王陽明是個唯心論者，又是一個實驗主義者。既像禪宗，又像顏習齋（1635～1704）；一方面像英國的巴克黎（Geroge Berkeley, 1685～1753），一方面又像美國的詹姆士（William James, 1842～1910）。能將南轅北轍的兩派學說，冶於一爐，建構自己的哲學特色。

王陽明知行合一說的立論根據爲何呢？梁啓超在《儒家哲學》和〈王陽明知行合一之教〉中，都提及是「心物合一」。他說：

> 陽明「知行合一」之說，在心理學上很有根據。他解釋《大學》，根本和朱子不同。《大學》講的格物、致知、誠意、正心、修身五事：朱子以爲古人爲學次第，先格物、再致知、三誠意、四正心、五修身，循序漸進；陽明以爲這些都是一件事，內容雖有區別，實際確不可分。陽明最主要的解釋見《語錄》卷二，他說：「只要知身心意知物是一件。九川疑曰：『物在外，如何與身心意知是一件？』先生曰：『耳目口鼻四肢亦不能，故無心則無身，無身則無心。但指其充塞處言之，謂之身；指其主宰處言之，謂之心；指心之發動處，謂之意；指意之靈明處，謂之知；指意之涉著處，謂之物。只是一件，意未有懸空的，必著事物』。」這是絕對的唯心論，心物相對，物若無心不可以，外心求物，物又在哪裡。〔註57〕

梁啓超以爲陽明的知行合一說，之所以能夠成立，是因爲「心物合一」爲理據。至於何謂心物合一？梁啓超並未下定義，他只指出陽明主張「身心意知物是一件」，並先從生理學、心理學說明其如何爲一件事，再從論理學、認識論上，說明主觀的身心意知，和客觀的事物如何是一件事。「心之發動處謂之意」，「意未有懸空的，必著事物」，陽明主張心外無理，心外無物，其知行合一說就是由心物合一說衍生而來的。應該留意的是，梁啓超以西方學科生理學、心理學、論理學等概念，來分析詮釋陽明的思想，並認定陽明是個唯心的一元論者。這種中西比附，是二十世紀初所興起的中西學術會通潮流的具體反映，也是他欲以構成「不中不西即中即西」學派的自我實踐。

（三）知行合一與致良知

「知行合一」是王陽明於龍場悟道後的第二年，主貴陽書院，針對朱子

〔註56〕參見梁啓超《儒家哲學》，頁 102。
〔註57〕梁啓超《儒家哲學》，頁 101。

割裂知行，所提出的認識論和道德修養學說。「致良知」是陽明平辰濠之亂後的第二年，居南昌時所揭。梁啓超以爲王陽明致良知與知行合一內容，其實是一樣的。

「知行合一」即可代表陽明學術。他說：

> 「致良知」這句話，是把《孟子》裡「人之所不學而知者其良知也」和《大學》裡「致知在格物」那兩句話聯綴而成。陽明自下解說道：「孟子云：『是非之心，知也。』『是非之心，人皆有之。』即所謂良知也。孰是無良知乎？但不能致之耳。《易》謂『知至至之。』知至者知也；至之者致知也。此知行之所以一也。近世格物致知之說，只一『知』字尚未有下落，若『致』字工夫，全不曾道著矣。此知行之所以二也。」觀此可知致良知正所以爲知行合一，內容完全一樣，所以改用此口號者，取其意義格外明顯而已。〔註58〕

致良知之說，本於《大學》「欲誠其意者，先致其知。」良知之說，本於《孟子》「人之所以不學而知者其良知也」。王陽明綰合此二者，以立一學鵠。其致知必加一「良」字，梁啓超以爲這是指其本體，是陽明以《孟子》釋《大學》。而其言良知又必加一「致」字，梁啓超認爲這是爲了強調其是「工夫」，是陽明以《大學》釋《孟子》。良知是知，致良知是行，致良知正所以爲知行合一。陽明於知行合一之外，之所以還要揭示「致良知」之教，是因爲學者本先入之見，於知行合一之觀點，多所扞格，故欲使學者從收斂入手，以收其放心。綜上所述，梁啓超於陽明「知行合一」與「致良知」說，皆頗爲推許。他認爲「四書六經千言萬語，其最鞭辟近裡者，莫如《大學》『誠意』一章」，陽明所提致良知實即誠意，而愼獨則爲誠意的關鍵，故言致良知，自不必更言愼獨，誠以致知之功，舍愼獨更無他也。因而他批評劉宗周之以「愼獨」修正陽明之「致良知」，是畫蛇添足。〔註59〕至於顏習齋痛斥宋明儒學主靜之說，是懶人的學問，宋明心性之學與孔孟之教體用皆殊。梁啓超則替陽明搭起防火牆，謂顏習齋罵得很對，但「也只罵得周濂溪、李延年，罵得程伊川、朱晦庵，乃至陳白沙，卻罵不著陽明」。因爲陽明說過「好靜只是放溺」，「沉空守寂會學成癡騃」，至於其所說的「必待入口然後知味之美惡，必待身親履歷然後知道路之險夷」，梁啓超更直接稱許陽明之說，不僅與顏習齋相

〔註58〕梁啓超〈王陽明知行合一之教〉，頁28。
〔註59〕梁啓超《德育鑑》，頁。45

類，也與近世之詹姆士、杜威（John Deway, 1859～1952）所創的實驗主義同
一口吻。〔註 60〕然而，陽明是否誠如梁啓超所美，兼具唯心主義與實驗主義
於一身？其「致良知」與「知行合一」眞的沒有理論上的缺陷嗎？如果知行
在實踐的過程中，眞是合一無間的話，陽明何以在揭示「致良知」之教後，
仍大倡「知行合一」，且終身不輟？〔註 61〕事實上，「知」屬於認知理解的層
次，「行」屬於實踐的層面，二者雖有次第關係，但畢竟非屬一事。

〔註60〕梁啓超〈王陽明知行合一之教〉，頁 27。
〔註61〕陽明五十四歲時，於顧東橋仍有「知之眞切篤實處即是行，行之明覺精察處
　　　便是知」，以及「眞知即所以爲行，不行不足謂之知」之教。

第八章　梁啓超的清代儒學論

　　清代，是中國學術轉型的時代。傳統學術結穴於此，近代學術於焉展開。加上年代貼近，存在感受具體深刻，是以梁啓超於清代儒學之研治，向來著力甚深。他可以說是近代中國研究清學的開拓者。在通論性的討論方面，他撰有：《清代學術概論》、《中國近三百年學術史》、《儒家哲學》等專著，又有〈明清之交中國思想界及其代表人物〉、〈清代學風之地理分布〉等專篇。在專題性的研究方面，他撰有：《南海康先生傳》、《朱舜水先生年譜》、《顏李學派與現代教育思潮》、《戴東原先生傳》、《戴東原哲學》、《戴東原著述纂校書目考》，以及只完成《黃梨洲》緒論擬著而未著的《中國近世三大思想家》等。這些撰著或從宏觀的視角討論清代儒學之概況，以辨明學術思想發展的連續性；或從價值的視角來探究清代儒學，以廓清清代儒學徵實致用的精神。本章試從梁啓超有關清代儒學通論性的檢討，及其專題式微觀的分析兩方面，考察、梳理梁啓超之清代儒學論述。

第一節　清代儒學的通論性探討

　　光緒二十八年（1902），章炳麟重刊《訄書》，新增加了〈學辨〉、〈學蠱〉、〈王學〉、〈顏學〉、〈清儒〉等探討歷代學術思想變遷的專篇。其中〈顏學〉論述清初顏元（1653～1704）、李塨（1659～1733）師生所創注重親身習行，強調踐形盡性的顏李學派之學；〈清儒〉則概述乾嘉時期，講究訓詁考據，對古籍整理較有貢獻的經學派系。不同於江藩的《國朝漢學師承記》、以及唐鑑的《國朝學案小識》之以「辨析道統」為旨，章炳麟論清學與清儒，乃著眼於「發明國

學，興學救國」。〔註1〕此一借由「返本」以「開新」的治學範式，爲梁啓超所認同。梁啓超確信學術之勢力有左右世界之功，他倡言「不患外國學術思想之不輸入，惟患本國學術思想之不發明」，亦於光緒二十八年（1902），撰著《論中國學術思想變遷之大勢》，並於兩年後，即光緒三十年（1904）漫遊新大陸回國後，補上論述清代學術的專章《近世之學術》。其時，梁啓超服膺達爾文的「進化論」，對幾千年的中國學術思想，做了一次鳥瞰式的勾勒。這是梁啓超論述清代儒學之始，也是他早期有關清代儒學的觀點。洎乎晚歲，他則先有《清代學術概論》之撰，續有《中國近三百年學術史》之著，二書討論的範圍，都是明末清初以迄民國初年之中國學術思想變遷，唯一重在論，一重在史，詳略互補。時至今日，梁氏這兩本論著，依然是研究清代學術必讀之書。而其後之《儒家哲學》中，於清代儒學亦有所論述。此係在「新文化運動」下，「打倒孔家店」、「線裝書應當拋到茅坑裡三千年」呼聲盈耳的時代氛圍裡，別樹一幟、中流砥柱的論述。梁啓超在關於清代儒學的的論述，或因時空背景的不同，有些說法前後不一，但在多變之中，卻也可以見到其一路走來的清晰足跡。

一、重視學術發展的分期

「全世界者，全世界人類心理所造成」，「一社會者，一社會人之心理所造成」。〔註2〕學術，本是人類心靈的創造物。它因著時代環境風潮的影響而產生，隨著社會與大眾的需要而演變，任何學術都不可能自外於社會與時代。職是之故，梁啓超治學尤重分期。蓋學術之分期，可以凸顯時代變遷的軌跡，可以彰明各階段不同的學術特色。

（一）以政治區劃的框架來分期

梁啓超是近代中國第一個爲清代儒學分期的人。光緒三十年（1904），他在所撰的《近世之學術》開端即謂「人事與時勢」迭相左右，明末之可以變爲清初，清初之可以變爲乾嘉，乾嘉之可以變爲今日。而依時間先後爲序，

〔註1〕 晚清國粹學派研究中國古代學術，即在於他們認爲古學復興是世界各國文化復興普遍的現象。如劉師培即云：「國之不強，在於無學」（見氏著〈擬設國粹學堂啓〉，《國粹學報》第三年第二期），又說：「嗟乎！歐民振興之基，肇於古學復興之也，倭人革新之源，啓於尊王攘夷之論。」（見氏著〈論中國宜建藏書樓〉，《國粹學報》第三年第七期。）

〔註2〕 梁啓超〈余之死生觀〉，《飲冰室文集》之17，頁2。

將清代儒學具體劃分爲四個時期：第一期順康間、第二期雍乾嘉間、第三期
道咸同間、第四期光緒間。他敘述清代儒學第一期的發展說：

> 順治康熙間，承前明之遺，夏峰、梨洲、二曲諸賢，尚以王學教後輩，
> 門生弟子徧天下，則明學實占學界第一之位置。然晚明儇王學猖狂之
> 習，已爲社會所厭倦，雖極力提倡，終不可以久存，故康熙中葉遂絕
> 跡。時則考據家言，雖始萌芽，故未能盛，而時主所好尚，學子所崇
> 拜者，皆言程朱學者流也。宋學占學界上第一之位置。〔註3〕

此說明了順康時期的學術主題，在於程朱陸王問題。而學風之變固因世變，
也由時主之好尚而變。

其敘述第二期儒學的發展云：

> 顧亭林日勸學者讀注疏，爲漢學之先河。其時學者漸厭宋學之空疏
> 武斷，而未能悉折衷於遠古，於是借陸德明、孔沖遠爲嚮導，故六
> 朝三唐學實占學界上之第一位置。惠戴學行，謂漢儒去古最近，適
> 於爲聖言通覲象。一時靡其風，家稱賈馬，人說許鄭，則東漢學占
> 學界上之第一位置。〔註4〕

此點出了雍乾嘉時期，學術的主要議題是漢宋問題。而惠、戴之學之所以能
代朱王，霸者監民是主要的因素。

其敘述清代儒學的第三期發展謂：

> 莊劉別興，魏邵繼踵，謂晚出學說非眞，而必溯源於西京博士之所
> 傳。於是標今文以自別於古。與乾嘉極盛之學派挑戰，抑不徒今文
> 家然也。陳碩甫作《詩疏》，亦申毛黜鄭，同爲古學，而必右遠古，
> 鄭學日漸培擊。而治文字者，亦往往據鼎彝遺文以糺叔重，則西漢
> 學占學界第一之位置。〔註5〕

這點出了道咸時期，學術的主題在於今古文問題。梁啓超將此期龔、魏之治
經，稱爲應用經學，而前期惠戴之治經爲純正經學。

其敘述清代儒學的第四期發展道：

> 乾嘉以還，學者多讎正先秦古籍，漸而可讀。二十年來，南海言孔
> 子改制創新教，且言周秦諸子皆改制創新教。於是於孔教宗門以內，

〔註3〕　《論中國學術思想變遷之大勢》，頁100。
〔註4〕　同上。
〔註5〕　同上。

> 有游夏孟荀異同優劣之比較；於孔教宗門以外有孔老墨及其他九流
> 異同優劣之比較。凡所謂辨，悉徒從其朔，故先秦學占學界第一之
> 位置。〔註6〕

這說明了光緒間，學術的主題大抵爲孟荀問題、孔墨問題。龔、魏所治之經學既已不是純正經學，康有爲所論之孔子改制創新教，就更不是什麼經學。所謂孔教宗門以內有游夏孟荀異同優劣的比較，其實是傳統儒學孔孟道統說動搖的徵兆。所謂孔教宗門以外，有孔老墨及其他九流異同優劣的比較，實際上亦反映儒學獨尊之崩解。清代二百多年之儒學，由順康間的程朱陸王之爭，雍乾嘉的漢宋之爭，道咸同的今古文之爭，到光緒間的經子之爭，固如同梁啓超所言的「本朝二百多年之學術，實取前此二千年之學術，倒影而繅演之」，〔註7〕是傳統儒學之總結。但清代，其實也是儒學面臨存亡交關，迫切需要轉型的時代。梁啓超在《近世之學術》中對於清代儒學的分期，成了後來許多學者對清代儒學分期之所本。

梁啓超在《近世之學術》裡，將清代儒學加以分期，其後學者每多因之。舉其要者，若光緒三十三年（1907），皮錫瑞（1850～1908）撰《經學歷史》之將清代經學分爲國初、乾隆、嘉道以後，三個發展階段。並謂「國初爲漢宋兼採之學」，「乾隆時期爲專門漢學」，「嘉道以後是爲西漢今文之學」，且謂「學愈進而愈古，義愈推而愈高；屢遷而返其初，一變而至於道」。〔註8〕又若於此同時，劉師培所撰〈近代漢學變遷論〉之將清代漢學分爲懷疑、徵實、叢綴、虛誣四個時期，並謂懷疑派時期「由思而學」，徵實派時期「好學繼以深思」，叢綴派時期「學而不思」，虛誣派時期「思而不學」。〔註9〕皮、劉二人，一爲今文經學家，一爲古文經學家，其於清代儒學發展的分期，雖有三期、四期的差異，然細究之皆有取於梁啓超者。皮錫瑞與梁啓超，都以君王之號的政治區劃做爲儒學發展的分期，並且都認爲「學愈進而愈古」，所不同者，梁啓超論述的是整個清代學術，而皮錫瑞則只談清代經學。至於劉師培與梁啓超，其相同者在於都將清代儒學劃分爲四期，所不同者，劉師培將梁啓超的第一期順康間一分爲二，而成爲順康之交的懷疑派時期，與雍乾之交

〔註6〕 同上。
〔註7〕 同上，頁102。
〔註8〕 皮錫瑞《經學歷史》，頁341。
〔註9〕 劉師培〈近代漢學變遷論〉，《左盦外集》卷九，文收《劉申叔先生遺書》，頁1504。

的徵實派時期，此外又把梁啓超所強調的光緒間諸子學之興掩去，將今文經學貶爲虛誣。當然，姑不論劉氏之區分是否恰當，他不囿於梁啓超之淆政治、文化的分期方式，而逕以清代儒學本身的內在演變，所形成的不同特色爲據來分期，則可視爲學術上的進步。

（二）以學術盛衰起伏來分期

學術之發展本是一種互緣。劉師培對清代儒學之分期，有取於梁啓超，而梁啓超於民國九年（1920）所撰的《清代學術概論》，對清代儒學的分期能走出先前政治區劃的框架，亦或可能受到劉師培之啓發。梁啓超借用「佛說一切流轉相，例分四期，曰生、住、異、滅」的觀點，將清代儒學劃分爲啓蒙、全盛、蛻分、衰落四個時期。他以爲啓蒙時期，當以顧炎武、胡渭、閻若璩爲代表；全盛時期應以惠棟、戴震、段玉裁、王念孫、王引之爲代表；蛻分期以康有爲、梁啓超爲代表；衰落期以俞樾、孫詒讓爲代表。梁啓超此分期，是立基於「夫無考據學則無清學也」而論，以「考據學」爲清代儒學中心立說。其後，錢穆（1895～1990）論清代學術，以「有清二百六十餘年的學術思想，可分兩個階段：自世祖順治入關起至乾嘉時代爲前期，自道咸起至清室覆亡止爲後期」；〔註10〕蔣維喬（1873～1958）綜觀清代學術，以爲「可分兩大時期：一爲複演古來學術；二爲吸收外來思想」。〔註11〕錢、蔣二人論清代儒學雖然各有其側重，但將清代儒學分期來討論則一。研治清代儒學而重視分期，以彰明時代變遷與學術特色，此一治學範式無疑是梁啓超所奠。

二、重視學術發展的思潮

「文化者，人類心能所開積出來有價值的共業也」。〔註12〕所謂思潮，是一種社會群體性的文化現象。聚思成潮，思而能成潮者，則其「思」必然有相當的價值，且又能適合其時代之需求。一種學術潮流的消長，一種治學風氣的形成，除了有其學術本身內在的邏輯發展因素外，必然也與其時代背景氛圍息息相關。梁啓超詮釋清代儒學，對於清代社會背景頗爲重視。在《近世之學術》中，他強調清代學術的變遷，是「時勢與人心迭相左右」所使然；在《清代學術概論》與《中國近三百年學術史》裡，他開端處即揭示「清代學術思潮果爲

〔註10〕 錢穆〈前期清儒思想之新天地〉，見氏著《中國學術思想史論叢》（八）。
〔註11〕 見氏著《中國近三百年哲學史》，頁1。
〔註12〕 梁啓超〈什麼是文化？〉，《飲冰室文集》之39，頁38。

何物」的命題；在《儒家哲學》中，他論及清代儒學發展，和各家各派的學術時，亦不忘將其置於學術思潮的整體背景下討論。這樣的論述，不僅使吾人可以清楚概括清代儒學之變遷，也使吾人可以預見儒學發展的前景。

清代學術思潮果爲何物？梁啓超在《清代學術概論》中，說是「對宋明理學的一大反動，而以『復古』爲其職志者也。其動機及其內容，皆與歐洲之『文藝復興』絕相類。」〔註 13〕又說是「有清一代學術，可記者不少；其卓然成一潮流，帶有時代運動的色彩者，在前半期爲『考證學』，在後半期爲『今文學』。」〔註 14〕又謂「凡『時代』非皆有『思潮』；有思潮之時代，必文化昂進之時代也。其在我國自秦以後，確能成爲時代思潮者，則漢之經學，隋唐之佛學，宋及明之理學，清之考證學，四者而已。」，〔註 15〕而在《中國近三百年學術史》中，則說「這個時代的學術主潮是：厭倦主觀的冥想，而傾向於客觀的考察。」「此外還有一個支流是：排斥理論，提倡實踐」。〔註 16〕另外，在〈明清之交中國思想界及其代表人物〉中，言及清代思想時，則說：「因前期理學末流發生毛病，惹起反動，於是一反前期內向的學風，專從事於客觀的研究考察，把第一期到第四期〔註 17〕許多學問都復活轉來。又因爲和歐洲交通大開的緣故，陸續受外來思想影響，造成一種學風，和歐洲「文藝復興」時代有許多地方相像。」梁啓超於《中國近三百年學術史》，以及〈明清之交中國思想界及其代表人物〉中所論，都是貫串「清學是對宋明理學反動」的「復古」思潮觀點的解釋。

（一）理學反動說

梁啓超揭示清代學術思潮，意在爲清代學術定位。所謂「反動」，照梁啓超的說法，就是「求建新思潮」。〔註 18〕也就是說，清代儒學的基本格局，與宋明理學微精微一的論述，是迥然有別的，是對宋明理學的破壞，以求爲新建設。然則，宋明理學何以會惹起反動？梁啓超在《近世之學術》中，以爲是因爲王學末流「摭拾口頭禪，轉相獎借，談空說有，與實際應用益相遠。

〔註 13〕 梁啓超《清代學術概論》，頁 8。
〔註 14〕 梁啓超《清代學術概論‧自序》，頁 4。
〔註 15〕 梁啓超《清代學術概論》，頁 1。
〔註 16〕 梁啓超《中國近三百年學術史》，頁 1～2。
〔註 17〕 此處所謂的第一期是指先秦，第二期是指秦漢。第三期是指三國南北朝，第四期是指隋唐及五代。
〔註 18〕 梁啓超《清代學術概論》，頁 7。

橫流恣肆非直無益於國，而且莬以自淑」，〔註19〕致使引起諸多流弊。而在《中國近三百年學術史》中，梁啓超則進一步指出，晚明二、三十年之學術界，已有王學自身的反動、自然界探索的反動、歐洲曆算學的輸入、藏書及刻書風氣漸盛、佛教禪宗的反動等新現象。〔註20〕若以之與梁啓超二十年前對清代學術思潮形成的看法相較，可以發現他已不再局限於僅從王學末流之弊的角度觀察，而注意到社會、經濟、西學東漸等眾多面向立論。就此而言，梁啓超對清代儒學之論述，可謂越漸深入。

（二）復古說

　　清代儒者之治學，以「復古」為特色。所謂「復古」，是指回歸原典，而非「思古」、「嗜古」、「泥古」、「佞古」、「拘拘于古昔」，〔註21〕至於原始儒學之意涵為何？黃宗羲曾清楚指出，他說：「儒者之學，經天緯地」，儒學的真義，在關心宇宙人生之究竟，若「以語錄為究竟，僅附答問一二條于伊洛門下，便廁儒者之列」，充其量只是「假其名以欺世」。〔註22〕這說明了原始儒學本以內聖外王為其主要目標，既重視內在道德心性的淬煉，也強調外在經世事功的開展。而清代儒學之「復古」、「返本」，正呈現出清代儒學因應時代變遷，力求致用的特性。

（三）文藝復興說

　　梁啓超以「復古」來概括清代學術的特色，並認為藉此可使「古代平原文明之精神復活」，這說明了「復古」並非只是「法先王」，一味株守於傳統，而是欲立於傳統另闢新局。換言之，復古是手段，開新才是其目的。梁啓超在《近世之學術》為近代學術作結論時，說：「要而論之，此二百餘年間，總可命名為古學復興時代」，〔註23〕在《清代學術概論‧自序》中，卻將此說法修正為「此二百餘年間總可命為『文藝復興時代』。」梁啓超將清代學術比之於歐洲的文藝復興，代表他認為清代學術是新文化的起點，可以在未來成為第三回的主系文化。而清代學術之所以能成為新文化的起點，正因為有外來學說的注入。故而，他在論述清代學術流變時，始終不忘外來學說在

〔註19〕梁啓超《近世之學術》，《論中國學術思想變遷之大勢》，頁77。
〔註20〕梁啓超《中國近三百年學術史》，頁9～13。
〔註21〕梁啓超《清代學術概論》，頁31。
〔註22〕黃宗羲〈贈編修弁玉吳君墓誌銘〉，《南雷文定後集》卷3，頁1。
〔註23〕《論中國學術思想變遷之大勢》，頁103。

其中的作用與地位。他曾說：「明末有一場大公案，爲中國學術史上應該大筆特書者，曰歐洲曆算學之輸入」，〔註 24〕或謂清代學術第三個一百年的末期，即最近三十年間，「他們的學問種類和做學問方法，因爲歐洲文化輸入，重新發生光彩，越發向上進」。〔註 25〕學術文化本是一個生生不息，不斷發展的連續歷程。它要「容」、要「公」、要「大」，才能「久」。歐洲的文藝復興，是西方近世文明的動力和起點。梁啓超以清代學術爲中國的文藝復興，正表示他認爲清代儒學藉由「復古」，與中西思想交流，能夠成爲振興文化的動力和起點。

（四）考證說

考據學又稱考證，它原來只是一種治學的方法，自有學術即有考據。然而清代學者卻將其發展成爲一種有系統、有理論的獨立學科，使其由附庸而蔚成大國。考據學盛於乾嘉之世，其學風則「遠發源於順、康之交，直至光、宣，而流風餘韻，雖替爲沫，直可謂與前清朝運相終始」。〔註 26〕梁啓超以爲清代學術可以考據學爲代表，無考據學則無清學。它可以和兩漢的經學、隋唐的佛學、宋明的理學，相提並論。不同於《近世之學術》中，對考據學所持的否定態度，梁啓超於《清代學術概論》中，已不再認爲考據學「蔽中國久矣」，學者「銷其腦力及其日力於故紙之叢，苟以迄死而已」，是無用之學，而認爲「有用無用云者，不過相對的名詞」，「凡眞學者之態度，皆當爲學問而學問。夫用之云者，以所用爲目的，故更無有用無用之可言」，〔註 27〕清代考據學在文化史上本有其價值。爲了說明清代考據學家之治學精神，與近代科學的精神方法若合符節，他在《清代學術概論》中，曾對乾嘉考據學風做出總結，提出清代儒者在治學上的十個特色。

1. 凡立一義，必憑證據。無證據而以臆度者，在所必擯。
2. 選擇證據，以古爲尙。
3. 孤證不爲定說。
4. 隱匿證據或曲解證據，皆認爲不德。
5. 最喜羅列事項之同類者，爲比較的研究，而求得其公則。

〔註 24〕梁啓超《中國近三百年學術史》，頁 10。
〔註 25〕梁啓超〈明清之交中國思想界及其代表人物〉，《飲冰室文集》之 41，頁 36。
〔註 26〕《清代學術概論》，頁 58。
〔註 27〕《清代學術概論》，頁 44。

6. 凡採用舊說，必明引之。

7. 所見不合，則相辯結，雖弟子駁難本師，亦所不避；受之者從不以爲忤。

8. 辯結以本問題爲範圍，詞旨務篤實溫厚，雖不肯枉自己意見，同時仍尊重別人意見；有盛氣凌轢，或支離牽涉或影射譏笑者，認爲不德。

9. 喜專治一業，爲「窄而深」的研究。

10. 文體貴樸實簡潔，最忌「言有枝葉」。

清代考據學家言言有據，字字有考。梁啓超於《中國近三百年學術史》中，更將「清代學者整理舊學之總成績」，分經學、小學、音韻、校堪、輯佚、史學、方志、地理、譜牒、曆算、科學、樂曲等門類，加以概括、評述，使人了然清代儒者所謂「實事求是」〔註28〕之學，究爲何指？

總結梁啓超有關清代學術思潮的論述：其「理學反動」說，指出清儒因不滿於宋明儒之空談性裡，造成清代儒學的轉向，此說胡適的〈幾個反理學的思想家〉、〈清代學者的治學方法〉承之，而錢穆（1895～1990）的《中國近三百年學術史》、馮友蘭（1895～1990）的《中國哲學史》則提出修正，認爲清代儒學是宋明儒學的延續。其「復古」說，旨在點明清代學術借「復古」以「開新」的徑路。而其比清代學術爲「文藝復興」說，引起後起者廣泛的討論。〔註29〕至於以「考據學」論清代學術思潮，則一語中的，概括出清代學術徵實之學風。

〔註28〕「實事求是」是多數乾嘉學者治學的共同態度。例如：錢大昕即以「通儒必自實事求是始」（錢大昕〈盧氏群書拾補序〉，《潛研堂文集》卷25，頁235）；又以爲自己治學「唯有實事求是，護惜古人之苦心，可與海內共白」（錢大昕〈廿二史考異〉，《潛研堂文集》卷24，頁228）。阮元敘述自己之治學，亦謂「余之說經，推名古訓，實事求是而已，非敢立異也。」（阮元〈揅經室集自序〉，《揅經室集》卷首。）

〔註29〕胡適認爲新文化運動，才是中國近代文藝復興的開端。（見氏著《胡適的日記》，1922年2月15日，頁267～268）後來，他又將中國的文藝復興上溯至宋代，謂宋代朱學之興是第一期，明代王學之盛是第二期，清學之起是第三期，近代新文化運動則爲第四期。（《胡適的日記》第四冊，1923年4月3日）馮天瑜在《中華元典精神》中，指出明代萬曆至清代康熙間的一百年，才是中國的文藝復興。成復旺於〈返回經典，走向實學－略論明清之際學術思想的轉變〉一文中，則認爲清代學術文化與歐洲文藝復興有異，強以之類比，根本難以自圓其說。（見國立中山大學中國文學系主辦《第四屆清代學術研討會論文集》，頁1～161，1995年11月）

三、重視學術流變的分析

梁啓超「素來嗜好史學」。〔註30〕他以爲史學不僅應該「記述人間過去之事實」，還須要「說明其事實之關係與其原因結果」。〔註31〕此外，他也認爲一個好的史家，要能觀察出「一個人之個性，何以能擴充爲一時代一集團之共性；與夫一時代一集團之共性，何以能寄現於一個人之個性」。〔註32〕學術人心既迭相左右，故而梁啓超治學術史，特別重視「觀察所緣」。他認爲決定學術變遷的原因在於「環境變遷與心理之感召」，而所謂環境變遷中，又以「政治現象關係最大」，因此他在推究學術變遷之由時，每多從政治角度立論。

（一）清初經世學風的考察

清代儒學是梁啓超一生學術研究的重心。他既從「縱」的方向，將清代儒學置入數千年中國學術長河中考其流變；也從「橫」的切面，把清代儒學與當時的政治態勢、社會狀況相繫聯，究其學術特色與影響。

梁啓超論清初學風之轉變，於《近世之學術》但言是王學末流，「談空說有，與實際應用益相遠；橫流恣肆，非直無益於國，而且蔑以自淑」之弊，幾已引起王學革命，學風因之一變。〔註33〕於《清代學術概論》中，則將清初稱爲清代學術的啓蒙期，認爲此一時期的思想界，極爲複雜、絢爛，此階段的學術活動可稱爲「黎明運動」。他列舉其原因有四：

第一、承明學極空疏之後，人心厭倦，相率反於沉實。

第二、經大亂後，社會比較安寧；故人得有餘裕以自屬於學。

第三、異族入主中夏，有志節者恥立乎其朝；故刊落聲華，專集精力以治樸學。

第四、舊學派權威既墜，新學派系統未成，無「定於一尊」之弊；故自由研究之精神特盛。

較之《近世之學術》中之所論，梁啓超於王學末流之弊及反滿情緒兩個因素外，更補充到了社會安定、學術多元這兩項條件。至其《中國近三百年學術史》，他除了強調王學末流的積弊，謂「反動之起，當然是新時代一種迫

〔註30〕梁啓超〈我對於女子高等教育希望特別注重的幾種學科〉，《飲冰室文集》之38，頁5。
〔註31〕梁啓超《中國史敘論》，《飲冰室文集》之6，頁1。
〔註32〕梁啓超《中國歷史研究法》，《飲冰室專集》之73，頁114。
〔註33〕梁啓超《論中國學術思想變遷之大勢》，《飲冰室文集》之7，頁77。

切的要求」，更認為還有自然界探索的反動、歐洲曆算學之輸入、藏書及刻書的風氣漸盛，以及佛教禪宗的反動。綜上觀之，梁啓超研究思想變遷時，實際上偏向外緣因素討論。文變染乎世情，學術發展亦然。人生存於社會中，思想心力自然深受外在環境的影響，但同時人的心力思想也推移著社會環境，是以他曾言「形成社會之性質者，個人也；而鑄造個人之性質者，又社會也」，〔註34〕這是梁啓超立論的基點。他在《儒家哲學》中，論及清代學風丕變，只歸因於宋明理學濫熟之反動。在〈明清之交中國思想界及其代表人物〉一文裡，論及清初思想變遷動機時，亦將「理學反動」列為首項。在《中國近三百年學術史》中，則在理學反動之因素上，另外強調外來文化輸入的影響。是知，「理學反動」可以說是梁啓超所認為清初儒學轉變最主要的特徵。

（二）乾嘉考據學風的探究

乾嘉之世考據學蔚然成風。章太炎論其興盛之因，以為是清廷高壓箝制思想，政治環境所導致。〔註35〕此說梁啓超承之。他於《近世之學術》便說：

> 自康雍間屢興文字獄，乾隆承之，周納癗酷。論井田封建稍近經世先王之志者，往往獲意外譴。乃至述懷感事，偶著之聲歌，遂罹文網者，趾相屬。又嚴結社講學之禁，晚明流風餘韻，銷匿不敢復出現。學者舉手投足，動遇荊棘，懷抱其才力智慧，無所復可用，乃駢轃於說經。（頁91）

於《清代學術概論》曾說：

> 吾嘗言當時「經世學派」之昌，由於諸大師之志存匡復。諸大師始終不為清廷所用，固已大受猜忌，其後文字獄頻興，學者漸惴惴不自保，凡學術之觸時諱者，不敢相講習。（頁28）

於《中國近三百年學術史》亦說：

> 凡當主權者喜歡干涉人民思想的時代，學者的聰明才力，只有全部用去註釋古典。歐洲羅馬教皇權力最盛時，就是這種現象。我國雍、乾間也是一個例證。（頁29）

此皆說明乾嘉學風，乃因避禍而由經世逐步轉向故紙堆中。

乾嘉儒學之所以走向考據之路，梁啓超認為除了時主操縱，政治環境的影響外，社會經濟的變化，也是原因之一。其《清代學術概論》說：

〔註34〕梁啓超《中國之武士道・自序》，《飲冰室專集》之24，頁1。
〔註35〕章氏之說，詳見氏著《訄書・學隱》。

> 吾常言：欲一國文化進展，必也社會對於學者有相當之敬禮；學者
> 恃其學足以自養，無憂饑寒，然後能有餘裕以從事於更深的研究，
> 而學乃日新焉。近世歐洲學問多在此種環境之下培養出來，而前清
> 乾嘉時代，則亦庶幾矣。（頁 57）

乾嘉之世，帝王高壓懷柔並用，稽古右文，學者恃其學足以自養。梁啓超描述當時的社會，謂：

> 清高宗席祖父之業，承平殷阜，以右文之主自命：開《四庫》館，
> 修《一統志》，纂《續三通》、《皇朝三通》，修《會典》，修《通禮》，
> 目不暇給；其事皆有待於學者，內外大僚承風宏獎者甚眾。（同上，
> 頁 57）

乾隆除了開四庫、廣修書以外，於殿試中也很少再就理學命題，反倒是對從事整理古典文獻的學者，多加獎掖。如是學風轉變，乃勢所必然。其述商賈，說：

> 淮南鹽商，既窮極奢欲，亦趨時尚，思自附於風雅；競蓄書畫圖器，
> 邀名士鑑定，潔亭舍豐館穀以待。（同上，頁 57）

其實，商賈之獎掖，不惟淮商如此，徽商亦不遑多讓。徽屬各邑，書院林立，子弟多讀書業儒，其書院資金多來自徽商。徽州文風鼎盛，多蟾宮折桂之士，其來有自。其述官員，曰：

> 京官簿書期會至簡，惟日夕閉戶親書卷；得間與同氣相過從，則互
> 出所學相質。……其有外任學差或疆吏者，輒妙選名流充幕選；所
> 至則網羅遺逸，汲引後進；而從之遊者，既得以稍裕生計，亦自增
> 其學。其學成名著而厭仕宦者，亦到處有逢迎，或書院山長，或各
> 省府州縣修志，或大旌姓修譜，或有力者刻書請鑒定，皆其職業也。
> 凡此皆有相當之報酬，又有益於學業，故學者常樂就之。（同上）

是知，海宇承平、經濟穩定、加以帝王稽古右文，造成了考據學蔚然成風。梁啓超不簡化的將乾嘉儒學之轉向歸諸於政治因素，還從社會經濟的角度考察，這是他的慧識。

在政治環境、社會經濟兩項因素之外，梁啓超更別具慧眼從儒學內在理路的發展上探究。他認為：「明季，道學反動，學風自然要由蹈空而變爲覈實，由主觀的推想而變爲客觀的考察。」〔註36〕清初儒學，元氣淋漓，學者於理

〔註36〕《中國近三百年學術史》，頁 26。

學有立有破，〔註37〕黃宗羲之史學、顧炎武之考據經學、王夫之之哲學、顏元之力行學說等一時並起，何以乾嘉之世，學風遽偏於考據一脈發展？梁啓超於《清代學術概論》中，以爲此係因爲顏李力行學派陳義過高，難成風氣；再者因爲清廷屢興文字獄，史學、哲學易觸時諱，故學者移其聰明才力於「詮釋故訓，究索名物」以自藏焉，是以考據學大盛。〔註38〕至於乾嘉之世，學風既已由主觀冥想變爲客觀考察，近於「科學的」研究法，何以未能趨嚮於自然現象方面，而專用之於文獻考證？梁啓超在《中國近三百年學術史》中，對此提出了說明，他認爲主要是因爲西學中斷，而且中國學者向來有著輕貶「藝成而下」之學問的習氣。而文獻包含之範圍甚廣，何以乾嘉儒學傾向於古籍研治，其他部分多付之闕如？梁啓超則歸咎於文字獄的緣故。綜括而言，梁啓超認爲考據學之興，始則係對治於理學空談心性而來，繼則因政治、社會、學術內在理路發展等諸多因素的影響，而於乾嘉之世蔚然成風。

（三）道咸後儒學丕變的梳理

今文經學本盛於西漢，但自東漢以後卻沉沈寂了千餘年，直到清代道咸後，才又重新被重視，並由康有爲托古改制，建構變法理論，吹皺一池春水，復又掀起清代後期之學術波瀾。

梁啓超早年肄業學海堂，於訓詁考據有深厚之根柢。〔註39〕其後，又爲清代今文學運動的一員，積極鼓吹今文學派的變法主張，寫下許多以學言政，爲今文學派猛烈宣傳之篇章。晚清「今文學運動」，於思想界影響至大，梁啓超既躬與其役，自當記之。其於《清代學術概論》中，對於道咸之後今文學何以復興，即有詳細論述。他說：

〔註37〕梁啓超論清初儒學，謂學者對宋學有建設有破壞。破壞的方面有五派：一是用程朱做後盾以破壞陸王；二是博雜而無系統的學問，利用好奇心，打倒前人以獵取名譽；三是沒有成見，並不以程朱做後盾，但比較接近程朱，對於王學末流加以攻擊；四是不論程朱、陸王，全部加以抨擊；五是不在道術本身下手，而在著作及解經方面挑剔。建設方面的有六派：一是繼承王學，加以修正；二是發明王學，使之愈益光大；三是尊敬程朱，而能建設新學說；四是非朱非王獨立自成一派；五是尊崇程朱，傳其學於海外；六是反朱反王而能自成一派。詳見氏著《儒家哲學》，頁 56～65。
〔註38〕《清代學術概論》，頁 28。
〔註39〕梁啓超早年肄業學海堂，又爲菊波、粵秀、粵華院外生，接受嚴格的書院教育。他自稱於「段王訓詁之學，大好之。」（見氏著〈三十自述〉，《飲冰室文集》之 11，頁 16。）

道咸以後，清學曷爲而分裂耶？其原因，有發於本學派之自身者，

有由環境之變化所促成者。（頁60）

這說明了晚清今文經學興起，有其考據學學術本身內在理路發展的因素，也
有其政治社會等外緣條件的影響。

就學術內在理路的發展而言，梁啓超首先指出考據學之研究方法雖甚精
善，然其研究範圍未免拘迂。其次，則認爲考據學於乾嘉之世，亦已發展至
盡頭，走入「漢學專制」之胡同，勢須另闢蹊徑。而「清學既教人以尊古，
又教人以善疑。既尊古矣，則有更古焉者也，固在所當尊；既善疑矣，則當
時諸人所共信者，吾曷爲不可疑之？」〔註40〕梁啓超之學，本從訓詁考據入，
故其於考據學內在缺失，實知之甚切。就外緣因素來說，梁啓超則分別從政
治、社會、時代刺激三個方面考察。在政治環境上，他認爲嘉道以還，積威
日弛，而當文恬武嬉之既極，稍有識者，咸知大亂之將至，遂引起學者對考
據是否有用的反思。在社會環境上，他認爲清學之發祥地、根據地的江浙，
於咸同之亂，受禍最烈，文獻蕩然。後起者轉徙流離，更無餘裕以自振其業。
在時代的刺激上，他認爲鴉片戰役後，學者因時局的衝擊，經世意識猛醒，
匡濟時艱成爲時代共同的課題。復以海禁既開，西學輸入，始則工藝，次則
政制，對外求索之慾日熾，對內厭棄之情日烈，考據學也由蛻分而走向衰落。
〔註41〕

由上可知，梁啓超關於清代儒學流變之所緣的論述，歸結來說大概有兩
個特色。

第一、留意學術發展之基源問題。學術乃是應世而起，它自不可能置外
於整個社會、時局之需求。當然，學術無論其如何變遷，總是在歷史的長河
中輾轉相生，屬於一個有機的整體，有其不可分割的連續性。新的學術風潮
不可能憑空拔起，舊的學術思潮也絕不會戛然而止。是故，梁啓超論清代儒
學各階段之流變時，於其接榫處，總能就環境外緣因素、學術內在理路，對
學術遞嬗的發生背景作全方位的考察，避免以偏概全之失。

第二、強調外來文化衝擊的影響。學術思想固有其民族的特性，但學術之
發展，卻不可能封閉自足，「請息交以絕遊」，老死不與其他文化相交通，尤其
是清代這個新舊交替、東西碰撞劇烈的時期。是以，梁啓超曾言：「清代的中國，

〔註40〕《清代學術概論》，頁60～61。

〔註41〕同上。

是亞洲的中國，也是世界的中國。」〔註42〕時勢所趨，中國不再可能自外於世界而存在、發達、富強。因此，梁啓超論清代儒學，將之「去中心化」，置於世界的格局中觀察。例如他在《清代學術概論》中，謂明末利瑪竇（Matteo Ricci, 1552～1610）等輸入西學，使中國在對學問的研究方法上，產生了一些變化，初時雖只有治天算者宗之，其後漸漸應用於其他學門。〔註43〕《中國近三百年學術史》中，肯定清末三、四十年間，學界活力的中樞，能夠移到「外來思想之吸受」。〔註44〕在〈明清之交中國思想界及其代表人物〉中，強調耶穌會教士東來，除傳播宗教以外，翻譯了大量數學、天文、地理、心理、論理等各類書籍，對於當時思想界頗有影響。又對康熙之瞭解、提倡歐洲輸入之新文明，予以高度評價，推崇他是位不世出的英主。凡此皆可看出，梁啓超對文化交流的重視與肯定。

第二節　清代儒學的專題研究

在清代儒學的專題性研究方面，梁啓超有對康有為、朱舜水、顏元、李塨、戴震、黃宗羲等人的專門研究，也有對於「清代學者整理舊學之總成績」的專題論述。關於這些研究，其中康有為、朱舜水、顏元、李塨、戴震等人，都是已成之著作；至於黃宗羲的部分，則是擬著卻僅成緒論。而「清代學者整理舊學之總成績」，介紹以乾嘉學派為主的清代學者，原本是一個獨立的專題，曾於民國十三年（1924）六～九月出版的《東方雜誌》二十一卷十二、十三、十五至十八諸號上連載，後來則納入《中國近三百年學術史》一書。本節考察梁啓超有關清代儒學專題性的研究。

一、專人研究

（一）朱舜水

朱舜水在清儒中，對中國沒有太多的影響，但他卻將程朱之學傳入日本，

〔註42〕梁啓超《中國史敘論》中，將國史之時代分為上世、中世、與近世。所謂「上世史自黃帝以迄秦之一統為中國之中國」；「中世史自秦一統後至清代乾隆末年，是為亞洲之中國」；「近世史自乾隆末年以至於今日，是為世界之中國」。見《飲冰室文集》之6，頁24～25。
〔註43〕詳見該書，頁27。
〔註44〕見該書，頁43。

於開發日本二百年來之文化，其功甚鉅。史家多不能舉其名，然而梁啓超卻慧眼獨具，將他與顧炎武、黃宗羲、顏元、戴震、章學誠並提，認爲他也是一個可以代表一代學術思想之學者，値得爲其立專傳。〔註45〕梁啓超於民國十二年（1923），完成了《朱舜水先生年譜》，這反映梁啓超之論清代儒學，不僅重視外來文化在中國思想界的影響，也注意到中國文化對於域外的影響，其眼界格局實可謂大矣。

朱舜水是明朝遺臣，後半生亡命日本，發誓非到滿州覆亡斷不歸國。朱舜水將程朱思想傳入日本，與日本近代文化極有關係。梁啓超之《朱舜水年譜》，其特殊處在於，它不終止於朱舜水之卒年，而是朱舜水卒後，仍有所記。包括「先生卒後之二年甲子，清兵入台灣，鄭克塽出降，明正朔絕」；「先生卒後之三年乙丑，先生孫毓仁重來日本，拜墓而返」；「先生卒後四年丙寅，先生同里後學張斐來日本，有所謀，不就，爲文祭先生」；「先生卒後十五年丁丑，源光國著《大日本史記》成」；「先生卒後十八年庚辰，源光國卒」；「先生卒後之十九辛巳，安東守約卒」；「先生卒後之三十三年乙未，先爲源光國手輯《朱舜水先生文集》二十八卷，至是其子綱條刻成之」；「先生卒後之一百八十五年戊辰，日本大將軍德川慶喜奉還大政，彼都史家稱爲『王政復古』」；而終以「先生卒後之二百二十九年辛亥，清室遜位」，共九條。觀其所記，多是朱舜水故舊、弟子之事，而至辛亥革命清室遜位才結束。這一方面在說明朱舜水對日本影響，另一方面也是爲了應許朱舜水一生的夙願。梁氏此譜，除了使吾人得窺朱舜水所處時代與思想外，也提醒國人不要忽略中國文化曾經影響域外。

（二）顏元、李塨

「凡天下事，比較然後見其眞」。〔註46〕梁啓超治學常冶古今中外於一爐而加以探究。其或並時對比，如其論二程異同、朱陸異同；其或古今中外比附，如其論王陽明的知行合一，說王陽明「一面像禪宗，一面像顏習齋」，「一面像英國的巴克黎，一面又像美國的詹姆士」。〔註47〕又如其論墨子思想，謂墨子「兼相愛是托爾斯泰的利他主義，交相利是柯爾樸特金的互助主義」。〔註48〕將古代思想加以近代的闡釋。梁啓超向來推重顏李學派，他認爲顏元、李塨主張「凡

〔註45〕 梁啓超《中國歷史研究法補編》，頁 94。
〔註46〕 梁啓超《墨子學案》，《飲冰室專集》之 39。
〔註47〕 梁啓超《王陽明知行合一之教》，頁 14。
〔註48〕 《墨子學案》，頁 8。

有智識都從經驗中得來」、「專主張發展個性」的觀點，和現代詹姆士、杜威等所倡導的「唯用主義」十二分相像。〔註49〕他於民國十二年（1923）年底撰寫的《顏李學派與現代教育思潮》，就是他對於顏元、李塨的專題性研究。

杜威於民國八年（1919）五月一日來華講學，至民國十年（1921）七月十一日啓程歸國。在這兩年又兩個月的時間裡，他到過並且演講的地方，計有十一省，其中在北京的五大講演是「社會哲學與政治哲學」、「教育哲學」、「思想之派別」、「現代的三個哲學家－詹姆士、柏格森、羅素」、「倫理講演」。自杜威來華講學之後，唯用主義或實驗主義，一時之間在教育界成為一種時髦學說。梁啓超於《清代學術概論》時，已指出顏李學派以為「學問當於日常生活中求之」、「生存一日，當為生民辦事一日」、「以實學代虛學」、「以動學代靜學」、「以活學代死學」，與現代教育思潮最相合，惟其只引述而未加詳論。至《顏李學派與現代教育思潮》，則不獨介紹顏、李之學，更以顏、李之學針砭教育時弊。《顏李學派與現代教育思潮》共有九節。首先表達希望顏元、李塨的教育思想、方法能因之普及、實踐。其次敘述顏、李其人其時，再其次則從顏、李為學不論漢宋，而主「實習」、「實行」、「實用」，進而揭示出其「真知由直接經驗而來，它須要習行才能完成」的認識論，以及「以適性發展代替變化氣質」，強調發展個性的教育主張。最後點出顏、李之學「儒者以經世為宗」的精神血脈。梁啓超向來樂於輸入外來文化，但也不忘要發明本國思想。《顏李學派與現代教育思潮》一文，就是他在外來文化輸入之際，對於本國思想的發明。梁啓超深信顏李之學，可以藥中國「能坐言不能起行」之病，也可以救近人所倡「行之匪艱，知之維艱」之偏。

梁啓超對於顏李學派的專題研究，其端緒在《清代學術概論》中論顏元之學時已啓，至其在《中國近三百年學術史》中，以「實踐實用主義」為題的專節，對顏李師生之學說及其「現代的」精神多所闡釋，更可視為有關顏李學派研究的一部份。顏李之學，乾嘉之世以後不行，直至同治年間戴望（1837～1873）之《顏氏學記》出，世始復稍知。其後，雖有章太炎《訄書‧顏學》稱許顏元為荀子後之大儒；又有徐世昌（1855～1937）設立四存學會，編印《顏李叢書》，加以提倡，但真正使顏李學廣為人知，為教育界所重視，則不能不歸功於杜威來華講學之後，梁啓超對顏李學大力宣傳有以致之。

〔註49〕梁啓超〈明清之交中國思想界及其代表人物〉，《飲冰室文集》之41，頁33。

（三）戴 震

梁啓超有關戴震的專題研究，亦如同其對康有爲的研究一般，其主要目的也是在於戴震所處的那個時代，亦即藉由對戴震的討論，以斑窺豹掌握乾嘉學術。

乾嘉之世，是清代考據學全盛時期，而戴震則是使清代考據學之壁壘得以確立的里程碑式人物。〔註 50〕梁啓超對戴震的專題研究，主要見之於民國十二年（1923）底到民國十三年（1924）初，他爲戴震生日二百年紀念會所撰述的幾篇論著。梁啓超是該紀念會的發起人，他推許戴震「爲前清學者第一人」，謂「其考證學集一代大成，其哲學發二千年所未發」，又謂「其於學能引端緒使人由其塗焉以隅反而孟晉」。〔註 51〕他認爲戴震在治學上主張「去蔽」、「求是」，此和近代科學精神相符，頗可運用到各種專門科學的研究，是「科學界的先驅」；而其情感哲學，能於宋明理學遭到破壞之後，卓然有所建設，其價值「最少也應該和朱晦翁、王陽明平分位置」，是「哲學界的革命建設家」。〔註 52〕爲了這個紀念會，梁啓超先後撰寫了《戴東原著述纂校書目考》、《戴東原先生傳》以及《戴東原哲學》，分別對戴震的著作、生平、學術特色、義理思想，加以評論探究。這也是梁啓超於清代儒者專人個案研究中，範圍最廣，用力至深的一個，可惜的是並未全部完成。

何以說梁啓超對戴震的研究，是未竟之業呢？吾人從以下兩種情形可以看出。

其一、計劃撰述而未撰述：梁啓超曾爲「東原學術講演會」，提出了八個綱領。分別是戴東原在學術史上的位置、戴東原的時代及其小傳、音聲訓詁的戴東原、算學的戴東原、戴東原的治學方法、東原哲學及其批評、東原著述考、東原師友及弟子。這八個剛領其實就是梁啓超之戴震研究藍圖。而梁啓超計劃撰寫的《戴東原著述纂校書目考》、《戴東原先生傳》、《戴東原哲學》、《戴東原治學方法》以及《顏習齋與戴東原》等五篇著作，實際上只完成前

〔註 50〕 梁啓超論乾嘉學術，於《近世之學術》中，或謂「乾嘉間學者，以識字爲求學第一義，自戴氏始也」，或謂乾嘉間「戴氏學掩襲天下」、「休寧以外之學術，皆附庸也」。於《清代學術概論》則謂「苟無戴震，則清學能否卓然自樹立，蓋亦未可知也。」而於〈近代學風之地理的分布〉一文中，說：「東原以瞻博之學，綜核知識，精湛之思，每治一學，必期於深造自得，蓋自東原出，然後清代考證學之壁壘使確立焉。」

〔註 51〕 梁啓超〈戴東原圖書館緣起〉，《飲冰室文集》之 40，頁 110。

〔註 52〕 梁啓超〈戴東原生日二百年紀念會緣起〉，《飲冰室文集》之 40，頁 38～39。

三篇，後二篇未作。〔註53〕

其二、雖已著述卻有暫闕：梁啓超之撰《戴東原哲學》，本擬對戴震的義理思想作全面研究，但於原本計劃撰寫的「宇宙觀」，卻從缺未處理。原本欲論述的「東原哲學的反響」也沒有下筆。《戴東原哲學》這兩節的「暫闕」，梁啓超直至去世，都沒有能補上。

其實，在梁啓超的戴震研究中，須要特別注意的是，他早年與晚歲對戴震的評價頗不一致，抑揚之間判若雲泥。早期，梁啓超對考據學沒有太大好感，因之亦貶抑戴震。在《近世之學術》中，論戴震之學，說：

> 戴氏學掩襲天下。清之漢學家大率專事考據，不復與宋明儒者爭席。惟東原著《孟子字義疏證》及《原善》，以其心得者，以與新安姚江爭，則亦持之有故，言之成理。其言曰：「君子之治天下也，使人各得其情，各遂其欲。君子之自治也，情與欲使一於道義。」而極言無欲爲異氏之學，謂過欲之害，甚於防川焉，此其言頗有近於泰西近世所謂樂利主義者，不可謂非哲學派中一支流。雖然，人生而有欲，其天性矣，節之猶懼不蔇，而豈復勞戴氏之教猱升木爲也。二百年來學者，記誦日博，而廉恥日喪，戴氏其與有罪矣。（頁93）

戴震治學以聞道爲第一義。《原善》是他由考核以通乎性與天道，所建構的自得義理雛形。是書本諸「天地所以成化」的道理，說明人倫之道就在法天地生生之仁。《孟子字義疏證》則是戴氏晚歲自許爲「生平論述最大」，意欲「正人心」的得意之作。是書認爲「聖賢之道，無私而非無欲」，欲不失之私就是仁。然而，梁啓超對於戴震這種「德、欲同源於天」，「欲不必過，也不可過，但當得其養」，「體民之情，遂人之欲」的主張，深不以爲然，甚至將世風日下，道德淪喪究責於戴震。其貶斥戴震之說，有如此者。何以故？蓋此時梁啓超甫自新大陸歸國，正積極倡導《新民說》的私德思想，強調治心養身的道德教育，故而對於戴震的觀點，毫不留情的嚴厲批判。

但此狀況，在梁啓超的《清代學術概論》中，有了一百八十度的翻轉，他一改之前對於戴震的貶抑，大力頌揚戴氏之學。他說：「苟無戴震，則清學能否卓然自樹立，蓋亦未可知也。」〔註54〕又認爲《孟子字義疏證》一書，字字精粹，「其論尊卑順逆一段，實以平等精神，作倫理學上一大革命」，「其

〔註53〕梁啓超《戴東原哲學》，《飲冰室文集》之40，頁77。
〔註54〕《清代學術概論》，頁32。

斥宋儒之揉合儒佛，雖辭帶含蓄，而意極嚴正，隨處發揮科學家求眞求是之精神，實三百年間最有價値之奇書」。〔註55〕梁啓超對於戴震，究竟何以會有如此兩極的評價？

梁啓超歐遊歸國之後，高度肯定戴震之學的態度，不僅見之於《清代學術概論》，也見之於他在「戴震生日二百年紀念會」其間的相關撰著，更延續到他在民國十六年（1927）所講的《儒家哲學》中。他推崇戴震是清代考據學之集大成者，也是清代一流的學者，其《孟子字義疏證》、《原善》、《原性》見解獨到。他認爲戴震的《孟子字義疏證》一方面發揮了孟子的性善說，一方面反對宋儒歧性爲天理、氣質二種，可以算是孟子的功臣。〔註56〕又指出戴震《孟子字義疏證》把安命、立命之道理闡釋得極爲透徹，數千年來言命，孟荀得其精神，戴震集其大成。〔註57〕梁啓超如此推崇戴震之學，正凸顯了戴震在清學中的指標性作用。

其實，梁啓超對於戴震的專題研究，不僅對於吾人認識戴震學說有所助益，更重要的是他的戴震研究，爲學界激起了陣陣的漣漪。胡適〈戴東原在中國哲學史上的位置〉一文，謂戴震乃是「清代考核思想家、大哲學家」。《戴東原的哲學》一文，謂戴震之學是顏李學派的新哲學與顧炎武治學方法，兩方面結婚的產兒。〔註58〕該二文都是應梁啓超之邀，參加「戴震生日二百年紀念會」而作。其後，戴震成爲學界研究清代學術當中的顯學，單篇論文、學位論文、或泛論、或專論，近百年來綿綿不斷，從未中絕。其內容廣涉戴震生平、著述、治學方法、經學、哲學、語言文字、綜合比較等不同方面，可謂漪歟盛哉！梁啓超於戴震研究，實有啓導之功！

（四）康有爲

「世界者何？豪傑而已矣。舍豪傑則無有世界。」〔註59〕梁啓超始終堅信，「無論何時何國，其宰制一國之氣運而禍福之者，恆在極少數人士」。〔註60〕是以，他向來主張爲重要的人物立專傳，尤其是最近的人，更應趁著各種資料俱全之際作。基於這樣的認識，清光緒二十七年（1901），梁啓超遂據其親身見

〔註55〕同上，38。
〔註56〕《儒家哲學》，頁66。
〔註57〕同上，頁95。
〔註58〕胡適《戴東原的哲學》，頁3。
〔註59〕梁啓超《自由書·豪傑之公腦》，《飲冰室專集》之2，頁33。
〔註60〕梁啓超〈中國立國大方針〉，《飲冰室文集》之28，頁76。

聞，爲其師康有爲撰寫《南海康先生傳》。這是他對自己傳記理論的實踐，而康有爲也就成了梁啓超在論清代儒學中，第一位個案性研究的對象。

梁啓超於《南海康先生傳》，首先指出康有爲乃是一個有理想、有熱忱、有膽識的先時人物，是社會原動力之所始，是個造時勢的英雄，這也說明了梁啓超何以要爲其立傳之由。接著分〈家世及幼年時代〉、〈修養時代及講學時代〉、〈委身國事時代〉、〈教育家之康南海〉、〈宗教家之康南海〉、〈康南海之哲學〉、〈康南海之中國政策〉等篇，論述康氏在戊戌變法前後的政治主張、大同學說、以及經學、哲學、史學、西學。梁啓超肯定康有爲在維新運動中的貢獻，但對於他在政治上的保守、學術上的武斷，則亦有所批評。或謂「先生爲進步之人，夫人而知之；雖然，彼又富於保守性質之人也」；並指出他「愛質最重，戀舊最切」，「其於中國思想界也，諄諄以保存國粹爲言」。或謂「先生最富於自信力之人也。其所執之主義，無論何人，不能搖動之」；並指出他「常有六經皆我注腳，群山皆其僕從之概」，「故短先生者，謂其武斷，謂其執拗，謂其專制」。梁啓超之《南海康先生傳》可以說是後學認識康有爲相當重要的資料。

須要特別說明的是，梁啓超撰寫《南海康先生傳》，所記雖以康有爲其人其學爲主要討論對象，但其目的卻不僅止康有爲一人，而是欲藉此以通曉康有爲所身處的時代，以瞭解晚清複雜的歷史背景。而康有爲正是他在晚清這個「三千年未有之巨變」裡，所挑選出來足以代表時代的標的物。他「一方面看時勢及環境如何影響到他（康有爲）的行爲，一方面看他（康有爲）的行爲又如何使時勢及環境變化」。〔註61〕換言之，他是從整個晚清變局，來觀察康有爲如何應世，如何反思，如何賦予傳統儒學以自由、進化的主題，又如何提出維新和變法的主張。也就是說，梁啓超撰寫《南海康先生傳》，乃是他對戊戌變法失敗後的一次反省。而總結戊戌變法失敗的教訓後，他重新尋找保國救民之道，其學正式揮別了早年「實無一字不出於南海」〔註62〕的途徑，於光緒二十八年（1902）撰寫〈三十自述〉後，徹底向「今文學」告別。

清代之今文學者，「喜以經術作政論」。〔註63〕錢穆說他們「其先特爲考據學之反動，其終匯於考據學之頹流」。〔註64〕康有爲是晚清今文學運動的中

〔註61〕梁啓超《中國歷史研究法補編》，《飲冰室專集》之99，頁42。
〔註62〕丁文江《梁任公先生年譜長編初稿》，頁100。
〔註63〕梁啓超《清代學術概論》，頁69。
〔註64〕錢穆《中國近三百年學術史》，頁532。

心。梁啓超除作有《南海康先生傳》以外，於《近世之學術》及《清代學術概論》中，亦論及康有爲，可視爲對康有爲個案性研究的延續或補充。〔註65〕

其於《近世之學術》中，論康有爲，曰：

> 康先生之治《公羊》，治今文也。其淵源頗出自井研，不可誣也。然所治同，而所以治之者不同。疇昔治《公羊》者皆言例，南海則言義。惟牽於例，故還珠而買櫝；惟究於義，故藏往而知來。以改制言《春秋》，以三世言《春秋》者，自南海始也。（頁99）

又說：

> 夫三世之義，自何邵公以來，久闇而習焉。南海之倡此，在達爾文主義未輸入中國以前，不可不謂非一大發明也。南海以其所懷抱，思以易天下，而知國人之思想束縛既久，不可以猝易，則以其所尊信之人爲鵠，就其所能解者而導之，此南海說經之微意也。而其影響，則既若此。近十年來，我思想界之發達，雖由時勢所造成，歐美科學所簸動，然謂南海學說無絲毫之功，雖極惡南海者，猶不能違心而爲斯言也。南海之功安在？則亦解二千年來人心之縛，使之敢於懷疑，而導之以入思想自由之途徑而已。自茲以還，瀏陽譚壯飛著《仁學》，乃舉其冥想所得，實驗所得，聽受所得者，盡發之而無餘，而思想界遂起一大革命。（同上）

康有爲之治今文學，其目的不在說經，而在於救世。疇昔治《公羊》者皆言例，而康有爲則言義。他借孔子的大同之道來支援自己的進化理論，爲其政治思想服務。梁啓超此時雖已走出今文學的窠臼，但與撰寫《南海康先生傳》時一樣，仍然強調康有爲是個造時勢的人物，依舊肯定康有爲對傳統儒學大破大立的氣魄，認爲此足以解人心之束縛，使人敢於懷疑，思想得以自由。

《南海康先生傳》和《近世之學術》，都是梁啓超參與維新變法失敗後，於流亡日本期間所作。斯時，梁啓超篤信達爾文「優勝劣敗，適者生存」的天演公例；他迫切關心的是該如何救亡圖存。至於《清代學術概論》，則是梁啓超歐遊歸國以後，對於東方文明重新反省的著作。此時，他更關心的是東西文明該如何融合。在《清代學術概論》中，他把康有爲的《新學僞經考》比之爲「思想界之一大颶風」。認爲此書使得清學正統派之立基點，產生根本

〔註65〕其實，梁啓超在《中國近三百年學術史》和《儒家哲學》裡，亦提及康有爲。然所述甚簡，且未脫前論，是以此處不再討論之。

動搖，使得一切古書皆須重新被檢視與評估。〔註66〕此外，他又把《孔子改制考》和《大同書》，說成是「火山大噴火也，其大地震也」。並謂康有爲之治《公羊》也，不齗齗於其書法義例之小節，其所謂改制者，實是他政治革命、社會改造等主張之所本。〔註67〕惟須特別說明的是，此時的梁啓超，已經不再像變法時期，言必稱康有爲，對儒家文化做牽強的附會，或是空憑主觀的臆說。是以，他對於自己不慊於其師康有爲論學的「武斷」，以及「好引緯書，以神秘性說孔子」等諸多相左論點，多所剖析。這些剖白，於吾人認識康有爲之今文學運動，實有助益。

二、清儒之舊學整理

清代儒者一反明人空疏之習，力倡務實之學。然因政治、社會等諸多因素的交互相緣，康、雍、乾一百多年的盛世，編書、校書、刻書、輯佚、整理書目，駸駸乎蔚爲風氣。所謂務實學風，乃走向古籍整理之途。他們皓首窮經，整理了大量的古籍文獻，鑑別其眞僞，並廣蒐散佚書文，使其重見天日。更有要者，由於學者們考據上的需要，文字、聲韻、訓詁之學，亦隨之由附庸蔚爲大國。

梁啓超頗爲重視外來文化的吸受，是以他在《中國近三百年學術史》中，列有一份「明清之際耶穌會教士在中國者及其著述」的附表，以明當時西學東漸的概況。他更以四個講次，就經學、小學、音韻學、校注古籍、辨僞學、輯佚學、史學、方志學、地理學、譜牒學、曆算學及其他科學、樂曲學等門類，述說在清代以前各門類 的狀況，並具列清代學者整理之成績，評論其價值，後殿以自己對於各門類學術的意見，總命題爲「清代學者整理舊學之總成績」。這是梁啓超對清代學者在古籍整理上的專題研究。此專題研究，將有清一代眾多學者數量繁多的著作，分門別類，巨細兼顧、縱橫評述，既是對於傳統舊學價值的一次重估，也是對後世學者於治學讀書上的一種引導。可惜的是，這又是個未竟之業。梁啓超於清儒之金石、佛學、編類書、刻叢書、筆記、文集、官書、譯書等門類的舊籍整理，都闕而未述。〔註68〕

〔註66〕《清代學術概論》，頁67。
〔註67〕同上，頁68。
〔註68〕民國十三年四月二十三日，梁啓超致函張元濟（1867～1959），謂其《清代學者整理舊學之總成績》全篇約在十萬字以外，所分門類爲：一、經學；二、小學及音韻學；三、校注古籍；四、辨僞書；五、輯佚書；六、史學；七、

（一）關於經學、小學及音韻學

清代經學復盛。學者稽經考古，且夕講論，不僅在各經的注疏、訓釋、校訂上有豐碩的成果，也對諸經做了總體性的集結匯刊。梁啓超對於這些研究，有不少具體的評述。

1.《易經》

《易》初爲卜筮之書，《十翼》之後乃成爲哲學之著。於清代之《易》學研究，梁啓超首先肯定黃宗羲的《易學象數論》、黃宗炎的（1616～1686）《圖書辨惑》、毛奇齡（1623～1713）的《河圖洛書原舛》、胡渭（1633～1714）的《易圖明辨》，能一掃周敦頤、邵雍以來，易學雜混道教的千年迷霧。然而，他認爲清代易學，以惠棟、張惠言（1761～1802）、焦循（1763～1802）三家較有可觀，唯其成績仍然有限。

2.《尚書》

《書》者，本係王者之號令，所以宣王道之正義，發話於臣下，其所載皆典、謨、訓、誥、誓、命之文。然《尚書》眞僞最爲紛爭，他經惟其經說或有聚訟，經文或有同異，止於文字；《尚書》則經文亦有眞僞之分。梁啓超以爲清代學者於《尚書》學之最大貢獻，在於將東晉梅賾所獻之《古文尚書》和同時出現的《孔安國尚書傳》，辨爲僞作。此外，他比較江聲（1721～1799）的《尚書集注音疏》、王鳴盛（1722～1797）的《尚書後案》、孫淵如（1753～1818）的《尚書今古文注疏》，並認爲三者中，以江書爲末，而孫書爲三家之冠。梁啓超之所以認爲江書不足觀，主要是因爲江聲之論一味好古，不出惠棟規模，缺乏別裁。依此觀之，梁啓超認爲治《尚書》者，主要應從訓詁上平實的解釋，無須穿鑿，若制度有疑寧闕之。

3.《詩經》

相較於清儒治其他群經的評價，梁啓超對於清代《詩經》學的研究是較爲滿意的。他認爲清儒在《詩經》訓詁名物方面，成果算是可喜。然於《詩》旨方面，因受《毛序》之束縛太過，故較難令人滿意。他認爲後之治《詩經》者，但當以戴震〈毛詩補傳序〉所謂「就全《詩》考其字義名物於各章之下；不必以作《詩》之意衍其說。蓋字義名物，前人或失之者，可以詳覈而知，

方志；八、譜牒；九、目錄學；十、地理；十一、天算；十二、音樂；十三、金石；十四、佛學；十五、編類書；十六、刻叢書；十七、筆記；十八、文集；十九、官書；二十、譯書。見丁文江《梁任公先生年譜長編初稿》，頁659。

古籍具在，有明證也。作《詩》之意，前人既失其傳者，難以臆見定也」爲鵠。

4. 《三禮》

《三禮》之學，至宋而微，至明而絕。《周禮》晚出，眞僞之說，聚訟紛紜；《儀禮》宋元以來，傳習甚少；明人所習者，唯《禮記》而已。清代可謂是禮學復興的時代，但梁啓超以爲專就解釋的著作而論，《儀禮》算是最大的成功，而貫通研究的著作，則乏善可陳。

5. 《春秋》三傳

《春秋》原爲魯史，孔子約其辭義，去其繁重，以制義法。在清儒諸多有關《春秋》學的著作中，梁啓超以爲《左》、《穀》皆微不足道，《公羊》則頗有可觀。

6. 《四書》

「四書」之名，始於朱子之後。明人關於《四書》的著作頗多，清代漢學家卻很少。梁啓超以爲清儒對《四書》學的研究，有價值者，主要還是在將《大學》、《中庸》璧回《禮記》，《論語》、《孟子》個別研究。

7. 諸經新疏合評

清代提倡經學，儒者或疏舊注，或另做新疏。梁啓超推許邵晉涵（1743～1796）的《爾雅正義》、孫淵如的《尙書今古文注疏》、焦循的《孟子正義》、陳奐（1786～1863）的《詩毛氏傳疏》、胡培翬（1782～1849）的《儀禮正義》、陳立（1809～1869）的《春秋公羊傳義疏》、劉寶楠（1791～1855）的《論語正義》、劉文淇（1789～1854）的《左傳舊注疏證》、孫詒讓（1848～1908）的《周禮正義》認爲將來若彙刻「新十三經注疏」可加採擇。至於，《孝經》、《穀梁傳》、《禮記》、《易經》的新疏，則仍待後人繼之。

8. 其他通釋群經之著作

梁啓超推崇朱彝尊（1629～1709）的《經義考》，謂將漢至清初的經學書一概網羅，是史部譜錄類最爲重要的書籍，也是研究經學史所必不可缺者。此外，他也頗讚賞臧琳（1650～1713）的《經義雜記》，以爲是書雖作於康熙初年，卻饒有乾嘉學派之精神。並肯定王引之（1766～1843）的《經義述聞》，指出該書最大的價值在於校勘、訓詁方面，許多難曉或前人誤解之文句，至此得渙然冰釋。

9. 小學及音韻書

　　小學本爲經學之附庸，音韻學又爲小學的附庸。清儒於此處用力至勤，久已「蔚爲大國」。梁啓超以爲「小學」是襲用漢人的術語，實際上應該稱爲「文字學」。這門學問，可以分爲兩大類：一類是研究一個字或辭的意義，亦即字義學，音韻學也屬於字義學的一部份。另一類則是研究字和辭的聯綴用法，亦即字用學。我國所有小學書，十之有九屬於字義學，字用學方面還頗爲荒蕪。此外，他特別留意到方言學，並主張方言學的研究，應組織學會，由各地方人士分擔研究，才能得到充足豐富的資料。

（二）關於校注古籍、辨僞書與輯佚書

　　清代是我國校勘學發展的高峰。學者校勘的成果，一方面表現在大量精校的專書之中，一方面也呈現於他們的讀書札記裡面。當然，還有不少校勘之見解，藏含於他們的古籍注疏上。「盡信書，則不如無書」，研讀古籍，首當復其舊觀。中國辨僞書之風氣，至遲在漢代即已開始，〔註69〕至清代而極盛。梁啓超向來重視治學方法，他是古籍辨僞的宣傳者，也是實踐者。他在民國十一年（1922）所發表的《中國歷史研究法》，其第五章〈史料之蒐集與辨別〉，對於古籍辨僞的重要性與方法，即有所論述。民國十六年（1927）更撰寫了《古書眞僞及其年代》，專門討論辨僞書的問題。古書輾轉流傳，或遭散失，或經刪削。輯佚就是從現存有關古書中鉤稽、綴輯佚亡之文字材料輯考工作。輯佚之事代有人做，但到了清代，尤其乾嘉之世，著名學者幾乎都曾做過輯佚工作，其範圍初則爲經學，後漸及史學、諸子、集部，以至無所不及，終成巨業。梁啓超《清代學者整理舊學之總成績》，其第二講所論即爲「校注古籍」、「辨僞書」、「輯佚書」。

1. 校注先秦子書及其他古籍

　　清儒之校勘學，其範圍甚廣，但梁啓超僅就先秦諸子及幾部重要古籍論述。在清儒之先秦諸子校注上，梁啓超認爲《荀子》校注最爲精當，也造成《荀子》在清代復活。其次是《墨子》，他認爲由於清儒的校注，使得《墨子》

〔註69〕就現存可見的文獻而言，中國眞正鄭重其事，有辨僞意識去辨僞書的，應該始於《漢書‧藝文志》。如《文子》九篇，班固自注說：「老子弟子，與孔子並時，而稱周平王間，似依託者也。」《大禹》三十七篇，班固自注曰：「傳言禹所作，其文似後世語。」又如：馬融疑河內本的《太誓》，趙岐刪掉《孟子外書》四篇。這都說明當時已有辨僞風氣。

可讀。然後依次為《管子》、《韓非子》、《老子》、《莊子》、《列子》、《晏子春秋》，而以《呂氏春秋》殿末。

在〈諸子略〉以外的其他先秦古籍校注，梁啓超於《逸周書》、《國語》、《戰國策》、《竹書紀年》、《穆天子傳》、《山海經》、《孫子》、《吳子》、《司馬法》、《周髀算經》、《黃帝內經素問》亦有論述。

在清儒對漢代以後要籍之校注，梁啓超論及者有：《淮南子》、《尚書大傳》、《韓詩外傳》、《春秋繁露》、《列女傳》、《新序》、《說苑》、《法言》、《太玄》、《潛夫論》、《鹽鐵論》、《論衡》、《白虎通義》、《五經異義》、《風俗通》、《越絕書》、《華陽國志》、《抱朴子》、《水經注》、《顏氏家訓》、《經典釋文》、《大唐西域記》、《慈恩法師傳》、《困學紀聞》。

梁啓超於清儒之先秦諸子學校注，持十分肯定的態度。他認為由於清儒紮實的校注奠基，故而後人得以較為輕鬆地在此基礎上，進一步研究諸家學術內容，求其淵源流別之所出、所衍，通曉其精蘊，批評其得失。

2. 辨偽書

梁啓超首先指出中國人所以「好古」，乃因偽書發達之緣故。其次分別論述戰國之末、西漢之初、西漢之末、魏晉之交、兩晉至六朝和明中葉以後，何以會出現大量偽書，以及古今偽書之性質。進而評議清儒之辨偽書。

梁啓超以為清儒辨偽工作之可貴者，不在其所辨出之成績，而在於其能發明辨偽方法而善於運用。他認為「對於古書發生問題，清儒不如宋儒之多而勇；然而解決問題，宋儒不如清儒之慎而密」；「宋儒輕蔑古書，其辨偽動機，往往由主觀的一時衝動；清儒多尊重古書，其辨偽程序，常用客觀的細密檢查」。並對清儒辨偽的方法、成果加以評述，尤其特別提到清初、清末辨偽之風皆盛，獨乾嘉之世，致力於辨偽工作者較少。梁啓超考究其原因，認為此可能是因為乾嘉諸老好古甚篤所然。他們以綿密之功致力於一部書或小範圍之中，目光往往甚狹。其長處在此，短處亦在此。

3. 輯佚書

清代漢學家治經，欲復古貌，而古之經注頗多散佚，是以其治學，常從輯佚入手。惠棟承其父惠士奇（1671～1741）《易說》之輯漢魏舊說，從唐李鼎祚《周易集解》中，輯孟喜、京房、干寶、鄭玄、荀爽、虞翻諸家舊注，成《易漢學》八卷，使人得明漢代《易》學之源流。又其所撰《後漢書補注》，從《初學記》、《藝文類聚》、《北堂書鈔》、《太平御覽》等類書，以及有關舊

注等材料中，輯錄東漢諸史佚文，亦使許多古籍因之粲然重現於後世。其後，惠棟弟子余蕭客（1732～1778）踵之，輯《古經解鉤沈》三十卷，是書凡唐以前舊說，自諸家經解所引，旁及史傳類書，片言單字，悉著其目，是部輯唐以前舊注之書。梁啓超以爲惠棟師生之輯佚工作，是清代輯佚之嚆矢。

梁啓超考察四庫館臣從《永樂大典》所輯補的佚書，特別指出由於《東觀漢記》之輯補，使得最古的官修史書面目得以浮現；由於《五代史》的重裒，使得五代史蹟得稍稱備。又謂漢至元古數學書，如《九章算術》、《孫子算經》、《海島算經》、《五曹算經》、《夏侯陽算經》、《五經算術》、《數學九章》、《益古演段》等，本皆久佚，然因四庫館臣的輯佚，始又喚起學者研究算學的興致。此皆清代學者輯佚之功。

梁啓超復考察清代學者運用唐宋間類書、漢人子史書、漢人經注、唐人義疏、六朝史注、唐人史注、各史傳注及各古選本、各金石刻等資料，將《漢書・藝文志》、《隋書・經籍志》中，曾經著錄而今已亡佚者，次第輯補之狀況。

梁啓超除了論述有清一代之輯佚學成果外，更具體揭示他自己評判輯佚優劣的判準。他認爲既輯一書，則必求備，且必求眞。所輯佚文須注明出自何處，倘原篇次第有可整理者，亦須加以整理，如是始爲全矣。

（三）關於史學、方志學、地理學及譜牒學

史學寓乎史籍，清代之古籍文獻整理極爲繁榮。清初，始則呈現出研究近、當代文獻的風氣；繼則整理明史、古史文獻相並行。乾嘉之世，考據與嗜古蔚然成風，於是考證典章制度、地理、職官、校勘文字、辨正訛誤、輯補佚失史籍、匯編史料文獻等工作，成了此一階段主要的成就。道光以後，古代、近當代之歷史文獻整理，復又相並而行，經世致用漸漸成爲此一時期之主導思想。清代學者之治史，向重徵實，詳近代並重視鄉邦文獻之蒐理，於方志之纂修和理論之建構，也有不錯的表現。梁啓超《清代學者整理舊學之總成績》第三講所論，除史學、方志學以外，尚有地理學、譜牒學，此於四部分類中，亦皆爲史部之屬。

1. 史　學

清代史家隨其時代環境及學風之推移，於研究呈現不同的趨向。梁啓超考察了清代學者有關「明史之述作」、「上古史之研究」、「舊史之補作或修改」、「補各史表志」、「舊史之注釋及辨證」、「學術史之編著」、「史學家法之研究」

等研究成果，並作出評論。他肯定清代浙東學者之治史，以經世爲其旨歸，認爲他們既重視歷史經驗的總結，也重視歷史事實的傳述，於當代文獻史料之保存，頗見用心。然乾嘉之後，學者之治史，但喜醉心殘編，而不思創垂今錄，經天緯地，梁啓超深表不以爲然。在上古史的研究方面，他認爲須待金石學大興，始能見其成果。至於史書之表志方面，清代學者雖有增補之作，但於〈食貨〉、〈刑法〉兩志補者甚寡，而於舊史中所無之表，若外族交涉年表、文化年表、大事月表等，皆有創發之必要。此外，梁啓超也相當重視專史，他以爲文字、美術亦宜有專史。

2. 方志學

方志是綜合記錄地方自然、人文情況的資料。其內容所涉廣泛，包括一地的建置、沿革、疆域、物產、天文、氣候、山川、地理、名勝、天災、人禍、政績、文化、藝術、教育、風俗、民族、人物、宗教、科學、技術、經濟、交通、醫藥等諸多信息。中國方志，向來爲「圖經」觀念所囿，被視爲地理之作。洎乎乾嘉之世，浙東史家章學誠（1738～1801）出，始另闢蹊徑。以爲「方志乃一方之全史」，〔註70〕僅重地理沿革，非修志要義，表彰人物才是修志之核心。方志非僅爲地理書而止，其更爲歷史，修志首重彰明人文精神，而非僅重地理沿革。梁啓超於章學誠所提之方志概念，備加推崇。他認爲其所著《方志書三》所謂「凡欲經紀一方之文獻，必立三家之學」，「仿紀傳、正史之體而作志；仿律令、典例之體而作掌故；仿《文選》、《文苑》之體而作文徵。三書相輔而行，缺一不可。」能成一家之言。

3. 地理學

地理學在中國，向來被視作爲歷史學的範圍，夙爲學者研求，惟其所重多爲記載而非實測。梁啓超考察清代之地理學研究，認爲清儒之地理學，其實只能算是讀史的一種工具，可概略分爲三期：第一期爲順康間，此期好言山川形勢阨塞，頗有經世致用精神。第二期爲乾嘉間，此期多考郡縣沿革、水道變遷等，爲純粹之歷史地理。第三期爲道咸間，以考古精神推及於邊徼、域外，初期之致用精神漸次復甦。

4. 譜牒學

方志，一方之史也；族譜、家譜，一家之史也；年譜，一人之史也。「古

〔註70〕章學誠〈丁巳歲暮書懷投贈賓谷轉運因以誌別〉，《章氏遺書》卷28，頁710。

人譜牒之學與國史相表裡」。〔註71〕年譜，乃將譜主生平行事，依照發生前後，一年一年編寫下去，使其首尾畢見，鉅細無遺，一生事蹟，悉以考見。中國之年譜編修，蓋興於宋，而盛於清。梁啓超將清代學者編撰之年譜分爲四類：第一、自撰年譜；第二、友生及子弟門人爲其父兄師友所撰年譜；第三、後人補作或改作昔賢年譜；第四、純考證之遠古哲人年表。除了年譜以外，梁啓超也非常重視族姓之譜，他認爲族譜是觀察社會發展、變遷相當珍貴的史料。〔註72〕梁啓超曾有意薈萃各名家集中「某氏族譜序」等文，比而觀之，唯仍未暇爲之。

（四）關於曆算學及其他科學與樂曲學

曆算學是指曆法和算學，二者密切相關。梁·阮孝緒（479～536）《七錄》將之與天文、五行、卜筮、雜占、刑法、醫經、經方，同列技術錄。〔註73〕長期以來，中國之曆算學始終與占星圖讖等迷信相輵葛。此現象直至明季西學輸入後，才有了一些變化。而樂曲學亦即律呂學。梁啓超因學者多曆律並舉，是以乃於曆算學之後，對清代學者之樂曲學稍加論述。其實，在《清代學者整理舊學之總成績（四）》中，梁啓超主要論述者，只有曆算學一類。至於物理、工藝以及樂曲學等，皆只是附帶提及而已。細究梁啓超本講次之用意，其旨並不在討論「其他科學」和「樂曲學」的具體內容成果，而是欲藉此提醒國人，可留心於這些門類之研究。

1. 曆算學

梁啓超將明末至清末之曆算學，分作五個時期：第一期明萬曆中葉迄清順治初葉，約三十年間。斯時，耶穌會士齎歐洲新法東來，中國若徐光啓（1562～1633）、李之藻（1730～1778）等人，頗熱衷此道，從事於譯介工作。第二期清順治中葉迄乾隆初葉，約八十年間。斯時，外來輸入之新法，與固有之曆算學相互融攝，此學頗見其長。代表人物如王錫闡（1628～1682）、梅文鼎（1633～1721）。第三期乾隆中葉以迄嘉慶末，約三、四十年間。其時，若戴

〔註71〕 錢大昕〈吳興閔氏家乘序〉《潛研堂文集》卷 26，頁 449。

〔註72〕 梁啓超說：「欲考各時代各地方婚姻平均年齡、平均壽數，欲考父母兩系遺傳，欲考男女產生比例，欲考出生率與死亡率之比較……等數問題，恐除族譜、家譜外，更無他途可以得資料。」見氏著《中國近三百年學術史》，頁 40。

〔註73〕 按阮孝緒《七錄》是：經典錄、紀傳錄、子兵錄、技術錄、仙道錄、佛法錄、文集錄。

震、錢大昕、焦循等好古有識之士，於諸多曆算學之古籍悉心理校。第四期嘉慶、道光、咸豐三朝，約四、五十年間。因古算書之理校就緒，故而引起許多創造發明，完成斯學獨立之業。其代表人物爲汪萊（1768～1813）、李銳（1768～1817）、董佑誠（1791～1823）、羅茗香（？～？）。第五期同治初迄光緒中葉，約三十年間。近代的新法再輸入，譯介之業不讓晚明。其代表人物若李善蘭（1811～1882）、華蘅芳（1833～1902）。曆學、算學本乃相倚，但梁啓超卻指出清代近三百年之曆算學，卻有假途於曆而歸宿於算之現象。他認爲前兩期曆、算尙屬並重，至後三期之發展，實則詳於算而略於曆。梁啓超於其著述中，曾對清儒之治學方法頗具科學精神致意再三，但也多次指出清儒之工作，有一半幾乎是徒勞無功。他認爲如果清儒能騰挪部分考證典籍之心力，於其他學門領域，其學術成就當不僅於此。梁啓超於清代之曆算學家，極爲稱許王錫闡、梅文鼎，認爲他們將歐洲新輸入之天文學、數學研究十分透徹，並補正西法之不足或錯誤，爲科學帶來一線曙光。〔註 74〕此外，他又在透過三部《疇人傳》，〔註 75〕考究清代曆算學之後，憂心忡忡地指出，今之青年於學校中對算學缺少興趣，教育界應當重視此問題，於教材編訂或教法運用上，宜愼加檢討改善。

2. 其他學科

　　在其他學科方面，梁啓超雖提及物理學、工藝學、醫學等，然所論皆甚爲簡略。於此，梁氏亦爲自己的論列之簡，表示「且愧且悲」。他認爲「奇士在世間，即造一世福」，他深深地擔憂國人「自今以往更保持現狀」，自絕於科學，自外於世界。故其不揣淺陋，刻意論列自己所不擅長的「其他學科」一目，疾呼國人應將往昔治古籍之力，分移至自然科學方面。

〔註 74〕　梁啓超《中國近三百年學術史》第十一節，以「科學之曙光」爲題，論述王錫闡、梅文鼎之學。

〔註 75〕　三部《疇人傳》分別指阮元初編、羅士琳續、諸可寶（1845～1903）再續。阮元之《疇人傳》是中國第一部自然科學家的傳記集。全書四十六卷，將黃帝至清代，依朝代先後編排。其選錄在天文、曆法、數學等方面頗有成就的古代科學家 243 人，另附西洋科學家 37 人，每人爲作一傳，介紹其生平事蹟，闡述其創造發明，並於重要人物後，間加評論。唯阮元所收錄人物僅止於乾嘉之際，一則乾嘉以前之曆算家或不免掛漏，再則乾嘉以後又有曆算家出，於是陸續有《疇人傳》續編、三編、四編問世。其續編由羅士琳編纂，道光二十年成書；三編由諸可寶編纂，光緒十二年成書；四編則爲黃鍾駿編纂，成書於光緒二十四年。

3. 樂曲學

清儒好古，尤好談經，諸經與樂有連者夥矣，故研究古樂亦爲經生副業之一。梁啓超以爲清儒所治樂學，有古樂的研究，有近代曲劇的研究。在古樂研究方面，以毛奇齡《竟山樂錄》、《聖諭樂本解說》、《皇言定聲錄》及李塨的《學樂錄》，力斥前人以五行附會樂理，於荒誕支離的舊說，最具掃蕩廓清之功。而清儒最能明樂學條貫者，則屬凌廷堪、徐養原（1758～1825）與陳澧。至於近代曲劇的研究方面，梁啓超則推許王國維，他認爲王國維治曲學，最有條貫。曲學若能成爲專門之學，則王國維當爲不祧之祖。

梁啓超一生期於世用。綜觀其對清代儒學的論述，無論是通論性的探討，或是專題性的研析；無論是對人物的評騭，或是對學術的衡鑑，率皆以「致用」爲其判準。他之所以推重顏李之學，乃因顏、李用世情殷；其肯定清儒整理古籍之成績，又惜其精力有一半是白費，是因爲他認爲「學問是拿來致用的，不單是爲學問而學問而已」。〔註76〕梁啓超論清代儒學，不盡在示吾人「清代儒學」的內容，尤要者在於鑑之、裁之，以啓後世「清代儒學」於現代社會究竟有何價值。

〔註76〕梁啓超《中國歷史研究法補編》，頁 10。

第九章　梁啓超儒學研究評析

　　儒學是中國傳統文化的核心，也是最主要的載體。梁啓超結合歷史背景、社會環境，以及學術內在理路思想，對兩千多年的儒學發展所做的梳理，已如本文第五章至第八章所述。梁啓超論學，於不同的時期各有側重，以致經常出現前後不一的說法，但其欲從兩千年儒學中，「尋出一個條理脈絡」，「尋出一個前因後果」，「尋出一個價值」而再造文明之志，卻始終如一。〔註1〕梁啓超之儒學研究，其意不在懷古、戀古、存古、理古，而在藉由對儒學之反省，以救學術之危亡，啓人民之蒙昧。

　　梁啓超是一個極早便體認到自己身處於可生可死、可剝可復、可奴可主、可瘠可肥之「過渡時代」的先知；也是一個極早就「從文化上感覺不足」，覺察到必「維新我民」、「維新我國」，才能使國家得以適存於世的先覺。他一生勤於引介西學，也致力於整理國學。他的儒學研究，除了明變推因外，更著眼於未來發展應何去何從的探究。對於學術的未來，梁啓超是樂觀的，他相信社會文化是不斷進步、不斷發展的。他形容當時的思想界，「蔥蔥鬱鬱，有方春之氣焉」。〔註2〕而事實上，清末民初的學術界，其眾家競勝的局面，也確實生氣勃勃，直追先秦諸子的百家爭鳴。

第一節　梁啓超對儒學的反省

　　梁啓超相信儒學的未來是樂觀的。這不是一時的興會，也並非不切實際

〔註1〕　胡適，〈新思潮的意義〉，《胡適文選》，頁 48～49。
〔註2〕　《論中國學術思想變遷之大勢》，頁 103 頁。

的空中樓閣，而是他深刻檢視儒學後，所得出的結論。梁啓超於儒學，究竟有哪些反省？現舉其要者，分述於下。

一、關於保教

（一）附和南海之倡保教

梁啓超一生尊孔崇儒，但卻不援孔子之言以自封，亦不墨守孔子之言以自足。他廣開門戶，融攝西學，希望藉由異質文化的交通、激盪，以更新儒學，進行創造性的轉化。

清末，梁啓超步趨康有爲倡言維新變法。此時，其學「實無一字不出於南海」。康有爲主張立孔教爲國教，梁啓超便撰寫《變法通議・論不變之害》加以附和，也提出保教問題，並與康有爲一起在北京發起以「保國、保種、保教」爲宗旨的保國會。又發表〈紀年公理〉，配合康有爲立孔教爲國教作宗教式的宣傳。其後，又在〈復友人論保教書〉中，提出應在中國設立保教大會。康有爲倡言孔子改制，他也嘗試從學術上，找尋孔子改制的立論依據。他撰〈讀春秋界說〉，謂「《春秋》爲明義之書，非記事之書」；又於〈論支那宗教改革〉，反覆申說孔子經世大法與立教微言，都在《春秋》一書。康有爲借釋《孟子》以融合中西，把西方的自由、平等、民主等思想和孟子的學說相折中，並認爲「孔子不可知，欲知孔子者，莫若假途於孟子」，〔註 3〕梁啓超也謂「孟子之言即孔子之言」，「學者欲學孔子，先學孟子可也」，〔註 4〕「變法的當務之急就是揚棄荀學，提倡孟學」。〔註 5〕康有爲借託古改制以倡言變法，明明有取於西方的價值思維、政經制度，但卻硬要說成是中國所本有，欲建立一種「不中不西，即中即西」的學術體系，梁啓超無不亦步亦趨。梁啓超「性稟熱力頗重」，〔註 6〕康有爲借《公羊學》緣經術以議政，他即大力宣傳「今文學派」；康有爲倡言以孟解孔，他便與夏曾佑、譚嗣同有所謂「排荀運動」。此時的梁啓超，年少銳進，靈秀有餘而渾厚不足。他因仰慕康有爲之學，毅然捨去舊學，退出學海堂。他也因康有爲之託古改制、倡言變法，而處處呼應其保教主張。

〔註 3〕 康有爲《孟子微・自序》，頁 3。
〔註 4〕 〈讀孟子界說〉，《飮冰室文集》之 3，頁 21。
〔註 5〕 梁啓超〈論支那宗教改革〉，《飮冰室文集》之 3，頁 58。
〔註 6〕 梁啓超〈致汪穰年同年書〉，《梁任公先生年譜長編初稿》，頁 19。

（二）批判南海之倡保教

　　然而，梁啓超之所以爲梁啓超，就在於他「不惜以今日之我，難昔日之我」。他在流亡日本期間，一方面反省維新變法失敗的原因，一方面也大量閱讀了西學著述，思想觀念爲之一變，是以於光緒二十八年（1902）發表〈保教非所以尊孔論〉一文，公開反對其師康有爲的保教主張。

　　梁啓超反對康有爲的保教說，主要的原因在於今之言保教者，動輒取近世新學新理，謂「某某者孔子所已知之也，某某者孔子所嘗言也」，淆亂名實，於孔子之學並不相契。梁啓超將今之言保教者，與漢代以後的儒學一統類比，認爲二者都不利於認識儒學之眞義。他說：

> 文明之所以進，其原因不一端，而思想自由，其總因也。歐洲之所以有今日，皆由十四五世紀時，古學復興，脫教會之藩籬，一洗思想界之奴性，其進步 乃沛乎莫之能禦，此稍治史學者所能知矣。我中國學界之光明，人物之偉大，莫盛於戰國，蓋思想自由之明效也。
> 〔註7〕

繼而他分析秦漢以後，孔孟一統，反造成中國思想界之僵滯，日縮日小。他說：

> 自漢以來，號稱行孔子教二千餘年於茲矣。而皆持所謂表章某某罷黜某某者，以爲一貫之精神，故正學異端有爭，今學古學有爭，言考據則爭師法，言性理則爭道統，各自以爲孔教，而排斥他人以爲非孔教。於是孔教之範圍，益日縮日小，寖假而孔子變爲董江都、何邵公矣；寖假而孔子變爲馬季長、鄭康成矣；寖假而孔子變爲韓昌黎、歐陽永叔矣；寖假而孔子變爲程伊川、朱晦庵矣；寖假而孔子變爲陸象山、王陽明矣；寖假而孔子變爲紀曉嵐、阮芸臺矣。皆由思想束縛於一點，不能自開生面。〔註8〕

梁啓超慨嘆中國人論學，但求復古，未敢開新。「世運者進而愈上，人智者濬而欲瑩。雖有大哲，亦不過說法以匡一時之弊，規當世之利，而決不足以範圍千百萬年以後之人」，〔註9〕古人自古人，我自我。

　　傳統學者動輒將儒學以外的思想，視之爲異端邪說，爲免其淆亂正色，

〔註7〕　〈保教非所以尊孔論〉，《飲冰室文集》之9，頁55。
〔註8〕　〈保教非所以尊孔論〉，《飲冰室文集》之9，頁55。
〔註9〕　《新民說・論自由》，《飲冰室專集》之4，頁47，。

時常加以排拒。梁啓超認爲，今之言保教者，雖不至排拒外來思想，但將外來思想貼上傳統標籤，當作是中國所本有，自我陶醉的廣孔教範圍於無限，其實也一樣荒謬。他說：「夫孔子生於二千年前，其不能盡知二千年以後之事理學說，何足以爲孔子損？」〔註10〕世異則事異，事異則備變，梁啓超通變的觀念，於學術發展是極有價值的。

　　梁啓超除了在〈保教非所以尊孔論〉中，公開反對康有爲的主張，也「我操我矛以伐我者」，於自己之附和保教加以否定，在《新民說》中〈論自由〉、〈論進步〉等專節中，對清末人士之以孔教附會新學，亦多所糾補。他認爲孔教統一之後，反而不利儒學的正常發展。他說：

> 秦漢而還，孔教統一。夫孔教之良，固也。雖然，必強一國人之思想使出於一途，其害於進化也莫大，自漢武表章六藝，罷黜百家，凡非在六藝之科者絕勿進。爾後束縛馳驟，日獲一日。虎皮羊質，霸者假之以爲護符。社鼠城狐，賤儒緣之以謀口腹。變本加厲，而全國之思想界消沉極矣。〔註11〕

梁啓超極爲厭惡人們緣飾孔教，既自賊亦賊人。不僅如此，他還認爲即使是本於仰止服膺之至誠而言保教，也妨礙學術發展與文明進化。他說：

> 彼古人之所以能爲聖賢爲豪傑者，豈不以其能自有我乎哉？使不爾者，則有先聖無後聖，有一傑無再傑矣。譬諸孔子誦法堯舜，我輩誦法孔子。曾亦思孔子所以能爲孔子，彼蓋有立於堯舜之外者也。
> 使孔子而爲堯舜之奴隸，則百世後必無復有孔子者存也。〔註12〕

學問之爲物，本是前修未密後出轉精，梁啓超深信此理。他在三十歲以後，便絕口不提《僞經》，亦不甚談《改制》，他以多元開放的文化胸襟，去看待儒學的發展。其一生尊孔崇儒，但不神化孔子，也不聖化儒學，只求是其所是，非其所非。他曾說「吾國民二千年來所以能搏控於一體而維持不敝，實賴孔子爲無形之樞軸。今後社會教育之方針，必仍當以孔子教育爲中堅」，但「孔子之言亦有不切實而不適宜者」，〔註13〕吾人當分別精粗，擇善而從。梁啓超的觀念，是平實且客觀的。

〔註10〕〈保教非所以尊孔論〉，《飲冰室文集》之9，頁56。
〔註11〕《新民說‧論進步》，《飲冰室專集》之4，頁59。
〔註12〕《新民說‧論自由》，《飲冰室文集》之4，頁47。
〔註13〕《孔子教義實際裨益於今日國民者何在？欲昌明之其道何由？》，《飲冰室文集》之33，頁60。

二、關於倫理學

（一）反思傳統倫理

「人與人接，倫理始生」。〔註14〕倫理是人類社會中，人與人關係、行為的秩序規範。倫理以人為本，追求的是人的價值，調和的是人群的關係。和諧的人際關係與至善的人格修養，是倫理的終極目標。

儒學是一門生命的學問，也是講求「己立立人」、「己達達人」的實踐之學。長久以來，中國人常以此自豪，自詡為注重倫理，文化深厚的泱泱上邦。然而，梁啓超在倡「新民說」之前，就曾指出「中國自許為禮儀之邦，宜若倫理學，無所求於外。其實不然，中國之所謂倫理者，其範圍甚狹，未足以盡此學之蘊也」。〔註15〕梁啓超何以認為中國之倫理學，其範圍甚狹，未足以盡此學之蘊呢？此乃因為他見到日本文部省所發之訓令，關於中學所教倫理道德之要領，其所列之目，有：對於自己之倫理、對於家族之倫理、對於社會之倫理、對於國家之倫理、對於人類之倫理、對於萬有之倫理等。較之中國所謂倫理者，其廣狹偏全，相去無異雲泥，因而有此感嘆。知人者智，自知者明。梁啓超在見到他人之長時，旋即察覺到中國倫理學，幾乎只講修身、齊家；所謂治國、平天下、乃至對於萬有之倫理，可以說都是家族倫理的延長。見賢思齊，且能立即內而自省，足見梁啓超之敏銳與不凡。

（二）考察歷代民德

倫理與政治、社會、經濟等條件相互影響。國家的元氣，是國民品格所成具。梁啓超感時憂國，在〈論中國國民之品格〉中，直謂中國人愛國心薄弱、獨立性柔脆、公共心闕如、自治力欠缺，這是對其之前於《新民說》中，所謂中國人公德不發達的具體申說。梁啓超除了認為中國人缺乏公德外，於中國人素所強調寡過束身的私德，評價也不高。

梁啓超在《新民說‧論私德》中，對春秋到清中葉歷代的民德加以描述。他認為春秋時代民德醇厚忠實，屬於第二級；戰國時代的民德，其長在任俠尚氣，其短在僄佼詐偽，破壞秩序，屬於第三級；秦代的民德卑屈浮動，西漢的民德卑屈甚於秦，都屬於第四級。在梁啓超看來，從春秋到西漢，中國人之民德是每況愈下的。其後之東漢，梁啓超則頗加讚譽，謂此一時期尚氣

〔註14〕劉師培《倫理教科書‧第一課釋倫理之義》，收入《劉申叔遺書》，頁 2006。
〔註15〕梁啓超《東籍月旦‧倫理學》，《飲冰室文集》之 4，頁 85。

節、崇廉恥，將其民德評列爲第一級。但自三國、晉一直到南北朝、隋，梁
啓超又認爲民德汙下，將之列爲第五級，比之西漢尤遜。至於唐代的民德，
他認爲前半期柔靡卑屈，後半期混濁，屬於第四級；五代極劣，屬於第五級。
接之而興的宋代，梁啓超認爲其社會尚節義，惜其稍文弱，但其民德可以上
升到第二級。至於元代，梁啓超認爲其民德卑屈寡廉恥，應下降到第五級。
對於明代的民德，梁啓超似乎特別維護，認爲幾比東漢，可列爲第二級。最
後於清代，梁啓超則極度貶抑，認爲其民德混濁達於極點，諸惡俱備，在等
級上歸列爲最差的第六級。〔註 16〕總而言之，梁啓超認爲整體來說，中國人
的私德從春秋到清代，是呈現下降的趨勢。他之所以稱美春秋，因爲年代久
遠，本有距離之美感，而且春秋本是中國學術文化發源的時期，其推譽東漢，
殆因其時士風尚節義，讚揚宋明則或與斯時理學盛行有關，都不難理解。至
於將清代民德斥爲最劣等，大概是因爲身處其中，感時憂國故有是論。梁啓
超考察歷代民德，並將清代民德斥爲最劣等，足可見其憂患之殷。此亦何以
梁啓超苦心梳理儒學之意，蓋欲恢復儒學中之倫理道德，以遂救亡圖存之願。
然而，事實是否真如梁啓超所論述的那樣，則有不少值得商榷之處。首先，
他並沒有提出評定民德高下具體的判準；其次，德行之事可以分級斷定其優
劣嗎？更何況是含糊籠統的以朝代爲單位呢？

（三）探尋傳統倫理之失

中國道德之發達甚早，然偏於私德，於公德之落實並不發達，然觀《論語》、
《孟子》諸書，若〈皋陶謨〉之九德、〈洪範〉之三德，《論語》所謂溫良恭儉
讓，所謂克己復禮，所謂忠信篤敬，所謂寡尤寡悔，所謂剛毅木訥，所謂知命
知言；〈大學〉所謂知恥愼獨、戒愼求慊；〈中庸〉所謂好學、力行、知恥，所
謂戒愼恐懼，所謂致曲；《孟子》所謂存心養性，所謂反身強恕，凡此之類關於
私德者，發揮幾無餘蘊，中國人之民德，何以呈現江河日下之趨勢？梁啓超歸
納其由爲：專制政體的陶鑄、近代霸者之摧鋤、屢次戰敗之挫折、生計憔悴之
逼迫，以及學術匡救之無力。〔註 17〕這些原因中，梁啓超以爲「學術匡救之無
力」最應爲吾人所特別留意。因爲學術思想有左右世界之功，在轉換國民心理、
引導社會變遷上，具有樞紐的力量。他之所以力倡「新民說」，正與他這個基本
的學術信仰有關。與同時代的其他人相比，梁啓超比任何人都更致力於教育文

〔註16〕《新民說・論私德》，《飲冰室專集》之 4，頁 60。
〔註17〕《新民說・論私德》，《飲冰室專集》之 4，頁 97～102。

化方面的革新。其一生辦報、講學、整理、探究中國學術，勤於奔走，大量引介西學，為的就是思想啟蒙，改造國民性，一新民德。

梁啟超於中國人私德評價不高，於公德的部分更多所批判。他認為中國人之所以公德不發達，主要是因為沒有「群」、「社會」、「國家」等概念。他在倡導《新民說》之前，就曾大聲疾呼「道莫善於群，莫不善於獨」，〔註18〕於《新民說》中，更於道德之本體有所闡論，謂「人人獨善其身者，謂之私德；人人相善其則者，謂之公德。二者皆人生所不可缺之具也。無私德則不能立，合無量數卑污、虛偽、殘忍、愚懦之人，無以為國也。無公德則不能國，雖有無量數束身自好、廉謹、良愿之人，仍無以為國也」〔註19〕他將中國倫理與泰西倫理相比，發現中國倫理所重者，「一私人對於一私人之事也」，泰西倫理所重者，則「一私人對於團體之事也」。〔註20〕他直指國人因缺乏群的概念，不知合群，因而有「公共概念缺乏」、「對外之界說不分明」、「無規則」、「忌嫉」等缺失。〔註21〕他突破傳統思維的模式，變革傳統倫理的架構，以為「道德之立，所以利群也」，〔註22〕「公德盛者其群必盛，公德衰者其群必衰」，〔註23〕而致力於建設一個「人人相善其群」，富於公德的新民社會，以取代過去「一私人對一私人」，個別化的三綱五常之傳統倫理。

三、關於政治學

（一）走出仁政思想的迷思

「政者，正也。子帥以正，孰敢不正。」（《論語・顏淵》）；「為政以德，譬如北辰，居其所，而眾星拱之。」（《論語・為政》）儒家向來將政治視為是道德的延長，歌頌仁政、渴盼仁君。然而，梁啟超卻認為這不是「政體之正焉」，因為它缺少民權的概念。他認為中國人善言仁，而泰西善言義。「仁者，人也。我利人，人亦利我，是所重者常在人也」；「義者，我也。我不害人，而亦不許人之害我，是所重者常在我也」。他批評儒家的仁政思想，不足以語立國之道。他說：

〔註18〕《變法通議・論學會》，《飲冰室文集》之1，頁32。
〔註19〕《新民說・論公德》，《飲冰室專集》之4，頁11。
〔註20〕《新民說・論公德》，《飲冰室專集》之4，頁11。
〔註21〕《新民說・論合群》，《飲冰室專集》之4，頁69～73。
〔註22〕《新民說・論公德》，《飲冰室專集》之4，頁13。
〔註23〕〈論中國國民之品格〉，《飲冰室文集》之14，頁3。

吾中國人惟日望仁政於其君上也。故遇仁焉者，則爲之嬰兒；遇不
仁焉者，則爲之魚肉。古今仁君少而暴君多，故吾民自數千年來祖
宗之遺傳，即以受人魚肉爲天經地義，而「權利」二字之識想，斷
絕於吾人腦質中者固已久矣。〔註 24〕

中國傳統政體，無論德治、禮治、法治、都缺乏「民權」概念。君主具有無
上權威，所謂「仁政」只是適然之善，而非必然之道，故人民之命運只能盡
操於帝王之手。梁啓超比較傳統「仁」的觀念，與西方自由民權的差距，謂
「言仁政必言保民，必言牧民。牧之保之者，其權無限也。」他發現「言仁
政者，只能論其當如是，而無術以使之必如是」。〔註 25〕他要走出儒家仁政思
想，缺乏安排政權的政道迷思。

（二）針砭仁政思想的缺失

梁啓超對傳統儒家仁政思想的針砭，是受到盧梭《民約論》的影響。光
緒二十七年（1901），他撰〈盧梭學案〉，刊登於《清議報》，第二年又重錄於
《新民叢報》。該文詳細的介紹了盧梭的「契約立國」、「主權在民」與「直接
民主」等概念。他認爲盧梭的《民約論》，使人人知有權利，使人人知有自由，
正是醫今日中國，獨一無二的良藥。從清末到民國，梁啓超有關政體的言論，
或鼓吹君主立憲，或倡導開明專制，或謂「確信美法之民主共和制絕不適於
中國」，或謂「欲躋國於治安，宜效英之存虛君」，前後容有不同，但其強調
民權，主張易君治爲民治，則始終一貫。

中國既有孔孟仁政思想之發達，何以二千年來暴君賊臣仍繼出踵起？梁
啓超認爲這是因爲，治人者有權，治於人者無權。言仁政者，只爲君說法，
謂其「宜行仁政」、「宜恤民隱」、「宜順民好惡」、「宜採民之輿論以施庶政」，
論其當如是。而不爲民說法，若有君於此，「不行仁政」、「不恤民隱」、「不順
民之好惡」、「不採民之輿論」，則當由何道以使之不如是？儒家於此始終沒有
明答。此爲中國政治思想中，極爲嚴重的偏失。

梁啓超認爲儒家把「犯上作亂」視爲大戒，猶有可言也。但對儒家把「庶
人議政」視爲無道，則嚴辭批判。他認爲儒家小康之言，其優於法家者僅一間
耳。「法家以爲君也者，有權利無義務；民也者，有義務無權利。儒家以爲君也
者，有權利有義務；民也者，有義務無權利。」儒家認爲君主亦應有其義務，

〔註 24〕《新民說・論權利思想》，《飲冰室專集》之 4，頁 35。
〔註 25〕梁啓超〈論政府與人民之權限〉，《飲冰室文集》之 10，頁 5。

是其優於法家之處。但問題是儒家所謂的君有義務，該如何確實被實踐？君之義務者何？接受人民之監督也。然而，自古以來，中國人民便不曾眞正擁有監督君主的權利，則君之義務，將何附焉？梁啟超指出，中國數千年政體之所以儒其名而法其實，正由於此。權利與義務應該互相均平，不可分爲二途，主權宜在民而不在君，梁啟超對儒家仁政思想的針砭，算是深入精準的。

四、關於論理學

（一）儒家論理思想缺乏

論理學就是邏輯學（Logic）。它是個日譯詞彙，所指乃思維的學科。狹義的論理學是指希臘亞里斯多德一路傳下，以思維的規則，以及科學與方法學的研究。廣義的論理學則包括一切研究人類思維過程的學問，除了亞里斯多德的邏輯學外，也包括印度的「因明學」，中國的「名學」等。

光緒二十八年（1902），梁啟超於《論中國學術思想變遷之大勢》中，將中國先秦時代的學術與與古希臘學術加以比較，認爲先秦學派有五長六短。所謂中國先秦時代學術之六短，首列的就是「論理思想的缺乏」。他認爲凡在學界，有學必有問，有思必有辯。論理者，講學家之劍胄也。泰西古代思想集成於亞里斯多德。近世文明濫觴於培根，彼二人皆以論理學鳴者也。他認爲孟子的「楊氏爲我是無君，墨氏爲我是無父」之說，禁不起論理學的反詰。而同樣論人性，「孟子言性善，謂辭讓之心人皆有之；荀子言性惡，謂人之性好利，順是則爭奪生而辭讓亡焉」，論法同一，而根據與結論皆相反，終相持而不能決，皆由無論理以範圍之。他批評中國古書之說理，常常各說各話，不像西人之著述，必先就其主題立一界說，下一定義，然後循此定義以縱說、橫說。

傳統儒家體系於仁、於孝、於學、於知、於行、於心、於理、於性，於天等諸多重要的範疇，的確都只有意會、體知，而缺乏西方精細的邏輯思維。梁啟超批評先秦諸子之論戰，他列舉「墨子之非儒，則摭其陳蔡享豚等陰私小節」，「孟子之距楊墨，則毫無論據，而漫加以無父無君之惡名」，「荀子之非十二子，動斥人爲賤儒，指其無廉恥而嗜飲食」等例，謂其絕似村嫗謾罵口吻，並未堂堂結壘，論鋒正對，以理相勝，以論相折，而惟務以氣相競，以權相凌，其異同也就都成了無意義的異同。〔註26〕中國人何以論理思想缺乏？梁啟超總結爲

〔註26〕《論中國學術思想變遷之大勢》，頁33～38。

三項原因：一是中國學者爲學務以實用爲鵠，而論理之是非不暇措意；二是中國語言文字分離，向無文典語典之教，因此措辭設句之法不能分明；三是中國學者常以教人爲任，有傳授而無駁詰，非如泰西之公其說以待人之贊成與否，故不必定求持論之圓到。〔註27〕梁啓超對於儒家論理思想之缺乏，既有事實之陳述，又有原因之分析，這正顯示出他對於論理學的重視。

（二）重視對論理學的認知

在晚清西方邏輯學又被介紹到中國，〔註28〕印度因明學也又重新受到學術界重視之際，梁啓超於光緒三十年（1904）所撰《子墨子學說》一書中，特別寫了一章〈墨子之論理學〉，把西方的邏輯和墨子的名辯加以比較，這是繼西晉魯勝（？～？）以後，研究先秦名辯思想的重要專論。其後，梁啓超在宣統二年（1910）十一月，倡設「國民常識學會」，計劃透過編輯《國民常識講義》、編纂《國民常識叢書》，增長國民常識，以啓民智。他在爲其所計劃編輯的《國民常識講義》所擬之目，即首列論理學，〔註29〕足見其對論理學的重視。

民國九年（1920），梁啓超歐遊歸國後整理東方文明，基於維護心切，他在撰述中雖仍不諱言中國人在論理一面的缺乏，但在論述中卻也不斷的指出，中國人並非完全不講論理學。如其於孔子，即有「孔子的正名主義，對於改良社會有多少效果，我們不敢說，但在知識上卻有很大的影響」，意謂著由於孔子注意名實問題，才有後來墨子、惠施、公孫龍、荀卿乃至其他諸子，在名實問題上的討論。又如其論荀子，也謂《荀子》的〈解蔽〉、〈正名〉諸

〔註27〕《論中國學術思想變遷之大勢》，頁33～38。

〔註28〕西方邏輯學在明末清初西學東傳時，已開始被介紹到中國來。明末李之藻（1565-1630）於明熹宗天啓三年（1623），還翻譯出版了中世紀葡萄牙的一本邏輯講義的前十卷，定名爲《名理探》，原著名爲《亞里士多得論辯學概論》，共25卷。

〔註29〕梁啓超爲國民常識學會所計畫編輯的《國民常識講義》，所擬之目有：論理學、人文地理學、泰西史論、各國憲政成立史、世界大勢概論、社會學、進化論、國民心理學、憲政精神論、國家學、政治學、政黨論、政治思想論、法學通論、憲法論、政府與國會論、行政法論、地方制度論、自治要鑑論、司法制度論、國民生計學原論、銀行論、貨幣論、生計政策概論、致富要術、財政學、社會教育學、國民道德論、人生職務論、讀書法、修養法、立身要鑑、泰西格言衍義、新時代之新文學、近世名人小傳、雜錄、記事、答問，總共三十八目。參見黃得時〈梁任公與國民常識學會〉，《東方雜誌》復刊第一卷三期，1967年9月。

篇，都涉及知識論的問題，可見儒家並非不講論理學。〔註30〕只是他們用力未專，所論不精細。爲了證明中國亦有論理學，梁啓超於歐遊歸國後，即撰有《墨經校釋》、《墨子學案》，對於墨學的認識論進行了深度的研究。又在《先秦政治思想史》中，於論及墨子的章節中，對墨子的認識論與邏輯思想加以闡釋。無論理觀念，則無思想能力，梁啓超一生關切國人的思想能力。他既語國人論理思想缺乏，又謂儒家並非不講論理學，且還闡釋墨子的論理學，狀似所述前後不一，其實誠如梁啓超所言，「不知己之所長，則無以增長光大之；不知己之所短，則無以採擇補正之」。「語其長，則愛國之言也；語其短，則救時之言也」。〔註31〕他喚起國人重視論理學的用心，從頭至尾並無不同。

第二節　梁啓超儒學研究的建樹

「天演公例，不革則汰」。〔註32〕梁啓超的儒學研究，也同其政治主張一樣，強調因革損益，與時俱移。他通過輸入新學說、新觀念、新思想，讓世界走進中國，也透過反省的態度，對固有文化作出整理重估，讓傳統走向現代。梁啓超一生不輟於儒學的整理、分析、解釋、論斷。他的儒學研究，不僅有述、有論，更對許多問題提出結論性的通則。以下舉其要者，試論如下。

一、道德革命

（一）論人性本質

人性本質的探討，是儒學史上相當重要的問題。梁啓超對孟、荀人性論有不少論述，由其論述可見梁啓超的人性思想。

他批評孟子對於「性」字，沒有定義。只絕對的主張性善，而性善的本原只在人身上，有仁義禮智四端，也就是四本。他肯定孟子在〈公孫丑上〉以「乍見孺子將入於井」爲例，說明人皆有惻隱之心，此例引得極好。但卻指出孟子於「羞惡之心」、「是非之心」、「辭讓之心」，都沒有舉出例子。並謂如果能起孟子而問其何以生性即有辭讓之心，將會是一件很有趣的事情。他認爲孟子論人

〔註30〕《儒家哲學》，頁26。
〔註31〕《論中國學術思想變遷之大勢》，頁34。
〔註32〕梁啓超〈釋革〉，《飲冰室文集》之9，頁43。

性，只論其善的一面，沒有討論惡的一面，似乎並不圓滿。〔註33〕

對於荀子「人之性惡，其善者僞也」的人性主張，梁啓超首先肯定荀子能將名詞定義清楚。他稱許〈性惡篇〉中，「不可學，不可事之在天者，謂之性；可學而能，可事而成之在人者，謂之僞，是性僞之分也」。這兩句話說得好極了，性僞所以不同之點，講得清清楚楚。並將之與孟子之言性善加以合論。謂「孟子講教育之可能，荀子講教育之必要」；又謂「孟子的極端性善論，我們不能認為眞理」，「荀子的極端性惡論，我們亦不完全滿意」，「不過他們二人都從教育方面著眼，或主性善，或主性惡，都是拿來做教育的手段」。〔註34〕另外，他又闡釋「孟子言性善，故其功在擴充。擴充者，涵養之屬也，積極的也」，「荀子言性惡，故其功專在矯正。矯正者，克治之屬也，消極的也」。〔註35〕梁啓超以為孟荀二人觀點雖異，然皆是也。

至於梁啓超自己對於人性本質有何看法？他以佛語解釋，謂人性有「眞如」與「無明」之二原子，自無始以來，即便相緣。「眞如」可以熏習「無明」，「無明」亦可以熏習「眞如」。孟子專認其「眞如」者為性，故曰善；荀子專認其「無明」者為性，故曰惡。〔註36〕依照梁啓超的看法，人性是有善有惡的，而人之性惡除了來自人性本有的原子「無明」之外，也來自他所生存的「器世間」（即社會）。梁啓超以佛語解釋，認為佛說一切眾生，自無始來，即以種種因緣，造成此器世間，此器世間實為彼「無明」所集合之結晶體。生於其間者，無論何種人，已不能純然保持其「眞如」之本性而無所攙雜。此來自「器世間」者，即人之第二天性。梁啓超不僅認為人性有善有惡，同時認為人性能善能惡，並以為不論個人或集體，人性都是一種可累積可成長的狀態，可以不斷充而美之。所以他特別主張「教育」，認為「對於人性若不施教育，聽其自由，一定墮落」。

（二）論道德意識之形成

道德是決定和處理人群共同生活的無形規律。梁啓超以為「人莫不有兩我焉：其一、與眾生對待之我，昂昂七尺，立於人間者是也。其二、則與七尺對待之我，瑩瑩一點，存於靈台者是也。」〔註37〕又以為「人類一切道德，

〔註33〕《儒家哲學》，頁 77。
〔註34〕《儒家哲學》，頁 77。
〔註35〕《德育鑑》，頁 76。
〔註36〕《德育鑑》，頁 76。
〔註37〕《新民說·論自由》，《飲冰室專集》之 4，頁 43。

或是爲增進全體利益之用，或是爲發達個性之用，總不出人我兩途」。〔註38〕換言之，他認爲道德利群或修己，並非先天存在的絕對觀念，而是人類社會的產物。所以，是先有人類，才有道德，不是道德決定人類的生活，而是人類社會生活決定道德。在梁啓超言，道德是發自個人的自由意志（人性），表現爲一種理性的自覺，其根源爲「人心」，而非源出於天。故人不應立理以限事，而應即事而窮理。

　　「道德之所立所以利群也」。道德既在求人群共同生活之完善，故梁啓超以爲公德是諸德之源。凡有利於群者爲善，無益於群者爲惡。並強調道德精神，乃由一群的利益而生。如果違反此精神，雖至善者，時或變則可能變爲至惡。此外，梁啓超也認爲「天下之道德法律，未有不自利己而立者也」。〔註39〕儒家向來言義而諱言利，而梁啓超以道德起源於利己、利群，且謂「今日不獨發明墨翟之學足以救中國，即發明楊朱之學亦足以救中國」。〔註40〕其實，《荀子・大略篇》嘗言「義與利者，人之所兩有也」，梁啓超雖尊孟抑荀，然其人性思想其實反倒與荀子較爲接近。梁啓超論道德意識的形成，很明顯帶有功能論、經驗論的傾向，這應與當時盛行的「進化論」有關，但道德屬於價值問題，必然得涉及到形上本體的部分，功能論、經驗論是根本不足以概括的。

（三）論道德與倫理

　　倫理就中國人而言，就是人倫之理，也就是人類社會中人際關係的內在秩序。而道德則是得道之行，是個人體現倫理規範的主體與精神意義。梁啓超辨析道德與倫理的分別，他以爲道德的範圍較倫理爲廣，道德可以包括倫理，倫理不能盡道德。又辨析道德之根本與道德之條件，謂道德之根本無古無今無中無外而無不同，不可得變革者也。〔註41〕至於道德之條件，則隨天下之節目事變而異，豈惟今與古異，抑且隨時隨地隨事隨人，在在而皆可異。

　　道德者，人己交利之稱。在梁啓超看來，中國傳統倫理存在著公德缺乏、私德墮落的缺失。而造成這種缺失的原因有二：一是傳統倫理偏於家族倫理，對於群、國家的概念，是極爲模糊的。二是傳統倫理三綱之說，權利義務並

〔註38〕　《孔子》，頁30。
〔註39〕　〈十種德性相反相成義〉，《飲冰室文集》之5，頁48。
〔註40〕　〈十種德性相反相成義〉，《飲冰室文集》之5，頁49。
〔註41〕　梁啓超《德育鑑》例言。

不均平。他採擷西方的自由、平等、權利等概念，一則希望能於傳統倫理偏於家族這一狹隘範圍，有所矯正補偏。另則希望能以此一掃「舍理論勢，以勢爲理」，不平等的三綱之說之弊。梁啓超重視群學〔註42〕、群治，他的道德革命，欲將傳統的內聖外王，轉化成具有自由、平等、權利思想的現代新民。

「救亡圖存」是晚清知識份子共同的時代課題，也可以說是晚清思想的基源問題。梁啓超比同時代的任何人，都更重視由下向上的自改革，也更強調文化教育的功能與重要性。他相信藉由國民性的改造，就會有新制度、新政府、新國家、新文明。而其所致力要改造一新者爲何？第一、要有權利思想、國家思想，以及自治、合群、公德、私德與政治能力。第二、要有獨立性，能冒險、進取、尚武並有生計能力。第三、要思想自由，不依傍、不迷信，服從公理、法律與多數人的決議。

二、政治改良

（一）國民意識與國家思想

「國者，積民而成」。「國家」、「國民」二詞，就現代人來說，是個極爲熟知的詞彙。但「國家」、「國民」的現代意義，在傳統社會是根本沒有的。何謂國家？梁啓超認爲中國「雖有國之名，而未有國之形」，只能稱爲「家族之國」、「酋長之國」、「諸侯封建之國」，或爲「一王專制之國」，雖種類不一，但於國家體質，總是「有一部而缺一部」。〔註43〕他批評中國人有關「國家」的思想：國家及人民都爲君主而立，「君主爲國家的主體」；國家與人民全然分離，「人民與國家的盛衰無關」；無公法私法之別，「國家對於人民，有權利無義務；人民對於國家，有義務而無權利」。立法、司法權均在君主之手，「惟君主一人立於法律之外，其餘皆受治於法律」。這樣的「國家」，既非民有，也乏民治，更遑論民享。梁啓超以爲幾千年來的中國，表面上是統一的，而實際上卻是劃分成無量數之小團體，或以地方，或以血統，或以職業，或以利益相結合。〔註44〕因此，他主張將「國家」易之爲「有土地，有人民，以

〔註42〕梁啓超曾有意要內演康有爲「群體變用」說，外依嚴復《天演論》、譚嗣同《仁學》兩書，發以淺言，證以事實，著作《說群》十篇，唯其願並未完成。僅留下〈說群序〉、〈群理〉、《新民說・論合群》三篇文字。
〔註43〕〈少年中國說〉，《飲冰室文集》之5，頁9。
〔註44〕梁啓超〈國家思想變遷異同論〉，《飲冰室文集》之6，頁15。

居於其土地之民，而治其所居之土地之事，自制法律而自守之；有主權，有服從，人人皆主權者，人人皆服從者」，認爲這樣才是完全成立之國。〔註45〕國家需有土地、有人民、有主權，且主權爲居於其土地上之人民所有。國家是國民之家，而非君主、官吏的私物。主權在民而不在君，法律是由人民所自制、所服從，非由君主一人來裁斷，人民對國家有義務，也有權利。

何謂國民？「國家」是國民所有，因此必須人人「對於一身而知有國家」，「對於朝廷而知有國家」，「對於外族而知有國家」，「對於世界而知有國家」，有國家思想，且能自布政治，行使政治能力者，才足以稱國民。所謂朝廷，不等於國家，而天子當然就不足以代表國家，國民不是被統治的群體，而應是治理國家的主體。梁啓超以爲傳統中國「群族而居，自成風俗」，只能算是部氏，而非國民。他認爲一國之民，應「治一國之事」，應「定一國之法」，應「謀一國之利」，應「捍一國之患」；要「以國事爲己事」，「以國權爲己權」，「以國恥爲己恥」，「以國榮爲己榮」。〔註46〕國家既由國民所組成，國民自然是國家的主人，國家既爲國民所有，國民當然不能視國家事務爲門外風雨。

（二）權利思想與主權在民

梁啓超一生不忘情於政治。他鼓吹民權、君憲、平等、自由等思想，重視國人政治意識、政治判斷、自治能力、法治精神的培養。他一生撰寫政論文章不輟，於傳統政治文化多所關注，主張除「主權在君」之舊，而佈「主權在民」之新，拆「一人專制」之牌，而豎「全民政治」之旗。

梁啓超論及傳統儒家政治，指出儒家所謂「民爲邦本」，所謂「養民、教民、衛民」，所謂「憂民之憂，樂民之樂」，「民之所好好之，民之所惡惡之」的觀念，其實都是自上而下的缺失。面對德化政治，人民都只是被動的接受仁政的惠澤，與禮樂教化的薰陶，而沒有主體自由的選擇權。但歷史上，究竟又有多少聖君賢相？傳統儒家的政治思想，說明的只是應然之理，而非必然之道。因此，梁啓超希望能將傳統中國政治，轉化成由下而上主權在民的「民治」。

梁啓超比較傳統中國政治之所謂「天視自我民視，天聽自我民聽」，與歐洲言政治的差異，說：

> 歐洲之自然法學派，謂人民宜爲立法者。儒家則謂惟知人民眞公益

〔註45〕〈少年中國說〉，《飲冰室文集》之5，頁9。
〔註46〕〈愛國論〉，《飲冰室文集》之3，頁69。

－215－

所在者爲聖人，故唯聖人宜爲立法者。〔註47〕

中西雖同主張爲人民，然一言主權在君，一言主權在民。他在《先秦政治思想史》中，亦對儒家的仁政效果提出質疑，謂「夫徒言民爲邦本，政在養民，而政之所出，其權力乃在人民以外，此種無參政權的民主主義，爲效幾何？」「中國人對於國家的性質和政治目的，雖看得不錯，但怎樣才能貫徹這目的呢？可惜沒有徹底的發明。」梁啓超點出傳統儒家民本思想，欠缺客觀的法制架構，是一針見血。他能思將君治政體，改造爲民治政體，運用客觀的法律來保護人民之自由與權利，可謂卓有慧識。他對民權、自由的倡導不遺餘力，是以胡適把辛亥鼎革成功的原因，歸諸於梁啓超的「革新吾國思想界」。〔註48〕

第三節　梁啓超儒學研究的「多變」

梁啓超的儒學研究，其觀點經常存在前後不一，甚至有相悖矛盾的現象，以致爲人詬病。研究梁啓超，若不就其「多變」問題加以梳理，而僅依據他某次或某處的單一論述，就做出判斷，都極易失之於偏頗。是以本節嘗試梳理梁啓超論學「多變」的問題，以利吾人掌握梁啓超學術的精神。

一、梁啓超論學何以「多變」

（一）康有為之說

康有爲對梁啓超之「多變」、「常變」，主要的批評，見於光緒二十八年（1902）十二月十三日一封復梁啓超的書信中。他說：

> 十月居箱根來書收，知汝痛自克責，悔過至誠，此事關中國之大局，深爲喜幸。前事可作浮雲過空，皆勿論也。惟汝流質易變，若見定今日國勢處萬國窺伺耽逐之時，可合不可分，可和不可爭，只有力思抗外，不可無端內訌，抱定此旨而後可發論，至造國民基址，在開民智求民權，至此爲宗，此外不可再生支離矣。〔註49〕

在這封信中，康有爲以「流質易變」告誡梁啓超。主要雖係針對梁啓超於流

〔註47〕〈中國法理學發達史論〉，《飲冰室文集》之15，頁63。
〔註48〕胡適《胡適留學日記》，頁69。
〔註49〕見《梁任公先生年譜長編初稿》，頁166。

亡日本期間，一度「日倡革命排滿共和之論」，主張破壞，又轉回「專言政治
革命，不復言種族革命」的政治立場而發，但梁啓超論學，時相與政治結合。
康有爲「流質易變」之誡，實亦與當時梁啓超公開反對保教，聲稱絕口不談
《僞經》，在學術上分道揚鑣有關。而梁啓超無論是論學或論政，都呈現出康
有爲所說的「多變」現象。依康有爲之意，梁啓超論學之多變，乃因其「流
質易變」之個性使然。

（二）梁啓超的自我審視

康有爲以「流質易變」告誡梁啓超，從現有的文獻上看，梁啓超在當時
並沒有回應。但這卻成了他往後的生命中，不斷自我審視、詰問的問題。下
面列舉他的一些「夫子自道」以觀之。

其一、感情豐富且立論隨感情發展不加壓抑。民國四年（1915），他在所
撰〈吾今後所以報國者〉一文中，說：

> 吾之作政治談也，常爲自身感情作用所刺激，而還以刺激他人之感
> 情，故持論亦屢變。

梁啓超明言自己持論屢變，乃因感情作用所刺激。他在民國九年（1920），所
撰的《清代學術概論》中，對十八年前與其師康有爲無論是政治立場，或學
術途轍都發生衝突的回顧，也有相同的說法。他說：

> 啓超既日倡革命排滿共和之論，而其師康有爲深不謂然，屢責備之，
> 繼以婉勸，兩年間函札數萬言。啓超亦不慊於當時革命家之所爲，
> 懲羹而吹齏，持論稍變矣。然其保守性與進取性常交戰於胸中，隨
> 感情而發，所執往往前後相矛盾。嘗自言曰：「不惜以今日之我，難
> 昔日之我。」世多以此爲詬病，而其言論之效力亦往往相消，蓋生
> 性之弱點然矣。

梁啓超一再提及自己的感情豐富，此在其文集中屢見。如其在光緒十八年
（1892），告訴汪康年（1860～1911）「僕性秉熱力頗重，用世之志不能稍忘」；
要汪康年幫忙購買西書，表示他計劃從事撰述事業覺世以救國。〔註 50〕而其
在民國初年政局擾攘之時，於所撰〈傷心之言〉，更直接說「吾富於感情人也」。
此外，他在民國十年（1921）十二月二十一日在北京哲學社的演講中，也表
示「我是感情最富的人。我對於我的感情不肯壓抑，聽其盡量發展。」綜合

〔註 50〕見丁文江，《梁任公先生年譜長編初稿》（台北：世界書局，1962），頁 19。

梁啓超的這些「夫子自道」，可以看出梁啓超論學之多變，乃因爲他的感情豐富，且所論隨感情發展，不加壓抑所致。

其二、責任心重用世之情熱切。梁啓超「志兮天下事，但有進兮未有止」，〔註51〕用世之情最爲熱切。光緒二十八年（1902），有署名「和事人」者，對他言論的多變，多所批評。他撰文解釋自己所論何以多變，他說：

> 至立言者，必思以其言易天下；不然則言之奚爲者？故鄙人每一意見，輒欲淋漓盡致以發揮之，使無餘蘊，則亦受性然也。以是對於社會之一責任而已。

責任心重，且每有所言，輒欲淋漓盡致以發揮之，以求有用於天下，故其論屢有所續，亦屢有所改。梁啓超之熱切用世，以致言論多變，還見之於他在《清代學術概論》中之自述履歷。他說：

> 啓超常稱佛說，謂：「未能自度，而先度人，是爲菩薩發心。」故其生平著作極多，皆隨有所見，隨即發表。彼嘗言：「我讀到『性本善』，則教人以『人之初』而已。」殊不思「性相近」以下尚未讀通，恐並「人之初」一句亦不能解。以此教人，安見其不爲誤人。

急於用世，「隨有所見，隨即發表」，所論故不免不夠周延。爲不誤人，故有所發現，不容不改。

其三、興趣多面務廣愛博。梁啓超興趣多面，「對於學問，件件都有興味」，〔註52〕一生廣泛涉足於史學、文學、哲學、法學、佛學、社會學、政治學、財政金融學、語言文字學、金石書法學、地理學、教育學等。廣博，是他爲學之長。因廣，故每能「裂山澤以闢新局」，但也因廣，使他「務廣而疏」。梁啓超於此，亦深有所覺。如宣統元年（1909），他在〈與仲弟書〉中述爲學趨向，就表示今後要除掉愛博之病，將研究歸嚮定在國法與生計二學。〔註53〕他在《清代學術概論》述自己的爲學，說：

> 啓超務廣而荒，每一學稍涉其樊，便加論列，故其所述著，多模糊影響籠統之談，甚者純然錯誤。及其自發現而自謀矯正，則已前後矛盾矣。

在《墨子學案·自敘》也說：

〔註51〕梁啓超〈志未酬〉，《飲冰室文集》之45，頁16。
〔註52〕梁啓超，《飲冰室專集》之72《要籍解題及其讀法·自序》，頁1。
〔註53〕見丁文江，《梁任公先生年譜長編初稿》，頁300。

　　若啓超者，性雖嗜學，而愛博不專，事事皆僅涉其樊，而無所刻入。
務廣愛博，是以用淺且蕪。再加以性秉熱力頗重，性格猖急，每一學稍涉其
樊便加論列，自然需要經常自謀矯正。

　　其四、不傍門戶思想自由。梁啓超論學每常前後不一，多變、常變，論
者或訾其好名。梁啓超於所撰〈答和事人〉一文中，加以解釋。他說：

　　吾向年鼓吹破壞主義，而師友都謂爲好名；今者反對破壞主義，而
　　論者或又謂好名，顧吾行吾心之所安而已。吾生性之長短，吾最知
　　之，吾亦與天下人共見之。要之鄙人之言，其心中之所懷抱，而不
　　能一毫有所自隱蔽，此則其一貫者也。辛壬之間，師友所以督責之
　　者甚至，而吾終不能改；及一旦霍然自見其非，雖欲自無言焉，亦
　　不可得；吾亦不知其何以如是也。故自認爲眞理者，則舍己以從；
　　自認爲謬誤者，則不遠而復；如惡惡臭，如好好色，此吾生之所長
　　也。若其見理不足，屢變屢遷，此吾生之所最短也。

梁啓超向重思想獨立自由。他一再強調「我有耳目，我物我格；我有心思，
我理我窮」。他不爲古人之奴隸，也不爲今人之奴隸。故「自認爲眞理者，
則舍己以從；自認爲謬誤者，則不遠而復」，生平最慣與輿論挑戰。他由步
趨康有爲以言保教，到「吾愛孔子，吾尤愛眞理；吾愛先輩，吾尤愛國家；
吾愛故人，吾尤愛自由」的宣示，到「不惜以今日之我，難昔日之我」，公
開發表〈保教非所以尊孔論〉，就是這種爲學性格的具體表現。其於新大陸
之遊後之撰〈政治學大家伯倫知理之學說〉，表示不憚「以今日之我與昨日
之我挑戰」，要與「十年來所醉所夢所歌所舞所尸所祝之共和」長別，亦是
如此。

　　其五、應於時勢有爲而文。梁啓超學以用世，亦學以應世。流亡日本期
間，他於乙巳本《飲冰室文集·自序》自述己之所爲文，〔註54〕說：

　　我輩之爲文，豈其欲藏之名山，俟諸百世之後也，應於時勢，發其

─────────────

〔註54〕　光緒二十八年（1902），梁啓超三十歲，其學生何天柱（字擎一），將梁氏
　　　　自 1896 年到 1902 年間，在《時務報》、《清議報》、《新民叢報》頭幾個月
　　　　發表的著作結集。由上海廣智書局出版。本書編輯以年代爲序，分丙申集、
　　　　丁酉集（上、下）、戊戌集、己亥集（上、下）、庚子集、辛丑集（上、下），
　　　　卷 10 爲韻文集，收錄詩、詞、曲、詩話和駢文。卷首有梁啓超親筆所寫的
　　　　自序手迹，梁啓超丙申年的影像一幀及〈三十自述〉。宣統二年（1910），
　　　　廣智書局重印《飲冰室文集》時，何擎一選入梁啓超在癸卯、甲辰、乙巳、
　　　　丙午（1903～1906）發表的部分文章做爲補編。補編共四卷，約二十萬字。

胸中所欲言。然時勢逝而不留者也，轉瞬之間，悉爲芻狗，況今日天下大局日接日急，如轉巨石於危崖，變遷之速，匪翼可喻，今日一年之變，率視前此一世紀猶或過之，故今之爲文，只能以被之報章，供一歲數月之迺鐸而已，過其時，則以覆瓿焉可也。〔註55〕

又說：

昔揚子雲每著一篇，悔其少作，若鄙人者無藏山傳後之志，行吾心之所安，固靡所云悔。雖然，以我數年來之思想，已不知變化流轉幾許次，每每數月前之文，閱數月後讀之，已自覺期期以爲不可，況乃丙申丁酉間之作，至今偶一檢視，輒欲作嘔，否亦汗流浹背矣。〔註56〕

梁啓超一生悉於國恥世變中度過，他應時勢而爲文，所爲之文多與時局相響應。時局多變，故其所爲之文亦自多變。

其六、學無成見。梁啓超於所撰《清代學術概論》中，曾比較其學與康有爲之不同。他說：

啓超與康有爲有最相反之一點，有爲太有成見，啓超太無成見。其應事也有然，其治學也亦有然。有爲常言：「吾學三十歲已成，此後不復有進，亦不必求進。」啓超不然，常自覺其學未成，且憂其不成，數十年日在旁皇求索中。故有爲之學，在今日可以論定；啓超之學，則未能論定。

康有爲之所以責梁啓超之多變，所以要梁啓超以「流質多變」爲戒，乃因二人的基本性格不同。康有爲「最富自信力之人也。其所執主義，無論何人，不能搖動之，於學術亦然，於治事亦然」。〔註57〕他因太有成見，故其學在今日可以論定。而梁啓超則與之相反，富於感情，學問趣味方面極多，於所學常自覺未成，且憂其不成，日在旁皇求索成長之中，故學未能定。

其實，面對清末民初的變局，中國知識分子裡，很難找到眞正的「保守主義」者。無論是主張「西學中源」、「中體西用」、「國粹本位」、「全盤西化」或是「中西調和」，皆是爲了應「變」。所不同者，只是在如何「變」？「變」的多或少？「變」的快或慢而已。「變」是當時的時代特徵，也是知識份子的

〔註55〕見丁文江，《梁任公先生年譜長編初稿》，頁162。
〔註56〕同上，頁163。
〔註57〕梁啓超《南海先生傳》，《飲冰室文集》之6，頁87。

共同課題。綜上所論，梁啓超自剖其「多變」之由，有其性格特質使然，也有時代起伏波折之變化因素。

二、梁啓超論學「多變」的意義

（一）多變中有不變

梁啓超所處的時代，是個由民族危機而引發文化認同危機，傳統社會向現代轉化，可剝可復、可亡可存，劇烈變動的時代。在儒學研究上，梁啓超於不同的時期各有不同的側重，故其觀點也就經常的前後不一，因而缺乏系統。對於某些問題的討論，有時甚且變來變去，終其一生未有明確的定論，以致予人論而未論的感覺。〔註58〕但梁啓超論學的多變，其實所變者只是形，而不是神，故其在多變中，仍有其不變。就其不變的具體落實言，主要表現在下列二事。

其一、重視傳統思想的發明。梁啓超接受西方自由、平等、權利的思想價值，也肯定西方的邏輯學。他曾主張將西方思想爲無限制的輸入，但在輸入西方思想的同時，也憂慮「中學之將亡」，「本國學術思想之不發明」。此說在維新變法時期所撰〈西學書目表後序〉言之；於流亡日本期間所撰《論中國學術思想變遷之大勢》及〈與林迪臣太守書〉言之；於民國十一年，在濟南中華教育社演講〈教育與政治〉亦言之。文化本是一有機整體，有其連續性、發展性，然文化也有其民族性，儒學非但不是現代化的阻礙，眞正的現代化還須立基於傳統，此一觀念梁啓超終生未變。

其二、強調文化的會通調和。梁啓超向重調和，他以爲「善調和者，斯

〔註58〕如其論清代乾嘉考據學之分派，就是個典型的例子。梁啓超對清代乾嘉考據學的分派，在其所撰《近世之學術》、《清代學術概論》、《中國近三百年學術史》以及《儒家哲學》中，都各有所論。他或引述並申說章太炎（1868～1936）《訄書・清儒》乾嘉考據學有吳皖二派之說，以爲乾嘉考據學有吳皖二派的分野；或強調惠棟（1697～1758）、戴震（1723～1777）之學同源於閻若璩（1636～1704），「戴震復從定宇遊」、「東原固嘗受學於惠氏，則吳皖可云同源」，吳皖不必分派；或主張乾嘉考據學除吳皖二派外，還有揚州一派、浙東一派，又有許多著名學者不知該屬哪一派。梁啓超引述章說、闡述章說，還使用章說來論學，照理他應該認同章說，也該認爲乾嘉考據學有所謂「吳皖分派」。但弔詭的是他又或認爲乾嘉考據學實無派別可言，又或認爲乾嘉考據學吳皖二派之外，還應有揚州、浙東等派。他究竟認不認同章說，實未有確論。

爲偉大國民」(《新民叢報‧釋新民之義》)。他不以傳統舊學爲足，也不以全盤西化爲是，而力主中西調和。早在光緒二十二年（1896），他於所撰《變法通議‧學校餘論》中，就有學校教育「宜以六經諸子爲經，而以西人公理公法之書輔之，以求治天下之道。以歷朝掌政爲緯，而以希臘羅馬古史輔之，以求古人強天下之法。以按切當今時勢爲用，而以各國近政近事輔之，以求治今日天下所當有事」，中西調和的主張，是如此看法。其後，在《論中國學術思想變遷之大勢》，認爲二十世紀是歐美與中華文明結婚的時代，也是如此看法；在《歐遊心影錄》中，「拿西洋的文明來擴充我的文明，又拿我的文明去補助西洋文明，叫他化合起來成一種新文明」，亦作如是觀。儘管梁啓超晚年，回歸整理東方文明，與激進的新文化運動者相比，顯得略爲保守。但綜觀其一生，始終堅持中西調和的路線，對於新文化運動之可畏後生，也一直保持相當的敬意與溫情，所以與其說梁啓超晚年走向保守，不如說他是新文化運動的右翼，更符合實情。

（二）樹立治學典範〔註59〕

梁啓超一生致力於啓蒙宣傳，倡導新思想、新道德、新國民，並應時應事撰文立論，熱衷於從政治層面謀求中國的現實出路。他「常自覺其學未成，且憂其不成，數十年日在旁皇求索中」。他曾說：「一個人除非學問完全成熟，然後發表，才可以沒有修改糾正」。又說：「眞算做學問的人，晚年與早年不同。從前錯的，現在改了；從前沒有，現在有了。一個人要是今我不同昨我宣戰，那只算不長進。」〔註60〕梁啓超論學多變、常變，經常「不惜以今日

〔註59〕孔恩於《科學革命結構》（The Structure of Scientific Revolutions）一書中，主張西方的科學史基本上是典範的變遷史，當典範變遷時，就會發生科學的革命。每一場革命都使科學社群放棄一個由來已久的科學理論，而採納一個與舊理論不相容的新理論。而典範的轉移，即是因爲在原先之典範下進行常態性的科學實驗時，有越來越多的異常現象，無法由舊典範取得合理的解釋，遂導致典範的「危機」，產生典範的轉移。孔恩的典範說雖是用以解釋科學史的發展，但亦常被借用來解釋人文社會科學的發展。雖然在人文學科的發展過程中，新典範與舊典範常有並存或相互補充的現象，且人文學科的典範並不具備操作程序之規範意義，亦不如科學典範那樣帶有強制性及全面性，但在人文學科中的確有某些著作、主張或觀點，對後來的研究者產生示範性的作用，亦如孔恩所言會留給後起者許多研究的問題。因此孔恩的「典範」觀念常被轉介使用，輔助說明人文學科某些價值觀、研究方法、研究議題的突破性發展。（台北‧遠流出版公司，1999年）

〔註60〕梁啓超，《飲冰室專集》之99《中國歷史研究法補編》，頁23。

之我，難昔日之我」，「不憚以今日之我，挑戰昨日之我」，就治學上說，爲後人樹立了典範。舉其要者，有二事可言。

1. 包容萬有知所審擇

梁啓超是眞理的不斷追尋者。他謂自己太無成見。所謂太無成見，並不是首鼠兩端，毫無主見，而是不爲先入爲主的某一意見所束縛，亦即思想自由，沒有門戶之見。面對各種學術，各種觀點，都能表現出包容性、開放性，擇所長，以爲我用。應該留意的是，所謂太無成見，所謂包容開放，所謂廣納眾長，其關目還在於「擇」，還在於「自由批評」。他認爲面對各種不同的思想，「我有耳目，我有心思，生今日文明燦爛之世界，羅列中外古今之學術，坐於堂上而判其曲直，可者取之，否者棄之」，〔註61〕覺得對便信從，覺得不對便反對。其於古人也，或「時而師之」，或「時而友之」，或「時而敵之」，「無容心焉，以公理爲衡」；其於世俗、新學亦如此。梁啓超多變、無成見，所以他沒有古代思想也沒有並時思想的束縛。藉由審擇，開啓了自己的思想；也藉由批評，建立了思想的視野。治學當知審擇，不畏自我詰難，是梁啓超爲後人所立下的一個治學典範。

2. 態度敬慎不護己短

梁啓超多變，在論學上他經常對自己的前論加以修正，甚至否定。這表示他沒有中國傳統讀書人「家有敝帚，享之千金」的不自見的痼習，也不像一般名學者「明明看見最初的假定靠不住，但是因費了許多心血，割捨不下，於是支離牽強，曲爲附會」，那樣的護短護前。〔註62〕梁啓超能經常留意自己所論的不足，且能「我操我矛以伐我者也」，對自己的立論加以修正，這樣的治學態度是敬慎的。

敬慎是做學問很重要的一個條件，不敬慎便會流於武斷。論學而武斷，便會失其眞。梁啓超既知自己之所短，於所短又不惜「難」之，他不僅是個能「自知」的明者，還是個能「自勝」的強者，這在近代中國的歷史人物中，是極爲難能的。

〔註61〕梁啓超，〈保教非所以尊孔論〉，《飲冰室文集》之9，頁56。
〔註62〕參見梁啓超〈指導之方針及選擇研究題目之商榷〉，見梁從誠編選，《薪火四代》，頁124。

第十章 結 論

　　梁啟超一生經世情殷，致用情切。他關心國家存亡，也關心文化命脈，其論學、論政始終「應事」「逢時」。早年流亡於日本，他以「著論求為百世師」自勵，期許自己能引領風潮、覺世啟蒙，以賡續國族、文化之春秋，於風雨飄搖中。到了晚年講學上庠，他更自信其「方寸之動」，已然影響了「近三十年來的中國歷史」。他曾說這個時代，如果沒有梁啟超或抽出梁啟超，「現中國是個什麼樣子，誰也不能預料」，〔註1〕此言雖極狂傲，然而並非虛言。綜觀梁啟超一生成就，其於近代中國，確實有其無可替代之重要性。胡適即認為梁啟超「革新吾國思想界」，是辛亥鼎革成功的原因，〔註2〕又推許梁啟超是「震盪中國知識份子幾十年大運動」的代表。〔註3〕張君勱亦認為梁啟超是「奠定西方思想傳入中國，及以現代生活眼光重估傳統價值基礎的先驅者」。〔註4〕而錢玄同則讚譽梁啟超是近五十年中國學術思想界，「思出其邃密之舊學，與夫深沈之新知，以啟牖顓蒙，拯救危亡，最為卓特的英雄。」〔註5〕此皆說明了梁啟超是個「服公理」、「達時勢」的豪傑，於近代中國，他是個極為重要，無法略而不談的標竿性人物。然而，清末民初的浩博龐雜，〔註6〕梁啟超的淵博有餘、精

〔註1〕　《中國歷史研究法》，《飲冰室專集》之99，頁29。
〔註2〕　《胡適的留學日記》，頁69。
〔註3〕　見胡適《梁任公年譜長編初稿・序》。
〔註4〕　張君勱《新儒家思想史》，頁589。
〔註5〕　錢玄同〈劉申叔遺書・序〉，《劉申叔遺書》，頁28。
〔註6〕　清末民初本是中國千年未有之變局，主張西學中源者有之，主張宣揚國粹者有之，主張全盤西化者有之，激進、保守、革命、立憲、傳統、反傳統的矛盾糾合，實難簡化論之。而身處其中的學者，學問亦皆極淹雅。例如龔自珍於文字訓詁，得諸家學，自極精通。其論經學亦頗道地，如〈五經正名答問〉

深不足，都成了本論文在撰寫過程中，無法避免且難以克服的先天侷限。梁啓超之儒學研究，即是回應晚清救亡啓蒙的時代課題而來。藉由對兩千年儒學發展的梳理，意欲去蕪以啓蒙，試圖存菁以救亡。總結本文之論述，其可得而言者，約有下列諸項。

一、藉研究傳統儒學，以導引國族新生

梁啓超認爲國有三等：一曰受人尊敬之國，次曰受人畏懾之國，三曰受人輕侮之國。而清末民初的中國，正是積弱積貧，無以自立，坐聽他人蹂躪操縱，有他動而無自動，若存若亡，最下等受人輕侮之國。〔註7〕梁啓超堅信學術有左右世界之功，「凡一國之進步，必以學術思想爲之母」（《新民說‧論進步》）。思想之推移，乃先於社會、經濟、政治以及各種文化現象之變遷。換言之，思想之變化，實爲一切具體現象之因。他覺世唯憂或後，自稱「哀時客」、「新民子」、「飲冰子」，一生關注中國未來的走向。因此，他窮其心力於傳統儒學之研析，希望藉由對儒學思想的反省、詮釋，抉發傳統之長、增補固有之短，以回應劇烈變化的時代課題。梁啓超畢生經世之心不變，致用之情不改，究當世之務，以求裨益於國家。重建少年新中國，是其一生無悔的追尋，而研究作爲傳統文化核心之「儒學」，則是他所選擇的一條道路。

二、不爲外來文化所眩

梁啓超主張學習西方，也積極提倡西學。他或購置翻譯的西冊，或輯編西政之叢書，或創設譯書局廣譯西籍，或撰文介紹西方學說，大力傳播西學。他曾指出「國家欲自強，以多譯西書爲本；學者欲自立，以多讀西書爲功」（〈西學書目表序例〉）。然他在心醉西風之際，亦未曾蔑棄中國數千年來的道德、

五篇、〈五經大義終始論〉、〈五經大義終始問答〉九篇、〈春秋決事比答問〉五篇、〈大誓答問〉廿六篇等，俱見功力。史學方面，不僅有〈尊史〉、〈古史鉤沉論〉等，且有〈徽州府志氏族表〉，又熟於內閣故事、當代典制。於諸子學方面，有《老子綱目》，實爲諸子學復興之先聲。金石學方面，則有《鏡苑》、《瓦韻》、《漢官印拾遺》、《泉文記》、《字晉迄隋石刻文錄》、《漢器文錄》等。佛學、書畫、詩文等方面亦多涉及，甚而兼治中外關係史，撰有《蒙古圖志》，於西藏史地亦有研究，可謂包羅眾學。龔自珍學問的淹雅，並非單一個案，清末民初之學者，章太炎、劉師培、王國維……，亦無不如是。參見龔鵬程《近代思想史散論》，頁6～7。

〔註7〕 〈論中國國民之品格〉，《飲冰室文集》之14，頁1。

風俗與傳統學術。他不僅了解「舍西學而言中學者，其中學必爲無用」，更明白「舍中學而言西學者，其西學必爲無本」（〈西學書目表後序〉）。舉凡學術思想，皆有其所從出之社會背景，也就是說，學術思想乃根植於各自之文化土壤。橘逾淮而爲枳，不認識中國國情，不考慮中國國情，盲目的全盤移植西學，其結果勢必徒勞無功。是故，他早在《時務報》時期，就曾大聲疾呼「今日非西學不興爲患，而中學將亡爲患」（〈西學書目表後序〉）。其後又說：「吾不患外國學術思想之不輸入，吾惟患本國思想之不發明」（《論中國學術思想變遷之大勢》，頁 3），而他之所以撰寫《論中國學術思想變遷之大勢》，其旨亦即在闡明中國之學術思想。民初之新文化運動，在「打倒孔家店」、「線裝書應當抛在茅坑裡三千年」的激憤氛圍裡，宣揚西學者有之，提倡佛學者有之，至若孔子，多數人皆視其爲保守落後之源，「羞澀不能出口」，〔註8〕梁啓超卻大講《儒家哲學》，意欲以此糾補西化思潮之偏失。在「德先生」、「賽先生」呼聲直干雲霄，全盤西化勢如潮水之際，梁啓超則致力洄瀾，以「愛先生」、「美先生」對之。〔註9〕他不爲西方文明所眩，深信儒學雖不盡合時宜，然亦有其可資擇取，足以補西方文明不足之處。

三、不爲傳統學術所拘

　　誠如前論，梁啓超於傳統學術，有著極爲深厚之溫情敬意與憂患意識。因此，他曾數度言及，擔憂中國學術思想將湮滅不彰，其於《時務報》時期言之，於《新民叢報》時期言之，於民國元年所撰〈中國道德之大原〉又言之。而五四西化主張蔚爲風潮時，他又逆勢挺身撰述《孔子》、《先秦政治思想史》、《儒家哲學》等一系列整理傳統學術的論著，甚而認爲學校「讀經」，可存續傳統之命脈。凡此舉措，皆很容易令人誤解梁啓超晚年回歸傳統，排拒外來學說，深爲舊學所泥。其實，梁啓超於中西文化所抱持之態度，是一路走來始終如一的。他的文化觀是開放多元，以中學爲主體容攝西學的，就這個角度說，並沒有所謂流質易變，前後不一的搖擺問題。只是他在歐遊期間，有感於西方文明並不復有當年隔岸觀花之距離美，而回國後又目睹新文化運動者倡導全盤西化，因而一再強調西方文明的沒落，與傳統儒學之價值。換言之，他早年與晚期的某些言論，之所以看似相悖矛盾，是因爲有其個別

〔註8〕　梁漱溟《東西文化及其哲學》，頁 544。
〔註9〕　〈人生觀與科學〉，《飲冰室文集》之 40，頁 23。

的針對性。若綜觀梁啓超之著述，其中西整合的開放文化觀，「採補其本無而新之，淬厲其本有而新之」，則是其信守一生，未曾移易的論學基調。他於《中國近三百年學術史》中，討論近三百年學術盛衰流變時，始終注意外來文化在其中之影響與地位，即是不辯自明之佳證。

四、反對儒學定於一尊

梁啓超肯定儒學，但卻認爲「儒學統一者，非中國學界之幸，而實中國學界之大不幸」。〔註10〕學術定於一尊，「學界守一先生之言，不敢稍有異言」，此實爲民愚最大之病源。〔註11〕近代中國之貧弱實在於民愚，「中國數千年之腐敗，其禍及於今日，其指大原，皆必自奴隸性來。不除此性，中國萬不能列於世界萬國之間。」〔註12〕學術若定於一尊，則必阻遏生發之機，步趨狹隘之境。梁啓超治學向重思想自由，他認爲戰國學術之所以繁榮，即因爲「學界之奴性未成」，又以爲「我有耳目，我物我格；我有心思，我理我窮」，「生今日文明燦爛之世界，羅列中外古今之學術，坐於堂上而判其曲直，可者取之，否者棄之，斯寧非丈夫第一快意耶。」〔註13〕他常強調獨立思考，是學術發展之必要條件。在《中國近三百年學術史》中，他推許清代曆算家梅文鼎能融貫新舊中西，建立獨立的學問。即因梅文鼎於治學，不拘門戶，惟問「求是」，故其能破解學術一尊的魔咒，推動學術之進步。

五、重視先秦、清代儒學之探討

考諸梁啓超之儒學撰述，顯以先秦、清代爲詳。細究其由，以先秦而言，其因約有二端：一是先秦之時學術權威和偶像尙未成形，是個豐富創造的自由時代。二則是先秦之世，周文疲弊、禮崩樂壞，社會震盪劇烈，傳統文化陷入困境，而此與近代中國所面臨的危機，也頗爲近似。文化乃是一有機整體，其發展嬗變本是連續性的。歷史雖係往事，然而可爲資鑑，故梁啓超特別重視先秦儒學之研究。

至於，他亦重視清代儒學的討論，主要是因爲自己身處其時，文獻資料

〔註10〕《論中國學術思想變遷之大勢》，頁39。
〔註11〕梁啓超〈與夫子書〉，《梁任公先生年譜長編初編》，頁127。
〔註12〕同上。
〔註13〕〈保教非所以尊孔〉，《飲冰室文集》之9，頁56。

周全。再則，是因為清代學者治學，由主觀之演繹，進而為客觀之歸納，具有近代中國所需要的科學精神，其治學方法易與現代學術接軌。是以，他致力於清代儒學之考察。

六、強調中西文化之整合

文化有其特殊的民族性、社會性與時代性。梁啟超素來重視文化交流的重要性，他曾以生理學凡兩異性相合者，其所得結果必加良之公例，並驗之以戰國之時，因南北文明之交流，使得學術思想蓁然全盛；隋唐間，因有印度文明之碰撞，故而有宋明學術之粲然精深，兩次中國文化大整合之例，主張中西文化須互補融合。梁啟超把世界帶入中國，也把中國帶向世界，將中國文化納入世界文化的格局中觀察，於中西學說，「一一擷其實，舉其華，融會而貫通焉」，〔註14〕頗見擎燈引路之寬宏氣象。梁啟超研治儒學，旨在振葉尋根，更新中國學術，探尋轉化現代之可能途徑，其微意可謂用心良苦。

七、力建現代學術之新堂廡

梁啟超之儒學研究，啟自近代中國引進西學，感於本國學術之不可偏廢。晚清思想界，眾說紛呈浩博龐雜，新學說、新文化之東來，若排山倒海噴薄四射，舉凡稍有器識之學者，皆不可能如如不動，株守於既有的天地裡，自足地迴旋進退於晦暗的一隅。梁啟超從未甘心只做一個「新思想界的陳涉」，他自信以他的魄力及三十年歷史上所積的資格，可以成為「締造新文化的開國規模者」。〔註15〕至於，如何才能闢建新文化之堂廡？梁啟超以為，首先必須破掃「採擷隔牆桃李之繁葩，綴結於吾家山松之老幹，而沾沾自鳴得意」之態度，摒棄以西學緣附中學，名為開新，實為保舊的「好依傍」習氣。並提出三項治學原則：

其一、「學有所割棄，後有所專精」。與其博雜，毋寧精深，於學當徹底研究，不能「只教成半個學者」。其二、「學以分域」。學術因空間地域有所不同，因此各省自治確立以後，應就各地的特性，擇一二種為主幹，求為充量的發展。其三、「凡屬學問，其性質皆為有益無害」。學問不厭辨難，真理本是越辨越明，治學需有開放多元的襟懷，既申己說，復存他學，海納百川始

〔註14〕 《論中國學術思想變遷之大勢》，頁 2。
〔註15〕 參見《清代學術概論》，頁 76。

能成其磅礴。

以子之矛攻子之盾。梁啓超本身屬於百科全書式的學者，其急於用世，所論涉獵極為廣泛，因此經常呈現粗率淺略，缺乏嚴謹系統，甚至於前後矛盾的現象。他自己承認「每一學稍涉其樊，便加論列」，與有罪焉。然而，糾纏、混亂、變異、複雜、急切、反省……，沒有所謂「放諸四海而皆準」的聖人之道，不也正是這個困惑苦難年代的表徵嗎？梁啓超自知其論學或有粗疏之處，所以他「不惜以今日之我，難昨日之我」，時而修補自己的論點。老子說：「自知者明，自勝者強。」準此，則梁啓超不僅是個「明者」，也是個「強者」。至於，他所提出「學術分工」和「分域研究」的概念，則是即便歷經一世紀的錘鍊，至今依然擲地有聲的觀點。

總結本書全文的論述，梁啓超以為「學術影響於國民者至鉅」，「治古學者之當周於世用」。〔註16〕他深信學術有左右世界之功，也具體實踐以「學術」救亡啓蒙的工作。他以深刻的反省，凸顯了近代中國遭逢巨變思潮的共性，也展現了自己在大時代裡卓然的殊性。梁啓超的儒學研究，不同於國粹學派之援西學以發明古學；也有別於新文化運動之逕以新說代舊學。透過梁啓超對儒學的梳理，再證明了儒學並非現代化的束縛，現代必須與傳統接軌，人文必須和科學對話，中國必須走向世界，東方與西方終須遇合。

梁啓超一生著述宏富，學兼多門，於政治亦時相牽繫。其於傳統儒學之爬梳，實際上真正詮釋義理內容，架構儒學思想體系的，所佔篇幅相當有限。與其說是對儒學思想內容的深入探討，不如說是對於二千年來儒學發展、變遷的總覽，蓋其一生學問，得力於學術史。梁啓超具有史家上下古今的通觀視野，也有傳統儒者經世濟民的情懷，所以在他的撰述中，屢屢見及原則性的「指導語」。也由於他的「宏觀」，所以「論斷」甚多，這是宏觀者無法避免的現象，但作為過渡時期開風氣的啓蒙者，宏觀的整體眼光，是必備的要件。他以其深厚學養，站在弘通的學術制高點上，望聞問切、縱橫捭闔地針砭時弊，為積疲日久的中國學術，診病開方。而研究傳統儒學，正是他所開出最重要的一帖處方，因為唯有先立本固元，其他處方始見其效。

中國近代歷史崎嶇而坎坷，蒼涼的命運，似乎是天賜的。梁啓超一生以「救亡啓蒙」為任，其志何其豪壯！又何其不易！誠如其〈志未酬〉一詩所云：

〔註16〕《墨子學案・第二自序》。

志未酬，志未酬，問君之志幾時酬？志亦無盡量，酬亦無盡時。世界進步靡有止期，吾之希望亦靡有止期。眾生苦惱不斷如亂絲，吾之悲憫亦不斷如亂絲。登高山復有高山，出瀛海更有瀛海。任龍騰虎躍以度此百年兮，所成就其能幾許？雖成少許，不敢自輕。不有少許兮，多許兮自生。但望前途之宏廓而寥遠兮，其孰能無感於余情。吁嗟乎，男兒志兮天下事，但有進兮不有止。言志已酬便無志。

梁啓超救亡啓蒙的豪情，曾經感動過二十世紀的胡適，於今依然動人心魄。其維新舊夢雖已飄渺，然而梁啓超的憂鬱，想必還未能了卻。前面的道路依舊漫長且曲折……。

附錄　梁啓超學術行年簡表

紀元〈甲子〉	西元	年歲	記　　　　事
清同治 12 年癸酉	1873	1	2 月 23 日（農曆正月 26 日），生於廣東省新會縣熊子鄉茶坑村。祖父，梁維清（1815～1892），字延後；父，梁寶瑛（1849～1916），字蓮澗；母，趙氏。
清光緒 3 年丁丑	1877	5	1. 就王父及母膝下授四子書、《詩經》。 2. 夜就睡王父榻，日與言古豪傑嘉言懿行，而尤喜舉亡宋、亡明國難之事。
清光緒 4 年戊寅	1878	6	1. 從父讀，受中國略史、五經。 2. 就外傅張乙星先生受學。〈張氏，王父仲姊之子。〉
清光緒 5 年己卯	1879	7	就學私塾。塾師以「東籬客賞陶潛菊」命對，對曰：「南國人思召伯棠」。
清光緒 6 年庚辰	1880	8	學為文。
清光緒 7 年辛巳	1881	9	為文能綴千言。
清光緒 8 年壬午	1882	10	
清光緒 9 年癸未	1883	11	
清光緒 10 年甲申	1884	12	1. 補博士弟子員。（主考官為廣東學政葉大焯） 2. 日治帖括，不知天地間於帖括外更有所謂學也。 3. 頗喜詞章，王父母時授以唐人詩，嗜之過於八股。 4. 王父、父以《史記》課之。 5. 父執有愛其慧者，贈以《漢書》、《姚氏古文辭類纂》，大喜，讀之卒業。
清光緒 11 年乙酉	1885	13	1. 肄業於廣州學海堂，醉心訓詁詞章。 2. 從廣州呂拔湖先生學。
清光緒 12 年丙戌	1886	14	從佛山陳梅坪先生學。
清光緒 13 年丁亥	1887	15	1. 肄業於學海堂，棄帖括之學。 2. 從廣州石星巢先生學。

清光緒 14 年戊子	1888	16	入學海堂爲正班生，同時又爲菊坡、粵秀、粵華之院外生。撰〈漢學商兌跋〉。
清光緒 15 年己丑	1889	17	1. 廣東鄉試，中舉人第八名。主考官爲李端棻、王仁琪。李端棻嘉其才華，以堂妹李蕙仙許之。 2. 仍學於學海堂和石星巢先生。
清光緒 16 年庚寅	1890	18	1. 手批《四庫提要》若干冊。 2. 入京會試，不第。續在學海堂求學。 3. 始見《瀛環志略》，知有五大洲各國；又見上海製造局譯出各書，心好之。 4. 九月，識南海康有爲。由陳千秋引進，拜康有爲爲師。盡棄舊學，退出學海堂。康有爲教以陸、王心學，並及史學、西學之梗概。 5. 初識汪康年。
清光緒 17 年辛卯	1891	19	1. 隨康有爲讀書於萬木草堂。南海先生爲講中國數千年來學術源流，歷史政治沿革得失，取萬國以比例推斷之。又常爲語佛學之精奧博大。 2. 協助康有爲校勘《新學僞經考》，分纂《孔子改制考》及《春秋董氏學》。康有爲以賈誼期之。 3. 11 月入京，與李蕙仙成婚。
清光緒 18 年壬辰	1892	20	1. 讀書山中，於國學書籍而外，也讀江南製造局所譯西書。 2. 續在萬木草堂受業。撰《讀書分月課程》，詳細記載了他的學習內容和方法。
清光緒 19 年癸巳	1893	21	講學於東莞。
清光緒 20 年甲午	1894	22	1. 治算學、地理、歷史。 2. 於京師，與汪康年、夏穗卿多所交往論學。
清光緒 21 年乙未	1895	23	1. 始交譚嗣同。 2. 與康有爲同赴北京會試。發動在京會試的廣東、湖南兩省舉人上書督察院，反對簽訂《馬關條約》。 3. 參與編輯《萬國公報》，協助康有爲在京創辦強學會。 4. 獨立自任，與康有爲在學術上出現紛歧。
清光緒 22 年丙申	1896	24	1. 始交黃遵憲；又交馬良、馬建忠兄弟，並從馬建忠學拉丁文；又識容閎、章太炎。 2. 任《時務報》主筆。發表〈變法通議〉〈論中國積弱由於防弊〉、〈西學書目表〉、〈讀西學書法〉。 3. 與夏穗卿、譚嗣同一起提倡新體詩。

清光緒 23 年丁酉	1897	25	1. 由澳門至武漢，晤張之洞。辭張之洞作幕之邀。 2. 譚嗣同治《仁學》，每成一篇，輒相商榷，並相與治佛學。 3. 赴長沙湖南時務學堂任總教習。其論學術則自荀卿以下漢、唐、宋、明、清學者，掊擊無完膚。 4. 創設大同譯書局，出版《經世文新編》。輯《西政叢書》32 冊，介紹西人所以立國之本末。 5. 倡設女子學堂於上海
清光緒 24 年戊戌	1898	26	1. 蒙光緒帝召見，命以六品銜辦理譯書局事務。 2. 戊戌政變脫險，東渡日本，有〈去國行〉一詩，以誌感慨及志懷。 3. 於日本橫濱創辦《清議報》。發表《戊戌政變記》、〈清議報敘例〉、〈光緒聖德記〉。
清光緒 25 年己亥	1899	27	1. 得華僑資助，在東京創辦高等大同學校，並於神戶籌辦同文學校。 2. 與孫中山交往日密，漸贊成革命。 3. 作《飲冰室自由書》、〈愛國論〉。 4. 康有為在加拿大成立保皇會，令梁啓超赴檀島辦理保皇會事務。
清光緒 26 年庚子	1900	28	1. 義和團之亂，居檀香山倡議成立保皇會。 2. 致書康有為辯自由之義，強調思想自由，不受三綱之壓制，不受古人之束縛。 3. 作《少年中國說》。
清光緒 27 年辛丑	1901	29	1. 由澳回日，抵橫濱以「獻身甘作萬矢的，著論求為百世師」賦詩自勵。 2. 在上海開辦廣智書局。 3. 發表〈中國積弱溯源論〉、〈過渡時代論〉，撰寫《中國四十年大事記》、《南海康先生傳》、《中國史敘論》。 4. 冬，《清議報》停刊。
清光緒 28 年壬寅	1902	30	1. 在日本橫濱創刊《新民叢報》。 2. 發表〈新民說〉、〈論小說與群治的關係〉、〈論佛教與群治的關係〉、〈禁早婚議〉、〈保教非所以尊孔論〉、〈中國專制政治進化史論〉、〈論宗教與哲學家之長短得失〉，並撰《新史學》、《論中國學術思想變遷之大勢》、《新中國未來記》。 3. 大量介紹西方著名學者，如亞里斯多德、培根、笛卡兒、達爾文、孟德斯鳩、亞當斯密、邊沁等人的社會學說與文化思想。 4. 《新小說》創刊。

清光緒 29 年癸卯	1903	31	1. 與王桂荃結婚。 2. 訪美歸來，放棄「革命排滿」觀點，主張維持國體現狀。 3. 成《新大陸遊紀》。
清光緒 30 年甲辰	1904	32	1. 赴香港參加保皇大會。 2. 自香港秘密抵滬，籌辦《時報》。 3. 撰《中國歷史上革命之研究》、《中國殖民八大人物傳》、《子墨子學說》、《中國法理學發達史論》、《國史稿》、〈中國武士道〉。
清光緒 31 年乙巳	1905	33	1. 同盟會成立，《民報》創刊。 2. 發表〈開明專制論〉、〈駁某報之土地國有論〉、〈答某報第四號對於新民叢報之駁論〉、〈申論種族革命與政治革命之得失〉、〈暴動與外國干涉〉等文，與《民報》展開革命與改良大論戰。 3. 成《德育鑑》及《節本明儒學案》。
清光緒 32 年丙午	1906	34	《.新民說》連載完畢。
清光緒 33 年丁未	1907	35	1. 《.新民叢報》停刊。 2. 「政聞社」成立，撰〈政聞社宣言〉。 3. 忙於組黨，爲文甚少。
清光緒 34 年戊申	1908	36	1. 清政府詔禁「政聞社」。 2. 成《王荊公》，又撰〈中國國會制度私議〉。
清宣統元年己酉	1909	37	成《管子傳》，又撰〈財政原論〉。
清宣統 2 年庚戌	1910	38	1. 《國風報》創刊，有倡設「國民常識學會」之議。 2. 全年著文 66 篇，其中直接談憲政的 22 篇，談財政的 26 篇。
清宣統 3 年辛亥	1911	39	1. 偕湯覺頓與長女思順爲台灣之遊。 2. 康有爲發表「虛君共和」。 3. 辛亥武昌起義，次月作〈新中國建設問題〉認爲「唯英國式的虛君共和政體，最適宜於中國」。
民國元年壬子	1912	40	1. 中華民國成立，孫中山就任臨時大總統。清帝退位，孫中山辭職，參議院選袁世凱爲臨時大總統。 2. 梁啓超向袁世凱進言：「今後之中國，非參用開明專制之意，不足以奏整齊嚴肅之治。」 3. 民主黨成立，任黨魁。 4. 撰《中國立國大方針》主張定孔教爲國教；又撰《憲法之三大精神》鼓吹國權與民權調和，立法權與行政權調和，中央權與地方權調和。

民國 2 年癸丑	1913	41	1. 任司法總長，爲熊希齡內閣起草〈政府大政方針宣言書〉。 2. 統一、共和、民主三黨合併爲進步黨，任理事。 3. 在《庸言》發表〈說幼稚〉、〈共和黨之地位與其態度〉、〈多數政治之試驗〉、〈革命相續之原理及其惡果〉，都是針對革命後之亂象與國民程度之不足等議題而發。
民國 3 年甲寅	1914	42	1. 袁世凱下令解散國會，熊希齡內閣倒台。 2. 參議院開會，任參政員，又任幣制局總裁。 3. 舉家遷居天津。
民國 4 年乙卯	1915	43	1. 《大中華》創刊，發表〈吾今後所以報國者〉，表示今後將中止與一切政治團體的關係。 2. 與蔡鍔密商反袁大計。
民國 5 年丙辰	1916	44	1. 發表〈袁政府僞造民意密電書後〉。 2. 於護國運動中所撰公文函電，後結爲《盾鼻集》出版。
民國 6 年丁巳	1917	45	1. 反對張勳復辟，在政治立場上與康有爲正式分裂。 2. 出任段祺瑞內閣財政總長。 3. 多次密商段祺瑞，勸其該當機立斷對德國斷交。
民國 7 年戊午	1918	46	1. 於天津著《中國通史》。因著述過勤，吐血數次。病癒後，暫停著述，轉讀佛書。 2. 12 月 28 日，由上海起航，赴歐洲遊歷。
民國 8 年己未	1919	47	遊歷英、法、比、荷、瑞士、義、德等國。隨時紀錄所見所聞及觀察感想。
民國 9 年庚申	1920	48	1. 1 月 23 日，由馬賽歸國。3 月 5 日抵滬，3 月 19 日抵京。 2. 與蔣百里等組織共學社，編譯新書。 3. 創辦講學社，邀聘中外著名學者講學。 4. 籌辦上海中國公學，以張東蓀爲教務長兼代理校長。 5. 任清華、南開等大學教授，勉力從事著述。 6. 《歐遊心影錄節錄》於《時事新報》、《晨報》連載。鼓吹「以孔、老、墨三位大聖和東方文明去超拔大海對岸愁著物質文明破產，哀哀欲絕的喊救命的好幾萬萬的歐洲人。」 7. 著成《清代學術概論》、《墨經校釋》及佛學論文多篇。
民國 10 年辛酉	1921	49	1. 應南開大學聘，主講中國文化史。 2. 應天津、北京各校邀請，從 10 月 10 日到 12 月 21 日做公開演講七次。 3. 成《墨子學案》、《中國歷史研究法》。

民國 11 年壬戌	1922	50	1. 講學清華學校。在北京、濟南、南京、上海、南通、武昌、長沙等地巡迴演講二十餘次。 2. 成《先秦政治思想史》、《大乘起信論考證》。
民國 12 年癸亥	1923	51	1. 發起戴東原二百年生日紀念會。 2. 科學與人生觀論戰發生，參與論戰。 3. 成《陶淵明》、《朱舜水年譜》、《國學入門書要目及其讀法》。
民國 13 年甲子	1924	52	1. 1 月 29 日於北京召開戴東原二百年生日紀念會。 2. 撰《戴東原先生傳》、《戴東原哲學》。成《清代學者整理舊學之總成績》，出版《中國近三百年學術史》。
民國 14 年乙丑	1925	53	1. 出版《要籍解題及其讀法》。 2. 孫中山在北京逝世，前往弔唁。
民國 15 年丙寅	1926	54	1. 1、2 月，尿血甚劇。3 月，入北京協和醫院，16 日手術，被誤割好腎。 2. 計畫重繕《四庫全書》。著《中國歷史研究法補編》、《王陽明知行合一之教》。 3. 美國耶魯大學欲贈送名譽博士學位，以病未能成行。
民國 16 年丁卯	1927	55	著《中國文化史》、《儒家哲學》、《古書真偽及其年代》。
民國 17 年戊辰	1928	56	1. 再入協和醫院。抱病作《辛稼軒先生年譜》，僅成十分之七八。 2. 因病，請辭《中國圖書大辭典》編纂工作。
民國 18 年己巳	1929	57	1 月 19 日病逝於北京協和醫院。

※本表參考丁文江、趙豐田：《梁任公先生年譜長編》製成。

參考書目

1. 本參考書目分成專書、期刊論文及學位論文三部分。
2. 專書部分又分爲梁啓超著述及其作品選注、傳記資料、研究梁啓超之著述、其他四類。
3. 書目皆依出作者姓名筆劃多寡排列。

一、專　書

（一）梁啟超著述及其作品選注

1. 梁啓超：《飲冰室文集》，台北：中華書局，1960 年。
2. 梁啓超：《國史研究六篇》，台北：中華書局，1961 年。
3. 梁啓超：《國學要籍舉目》，台北：廣文書局，1965 年。
4. 梁啓超：《梁任公詩稿手蹟》，台北：文海出版社，1967 年。
5. 梁啓超：《盾鼻集》，台北：文海 1967（收入沈雲龍主編《袁世凱史料彙刊》）。
6. 梁啓超、胡適：《國學入門基礎書目》，台北：文海出版社，1971 年。
7. 梁啓超《中西偉人傳》，台北：文海出版社，1971 年。
8. 梁啓超：《讀佛經札記手蹟》，台北：台北：藝文印書館，1973 年。
9. 梁啓超：《古書眞僞及其年代》，台北：中華書局，1973 年。
10. 梁啓超：《梁任公先生審定的國學研究》，台北：華正書局，1974 年。
11. 梁啓超：《梁任公先生學術演講集八篇》，台北：河洛出版社，1974 年。
12. 梁啓超：《中國六大政治家》，台北：正中書局，1974 年。
13. 梁啓超：《飲冰室專集》，台北：中華書局，1978 年。

14. 梁啓超：《梁啓超評論文集》，台北：台灣新生報出版部，1980 年。

15. 梁啓超：《新中國未來記》（收入《中國歷史演義全集》），台北：馬凌書局，1982 年。

16. 梁啓超：《飲冰室全集》，台北：文化出版社，1989 年。

17. 梁啓超：《佛學研究十八篇》，上海：上海書局，1989 年。

18. 梁啓超：《中國近三百年學術史》（附：清代學術概論），台北：里仁書局，1995 年。

19. 梁啓超：《梁啓超史學論著四種》，湖南：岳麓書社，1998 年。

20. 梁啓超：《梁啓超法學文集》，北京：中國法政大學出版社，2000 年。

21. 王德峰編選：《國性與民德：梁啓超文選》，上海：上海遠東出版社，1995 年。

22. 王焰編選：《梁啓超學術論著》，杭州：浙江人民出版社，1998 年。

23. 方志欽、劉斯奮編注：《梁啓超詩文選》，廣州：人民出版社 1983 年。

24. 朱維錚編注：《梁啓超論清學史兩種》，上海：復旦大學出版社，1985 年。

25. 李華興、吳嘉勛編：《梁啓超選集》，上海：上海人民出版社，1984 年。

26. 李伏虎編選：《少年中國的呼喚：梁啓超雜文代表作品選》，蘭州：甘肅人民出版社，1998 年。

27. 宋志明選注：《新民說》，瀋陽：遼寧人民出版社，1994 年。

28. 林毅點校：《梁啓超史學論著三種》，香港：三聯書局，1980 年。

29. 夏曉虹編：《梁啓超文選》，北京：中國廣播電視出版社，1992 年。

30. 夏曉虹編：《梁啓超學術文化隨筆》，北京：中國青年出版社，1996 年。

31. 夏曉虹輯：《飲冰室合集集外文》，北京：北京大學出版社，2005 年。

32. 馬勇編：《梁啓超語粹》，北京：華夏出版社，1993 年。

33. 馬金科譯注：《梁啓超詩文選譯》，成都：巴蜀書店，1997 年。

34. 黃夏年主編：《梁啓超集》，北京：中國社會科學出版社，1995 年。

35. 黃坤評著：《新民說：少年中國的國民性改造方案》，鄭州：中州古籍出版社，1998 年。

36. 張品興主編：《梁啓超全集》，北京：北京出版社，1999 年。

37. 程華東編選：《飲冰室主人自說》，南京：江蘇人民出版社，1999 年。

38. 葛懋春、蔣俊編選：《梁啓超哲學思想論文選》，北京：北京大學出版社，1984。

39. 冀亞瓶、賈雙喜等編：《梁啓超題跋墨跡書法集》，北京：榮寶齋出版社，1995。

40. 陳其泰等編：《梁啓超論著選粹》，廣州：廣東人民出版社，1996 年。

41. 陳引馳編：《梁啓超國學講錄二種》，北京：中國社會科學出版社，1997年。

42. 陳引馳編：《梁啓超學術論著集》，上海：華東師範大學，1998年。

43. 錢谷融主編：《梁啓超書話》，杭州：浙江人民出版社1998年。

（二）傳記資料

1. 丁文江、趙豐田：《梁任公先生年譜長編初稿》，台北：世界書局，1962年。

2. 毛以亨：《一代新銳梁任公》，台北：河洛出版社，1979年。

3. 李文蓀原著、張力譯：《梁啓超》，台北：長河出版社，1978年。

4. 李喜所、元青著：《梁啓超傳》，北京：人民出版社，1995年。

5. 李喜所、胡志剛：《百年家族：梁啓超中國近代史上建構新文化的一代宗師》台北：立緒文化出版社，2001年。

6. 吳澤：《康有爲與梁啓超》，上海：華夏書店，1937年。

7. 吳天任：《民國梁任公先生啓超年譜》，台北：台灣商務印書館，1988年。

8. 吳荔明：《百年家族：梁啓超和他的兒女們》，台北：立緒文化出版社，2001年。

9. 沈大德、吳廷嘉：《梁啓超評傳》，南昌：百花洲文藝出版社，1996年。

10. 孟祥才《梁啓超傳》（救國篇），台北：風雲時代出版社，1990年。

11. 孟祥才《梁啓超傳》（學術篇），台北：風雲時代出版社，1990年。

12. 易新鼎：《博學多變的人生：梁啓超的讀書生活》，鄭州：中州農民出版社，1999年。

13. 胡平生：《梁啓超》（收入中國歷代思想家【21】）台北：台灣商務印書館，1987年。

14. 耿雲志、崔志海：《梁啓超》，廣州：廣東人民出版社，1994年。

15. 黃敏蘭：《中國知識份子第一人：梁啓超》，湖北：湖北教育出版社，1999年。

16. 梁從誡編選：《薪火四代：梁啓超、梁思成、林徽音、梁從誡、梁帆的家族文學聚會》，台北：天下遠見出版社，2002年。

17. 趙豐田：《梁啓超年譜長編》，上海：人民出版社，1983年。

18. 楊克己：《民國康長素先生有爲、梁任公先生啓超師生合譜》，台北：台灣商務印書館，1982年。

19. 楊天宏：《新民之夢：梁啓超傳》，成都：四川人民出版社，1995年。

20. 劉紀曜：《權法多變的豪傑：梁啓超》（收入張永儁主編《中國新文明的探索》當代思想家），台北：正中書局，1991年。

21. 郭長久：《梁啓超與飲冰室》，天津：天津古籍出版社，2002 年。

22. 陳其泰：《梁啓超評傳》，南寧：廣西教育出版社，1996 年。

23. 陳引馳：《自述與印象》，上海：三聯出版社，1997 年。

24. 蔣廣學：《梁啓超評傳》，南京：南京大學出版社，2005 年。

25. 羅檢秋：《新會梁氏梁啓超家族的文化》，北京：中國人民大學出版社，1999 年。

（三）研究梁啟超之著述

1. Joseph R. Levenson 著、劉偉、劉麗、姜鐵軍譯：《梁啓超與中國近代思想》，台北：谷風出版社，1987。

2. 王心裁：《梁啓超的治學方法》，台北：新視野圖書出版有限公司，1998 年。

3. 吳八駿：《梁啓超與戊戌政變》，台北：文史哲出版社，1984 年。

4. 吳銘能：《梁啓超研究叢稿》，台北：學生書局，2001 年。

5. 李國俊：《梁啓超著述繫年》，上海：復旦大學出版社，1986 年。

6. 李曉東：《東亞的民本思想與近代化：以梁啓超的國會觀爲中心》，台北：中央。

7. 宋文明：《梁啓超的思想》，台北：水牛出版社，1991。

8. 宋德華：《嶺南維新運動述論：以康有爲、梁啓超爲中心》，北京：中華書局，2002 年。

9. 易新鼎：《梁啓超和中國學術思想史》，鄭州：中州古籍出版社，1992 年。

10. 周維亮：《梁任公治學繫年》，台北：新文豐，1999 年。

11. 夏曉虹：《覺世與傳世：梁啓超的文學道路》，上海：人民出版社，1991 年。

12. 張朋園：《梁啓超與民國政治》，台北：食貨出版社，1981 年。

13. 張朋園：《梁啓超與清季革命》，台北：中央研究院近代史研究所，1982 年。

14. 張灝：《梁啓超與中國思想的過渡 1890～1907》南京：江蘇人民出版社，1997 年。

15. 黃克武：《一個被放棄的選擇：梁啓超調適思想研究》，台北：中央研究院近代史研究所，1994 年。

16. 黃克武：《梁啓超先生的學術思想：以墨子學爲中心之分析》，台北：中國仁學會，1996 年。

17. 雷慧兒：《梁啓超的治國之道：人才主義》，台北：東大圖書公司，1989 年。

18. 楊曉明：《梁啓超文論的現代性闡釋》，成都：四川民族出版社，2002 年。

19. 連燕堂：《梁啓超與晚清文學革命》，桂林：漓江出版社，1989 年。

20. 劉邦富：《梁啓超哲學思想新論》，武漢：人民出版社，1994 年。

21. 賴光臨：《梁啓超與近代報業》，台北：台灣商務印書館，1968 年。

22. 陳鵬鳴：《梁啓超學術思想評傳》，北京：北京圖書館出版社，1999 年。

23. 蔣廣學：《梁啓超和中國古代學術的終結》，南京：江蘇教育出版社，2001年。

24. 鄭世興：《梁啓超的教育思想》，台北：幼獅出版社，1980 年。

25. 鄧明炎：《梁啓超生平及其政治思想》，台北：天山出版社，1981 年。

（四）其 他

1. 丁偉志、陳崧：《中西體用之間》，北京：中國社會科學出版社，1995 年。

2. 干春松：《制度化儒家及其解體》，北京：中國人民出版社，2003 年。

3. 方東樹：《漢學商兌》，台北：藝文印書館，1967 年。

4. 方東美：《中國人的心靈》，台北：聯經出版社，1984 年。

5. 方朝暉：《中學與西學：重新解讀現代中國學術史》，保定：河北大學出版社，2002 年。

6. 王泛森：《中國近代思想與學術的系譜》，台北：聯經出版社，2003 年。

7. 王國維：《觀堂集林》，台北：世界書局，1983 年。

8. 王爾敏：《中國近代思想史論》，台北：台灣商務印書館，1995 年。

9. 王繼平：《近代中國與近代文化》，北京：中國社會科學出版社，2003 年。

10. 孔恩著、程樹德、傅大為、王道還、錢永祥譯：《科學革命的結構》，台北：遠流出版事業股份有限公司，1999 年。

11. 石元康：《從中國文化到現代性：典範轉移》，北京：三聯書店，2000 年。

12. 本杰明·史華茲著、葉鳳美譯：《尋求富強：嚴復與西方》，南京：江蘇人民出版社，2005 年。

13. 丘為君：《戴震學的形成》，台北：聯經出版社，2004 年。

14. 包遵信：《批判與啓蒙》，台北：聯經出版社，1989 年。

15. 成中英：《從中西互釋中挺立》，北京：中國人民大學出版社，2005 年。

16. 向世陵：《變》中國哲學範疇精粹叢書（四），台北：七略出版社，2000年。

17. 安宇：《衝撞與融合：中國近代文化史論》，上海：學林出版社，2001 年。

18. 朱維錚：《晚清學術史論》，上海：上海古籍出版社，1996 年。

19. 朱維錚、龍應台編著：《維新舊夢錄：戊戌前百年中國的「自改革」運動》，

北京：三聯書店，2000 年。

20. 江藩：《漢學師承記》，台北：明文書局，1985 年。

21. 江藩：《宋學淵源記》，台北：明文書局，1985 年。

22. 余英時：《中國近代思想史上的胡適》，台北：聯經出版社，1984 年。

23. 余英時：《歷史與思想》，台北：聯經出版社，1986 年。

24. 余英時：《猶記風吹水上鱗》，台北：三民書局，1991 年。

25. 余英時：《中國歷史轉型時期的知識份子》，台北：聯經出版社，1992 年。

26. 余英時：《文化評論與中國情懷》，台北：允晨文化實業股份有限公司，1993 年。

27. 余英時：《從價值系統看中國文化的現代意義》，台北：時報文化出版事業有限公司，1994 年。

28. 余英時：《歷史人物與文化危機》，台北：東大圖書公司，1995 年。

29. 余英時：《現代儒學論》，上海：上海人民出版社，1998 年。

30. 余英時：《中國思想傳統的現代詮釋》，南京：江蘇人民出版社，1998 年。

31. 余英時：《中國知識人之史的考察》，桂林：廣西師範大學出版社，2004 年。

32. 余英時：《現代儒學的回顧與展望》，北京：三聯書店，2005 年。

33. 余英時：《現代危機與思想人物》，北京：三聯書店，2005 年。

34. 李幼蒸：《仁學解釋學》，北京：中國人民大學出版社，2004 年。

35. 李明輝：《儒學與現代意識》，台北：文津出版社，1991 年。

36. 李開、劉冠才：《晚清學術簡史》，南京：南京大學出版社，2003 年。

37. 杜維明：《儒家傳統與現代精神》，台北：聯經出版社，1996 年。

38. 周立升、顏炳罡：《儒家文化與當代社會》，濟南：山東大學出版社，2002 年。

39. 周昌忠：《中國傳統文化的現代性轉型》，上海：三聯書店，2002 年。

40. 周質平：《現代人物與思潮》，台北：三民書局，2003 年。

41. 林保淳：《經世思想與文學經世》，台北：文津出版社，1991 年。

42. 林毓生：《中國傳統的創造性轉化》，北京：三聯書局，1996 年。

43. 艾柯等著：《詮釋與過度詮釋》，北京：三聯書店，1997 年。

44. 艾爾曼著、趙剛譯：《從理學到樸學》，南京：江蘇人民出版社，1997 年。

45. 艾德華・薩伊德著、單德興譯：《知識分子論》，台北：麥田出版社，2000 年。

46. 孟祥才、胡新生：《齊魯思想文化史》，濟南：山東大學出版社，2003 年。

47. 汪榮祖：《從傳統中求變：晚清思想史研究》，南昌：百花洲文藝出版社，2002 年。

48. 汪榮祖：《史家陳寅恪傳》，北京：北京大學，2005 年。

49. 帕瑪著、嚴平譯：《詮釋學》，台北：桂冠圖書公司，1997 年。

50. 金耀基：《中國現代化與知識分子》，台北：時報文化出版事業有限公司，1984 年。

51. 金耀基：《中國現代化與知識分子》，台北：時報文化出版企業有限公司，1987。

52. 金耀基：《從傳統到現代》，台北：時報文化出版事業股份有限公司，1995 年。

53. 胡治洪：《全球語境中的儒家論說》，北京：三聯書店，2004 年。

54. 胡適等著：《胡適與中西文化》，台北：水牛出版社，1984 年。

55. 姜林祥：《中國儒學史》近代卷，廣州：廣東教育出版社，1997 年。

56. 徐雁平：《胡適與整理國故考論》，合肥：安徽教育出版社，2004 年。

57. 哈佛燕京學社編：《儒家傳統與啟蒙心態》，南京：江蘇教育出版社，2005 年。

58. 桑兵：《晚清民國的國學研究》，上海：上海古籍出版社，2001 年。

59. 唐德剛譯註：《胡適口述自傳》，台北：遠流，2005 年。

60. 孫廣德：《晚清傳統與西化的爭論》，台北：台灣商務印書館，1995 年。

61. 孫廣德：《明清政治思想論集》（下），台北：桂冠圖書股份有限公司，1999 年。

62. 孫隆基：《中國文化的深層結構》，台北：古楓出版社，民國 75 年。

63. 高翔：《近代的初曙》，北京：社會科學文獻出版社，2000 年。

64. 恩斯特·卡希勒著、甘陽譯：《人論》 台北：桂冠圖書公司，1997 年。

65. 許紀霖：《中國知識分子十論》，上海：復旦大學出版社，2003 年。

66. 章權才：《兩漢經學史》，台北：萬卷樓，1995 年。

67. 苗潤田：《解構與傳承：孔子、儒學及其現代價值研究》，濟南：齊魯書社，2002 年。

68. 張君勱：《新儒家思想史》，台北：弘文館，1986 年。

69. 張岱年：《中國古典哲學概念範疇要論》，台北：中國社會科學出版社，2000 年。

70. 張朋園：《知識分子與近代中國的現代化》，南昌：百花洲文藝出版社，2002 年。

71. 張昭君：《儒學近代之境：章太炎儒學思想研究》，北京：社會科學文獻

出版社，2002 年。

72. 張德勝：《儒家倫理與秩序情結》，台北：巨流圖書公司，1989 年。

73. 張灝等：《中國近代思想人物論：晚清思想》，台北：時報文化出版有限公司，1980 年。

74. 張灝：《烈士精神與批判意識》，台北：聯經出版社，1988 年。

75. 張灝：《思想與時代》，上海：上海藝文出版社，2002 年。

76. 張灝：《張灝自選集》，上海：上海教育出版社，2002 年。

77. 張灝：《時代探索》，台北：聯經出版社，2004 年。

78. 麻天祥：《晚清佛學與近代社會思潮》，台北：文津出版社，1992 年。

79. 馮天瑜：《元典：文本與闡釋》，台北：文津出版社，1993。

80. 淡江大學中文系主編：《五四精神的解咒與重塑》，台北：學生書局，1992 年。

81. 勞思光：《中國哲學史》，台北：三民書局，1984 年。

82. 喻大華：《晚清文化保守思潮研究》，北京：人民出版社，2001 年。

83. 焦循：《雕菰集》，台北：鼎文書局，1977 年。

84. 黃俊傑：《中國孟學詮釋史論》，北京：社會科學文獻出版社，2004 年。

85. 黃愛平：《樸學與清代社會》，石家莊：河北人民出版社，2003 年。

86. 路新生：《中國近三百年疑古思潮研究》，上海：上海人民出版社，2001 年。

87. 楊仲揆：《儒家文化區初探》，台北：國立編譯館，1994 年。

88. 湯志鈞：《近代經學與政治》，北京：中華書局，2000 年。

89. 漢克斯·加達默爾著、洪漢鼎譯《眞理與方法》，台北：時報出版社，1993 年。

90. 劉小楓、陳少明主編：《經典與解釋的張力》，上海：三聯書局，2003 年。

91. 劉仲華：《清代諸子學研究》，北京：中國人民大學出版社，2004 年。

92. 劉師培：《劉申叔遺書》，江蘇：江蘇古籍出版社，1997 年。

93. 董德福：《梁啟超與胡適：兩代知識分子學思歷程的比較研究》，長春：吉林人民出版社，2004 年。

94. 陳平原：《中國現代學術之建立》，台北：麥田出版社，2000 年。

95. 陳序經：《東西文化觀》，北京：中國人民大學出版社，2004 年。

96. 陳祖武：《清儒學術拾零》，長沙：湖南人民出版社，2002 年。

97. 陳國慶主編：《晚清社會與文化》，北京：社會科學文獻出版社，2005 年。

98. 陶東風：《社會轉型與當代知識份子》，上海：三聯書店，1999 年。

99. 鮑吾剛著、嚴蓓雯、韓雪臨、吳德祖譯：《中國人的幸福觀》，南京：江蘇人民出版社，2004 年。

100. 錢穆：《從中國歷史來看中國民族性及中國文化》，台北：聯經出版社，1981 年。

101. 錢穆：《中國學術思想史論叢》（八），台北：東大圖書公司，1990 年。

102. 錢穆：《兩漢經學今古文平議》，台北：東大圖書公司，1991 年。

103. 錢穆：《朱子新學案》，台北：聯經出版社，1995 年。

104. 錢穆：《中國近三百年學術史》（上）（下），台北：台灣商務印書館，1996 年。

105. 戴景賢：《錢穆》（收入中國歷代思想家【24】）台北：台灣商務印書館，1999 年。

106. 鄭家棟：《儒學與現代台灣》，北京：中國社會科學出版社，2001 年。

107. 鄭師渠：《國粹、國魂：晚清國粹派文化思想研究》，台北：文津出版社，1992 年。

108. 鄭觀應：《鄭觀應集》，台北：世界書局，1965 年。

109. 蕭功秦：《儒家文化的困境》，台北：五南圖書出版公司，1988 年。

110. 龔鵬程：《近代思想史散論》，台北：東大圖書公司，1991 年。

111. 歐陽哲生：《新文化的傳統：五四人物與思想研究》，廣州：廣東人民出版社，2004 年。

二、期刊論文

1. 丁丑：〈梁任公死時各方輓聯憶述〉，《藝文誌》177 期，1980 年 6 月。

2. 王凡：〈從梁啟超文化思想變遷看中國文化前景〉，《中國近代史》1996 年 5 期。

3. 王森然：〈梁啟超先生評傳〉，收入《近代二十家評傳》，北京：書目文獻出版社，1987 年。

4. 王達：〈梁啟超及其儒學研究〉，《船山學刊》1995 年 2 期。

5. 元青：〈梁啟超歐遊歸來後的文化思想傾向芻議〉，《中州學刊》1993 年 5 期。

6. 皮明勇：〈梁啟超論儒學文化與民族主義〉，《齊魯學刊》1996 年 3 期。

7. 丘為君：〈梁啟超的戴震研究：動機、方法與意義〉，《東海學報》35 卷，1994 年 7 月。

8. 吳相湘：〈翁同龢、康有為關係考實：梁啟超戊戌政變記考訂〉，《學術季刊》4 卷 2 期，1955 年 12 月。

9. 吳傑：〈大陸梁啓超研究情況述評〉，《國文天地》7 卷 10 期 1992 年。

10. 吳雁南：〈梁啓超的維新觀與心學〉，《近代史研究》1993 年 3 期。

11. 吳銘能：〈梁啓超對國學的新解：兼談梁氏肯定中國文化價值的心路歷程〉，《鵝湖月刊》21 卷 6 期 1995 年 12 月。

12. 李大華：〈梁啓超文化觀尋迹與反思〉，《中國近代史》1994 年 6 期。

13. 李侃：〈梁啓超的史學思想試論〉，《新建設》1963 年 7 月。

14. 李家祺：〈梁啓超論史家四長〉，《再生》3 卷 10 期，1973 年 10 月。

15. 李家祺：〈梁啓超的新史學〉，《再生》4 卷 12 期，1974 年 12 月。

16. 李乾、周忠、黃玉強：〈論梁啓超的啓蒙思想〉，《中國近代史》1994 年 5 期。

17. 李雲光：〈康有爲弟子姓名錄〉，《大陸雜誌》67 卷 5 期，1983 年 11 月。

18. 李錦全：〈中國傳統文化與近代解放潮流：讀梁啓超清代學術概論與中國近三百年學術史〉，《學術研究》1987 年 1 期。

19. 李喜所：〈現代化視野下的梁啓超研究〉《文史哲》2004 年 3 期。

20. 呂濱：〈梁啓超的功利主義倫理觀〉，《江西師範大學學報》33 卷 3 期，2000 年 8 月。

21. 金性堯：〈飲冰室藏書目錄〉，《讀書》1996 年 8 期。

22. 金雅：〈梁啓超學術思想的特質與啓迪〉，《杭州師範學院學報》4 期 2004 年 7 月。

23. 汪榮祖：〈梁啓超新史學試論〉，《中央研究院近代史研究所集刊》2 期，1971 年 6 月。

24. 汪榮祖：〈論梁啓超史學的前後期〉，《文史哲》1 期 2004。

25. 林德政：〈論梁啓超的治史方法〉，《歷史月刊》14 期，1989 年。

26. 林德政：〈梁啓超對傳統史學的態度及其新史學主張〉，《成大歷史學報》16 期，1990 年。

27. 祈龍威：〈梁啓超與清代學術史：「清代學術概論疏證發凡」〉，《揚州師院學報》1988 年 2 月。

28. 侯杰、李釗：〈大陸近百年梁啓超研究綜述〉，《漢學研究通訊》24 卷 3 期，2005 年 8 月。

29. 胡逢祥：〈晚清經世思潮與當代史研究〉，《華東師範大學學報》，1990 年 1 月。

30. 胡嘯：〈梁啓超後期思想的評價問題〉，《復旦學報》1979 年 5 月。

31. 馬五：〈梁啓超的是非功過〉，《藝文誌》146 期，1977 年 11 月。

32. 秦賢次：〈梁啓超與五四運動〉，《傳記文學》34 卷 5 期，1977 年 11 月。

33. 許介麟：〈戊戌變法與梁啓超在日本的啓蒙運動〉，《近代中國歷史人物論文集》台北：中央研究院近代史研究所，1993 年。

34. 崔志海：〈梁啓超與五四運動〉，《近代史研究》1997 年 1 期。

35. 梁惠錦：〈梁啓超對中國傳統史學之批評〉，《史苑》11 期，1968 年 12 月。

36. 張朋園：〈清末民初的知識分子 1898～1921〉，《思與言》1969 年 9 月。

37. 張朋園：〈梁啓超之迎拒虛無主義〉，《大陸雜誌》38 卷 8 期，1969 年 4 月。

38. 張朋園：〈梁啓超與五四時期的新文化運動〉，《國立中央圖書館館刊》，6 卷 1 期，1973 年 3 月。

39. 張朋園：〈梁啓超對社會主義的認識及中國現代化的見解〉，《食貨月刊》，3 卷 10 期，1974 年 1 月。

40. 張朋園：〈梁啓超的家庭生活〉，《近代中國歷史人物論文集》，中央研究院近代史研究所，1993 年 6 月。

41. 張朋園：〈梁啓超的兩性觀：論傳統對知識份子的約束〉，《近代中國婦女史研究》，2 期 1994 年 6 月。

42. 張朋園：〈梁啓超與胡適〉上，《傳記文學》53 卷 4 期，1988 年 10 月。

43. 張朋園：〈梁啓超與胡適〉下，《傳記文學》53 卷 5 期，1988 年 11 月。

44. 張衍前、于志國：〈近年來梁啓超研究綜述〉，《文史哲》1996 年 1 期。

45. 康綠島：〈矛盾的梁啓超：一個心理學的解釋〉，《漢學研究》3 卷 1 期，1985 年。

46. 馮天瑜：〈論梁啓超的近代國家觀〉，《中國近代史》1996 年 7 月。

47. 黃克武：〈如何評估梁啓超的思想〉，《近代中國史研究通訊》34 期，2002 年。

48. 黃克武：〈略論梁啓超研究的新方向〉，《文史哲》2004 年 4 期。

49. 黃得時：〈梁任公論學詩及治學〉，《傳記文學》11 卷 6 期，1967 年 12 月。

50. 黃得時：〈梁任公與國民常識學會〉，《東方雜誌》復刊第 1 卷 3 期，1967 年 9 月。

51. 項維新：〈梁啓超對傳統文化的批判〉，《時與潮》249 期 1967 年 10 月。

52. 彭澤周：〈關於康梁亡命日本的檢討〉，《大陸雜誌》41 卷 8 期，1970 年 8 月。

53. 彭澤周：〈梁啓超與東京大同高等學校〉，《大陸雜誌》43 卷 2 期，1971 年 2 月。

54. 趙士桓、楊碧：〈淺談梁啓超目錄學的思想和成就〉，《華中師範大學學報》，1990 年 4 期。

55. 路新生：〈梁任公、錢賓四中國近三百年學術史合論〉，《孔孟學報》68

期，1994 年 9 月。

56. 詹海雲：〈論梁啓超的清代學術研究〉，第二屆國際清代學術研討會論文集，高雄：中山大學中文系編印，1999 年 11 月。

57. 郭湛波：〈梁啓超的時代及其思想〉，《哲學論集》2 期，1973 年 6 月。

58. 閻平：〈歷史的悖論：評梁啓超的的開明專制思想〉，《徐州師範大學學報》1997 年 3 期。

59. 葛志毅：〈梁啓超文化史觀及其所受西方史學思想的影響〉，《中國近代史》1995 年 12 期。

60. 劉渭平：〈梁啓超的澳洲之行〉上，《傳記文學》38 卷 1 期，1981 年 7 月。

61. 劉渭平：〈梁啓超的澳洲之行〉下，《傳記文學》38 卷 4 期，1981 年 10 月。

62. 劉興邦：〈從道德本位到權利本位的轉換：梁啓超「新民說」審視〉，《孔子研究》，2003 年 4 期。

63. 董德福：〈晚年梁啓超與現代新儒家〉，《天津社會科學》1996 年 6 期。

64. 陳其泰：〈梁啓超「清代學術概論」的出色成就〉，《學術研究》1993 年 6 期。

65. 陳其泰：〈梁啓超先秦思想史研究的近代學術特色〉，《北京師範大學學報》1994 年 2 月。

66. 陳炳章：〈清末民初佛學思想復興運動研究取樣：以康有爲、譚嗣同及章太炎爲中心的探討〉，《中山大學學報》1987 年 4 月。

67. 陳俊啓：〈重估梁啓超小說觀及其在小說史上的意義〉，《漢學研究》20 卷 1 期，2002 年 6 月。

68. 陳頤：〈梁啓超的感情世界〉，《中外雜誌》43 卷 2 期，1988 年 2 月。

69. 賴建誠：〈梁啓超論西洋經濟學說史〉，《大陸雜誌》101 卷 2 期 2000 年 8 月。

70. 繆鳳林：《悼梁卓如先生》，《學衡》67 期，1929 年 1 月。

71. 關健瑛：〈試論梁啓超文化思想的内在一貫性〉，《求是學刊》1993 年 3 期。

72. 羅志田：〈中國文藝復興之夢：從清季的古學復興到民國的新潮〉，《漢學研究》20 卷 1 期，2002 年 6 月。

73. 鄭振鐸：《梁任公先生》《小說月報》20 卷 2 號，1929 年 2 月號。

74. 鄭師渠：〈梁啓超與今文經學〉，《中州學刊》1994 年 4 期。

75. 鄭淑蓮：〈梁啓超之遊台與林獻堂〉，《弘光學報》30 期 1997 年 10 月。

76. 嚴文郁：〈梁啓超與北京圖書館〉，《傳記文學》27 卷 1 期，1975 年 7 月。

77. 蕭良章：〈戊戌政變後梁啓超流亡日本時期動向之研究〉，《國史館館刊》

復刊 5 期，1988 年。

78. 顧堅：〈譚嗣同和康梁民權思想之差異〉，《上海師範大學學報》1988 年 2 月。

79. 蘇精：〈化私爲公的藏書家梁啓超〉，《文教資料》1988 年 4 期。

80. 龔郭清：〈試論梁啓超思想的基本歷程〉，《安徽史學》1996 年 2 期。

三、學位論文

1. 王心美：《梁啓超思想之演進與轉變》，東海大學歷史研究所碩士論文，1982 年。

2. 朴成蘭：《新民叢報體風格之研究》，台灣師範大學國研所碩士論文，1989 年。

3. 杜惠雯：《中國人的典型梁啓超的人物評鑑》，淡江大學中文研究所碩士論文，1996 年。

4. 林明德：《梁啓超與晚清文學運動》政治大學中研所博士論文，1991 年。

5. 梁台根：《梁啓超道德主義思想研究》，中山大學中文所博士論文，2005 年。

6. 許松源：《梁啓超對歷史的理解及其思考方式》，清華大學歷史研究所碩士論文，1998 年。

7. 張錫輝：《文化危機與詮釋傳統：論梁啓超、胡適對清代思想的詮釋與意義》，台灣師範大學國文研究所博士論文，2001 年。

8. 廖卓成：《梁啓超傳記文學》，台灣大學中文所碩士論文，1987 年。

9. 劉紀曜：《梁啓超與儒家傳統》，台灣師範大學歷史所博士論文，1985 年。

10. 陳祥美：《梁啓超生命夢想的形成與發展：一種心理傳記學的研究》，輔仁大學應用心理學研究所碩士論文，1994 年。